普通高等职业教育
“十三五”规划教材

成本会计

郑福芹　李　丽　王立群　主　编
张永新　王文斌　李红萍　孙美玲　副主编

清华大学出版社
北　京

内容简介

本书以培养学生职业岗位能力为目标，按照制造业企业的实际成本核算业务流程设计了七个项目，分别为认识成本会计、费用要素的归集与分配、期末成本分配、运用品种法进行成本计算、运用分批法进行成本计算、运用分步法进行成本计算，以及成本管理。每个项目根据制造业企业的成本核算业务流程设置若干任务，项目中还包含知识目标、能力目标、项目导入、相关例题、案例实训、项目小结等模块。为了便于及时巩固所学内容，每个项目后都配有教学做一体化训练，重点项目还配有项目实训。本书最后配有教学做一体化训练及项目实训参考答案，供学生参考。

本书可作为高职高专院校会计专业、财务管理专业等财经大类专业的教材，也可作为会计工作者、财务工作者和经济管理工作者的参考用书。

图书在版编目(CIP)数据

成本会计 / 郑福芹，李丽，王立群主编. —北京：清华大学出版社，2018 (2021.8 重印)
(普通高等职业教育“十三五”规划教材)
ISBN 978-7-302-49259-7

Ⅰ.①成… Ⅱ.①郑… ②李… ③王… Ⅲ.①成本会计-高等职业教育-教材 Ⅳ.①F234.2

中国版本图书馆 CIP 数据核字(2018)第 002465 号

责任编辑：刘志彬
封面设计：汉风唐韵
责任校对：宋玉莲
责任印制：沈　露

出版发行：清华大学出版社
网　　址：http：//www. tup. com. cn，http：//www. wqbook. com
地　　址：北京清华大学学研大厦 A 座　　**邮　　编**：100084
社 总 机：010-62770175　　**邮　　购**：010-62786544
投稿与读者服务：010-62776969，c-service@tup. tsinghua. edu. cn
质量反馈：010-62772015，zhiliang@tup. tsinghua. edu. cn
印 装 者：三河市龙大印装有限公司
经　　销：全国新华书店
开　　本：185mm×260mm　　**印　　张**：16　　**字　　数**：391 千字
版　　次：2018 年 1 月第 1 版　　**印　　次**：2021 年 8 月第 5 次印刷
定　　价：45.00 元

产品编号：077906-01

前　言

“十三五”规划提出“推行产教融合、校企合作的应用型人才和技术技能人才培养模式”，以及十九大报告提出“完善职业教育和培训体系，深化产教融合、校企合作”的职业教育发展理念，要求各高职高专院校应紧紧抓住加强职业教育供给侧结构性改革这一着力点，更好地为职业教育和企业培育高素质技能型人才。

本书以培养学生职业岗位能力为目标，按照制造业企业的实际成本核算业务流程设计了七个项目。每个项目根据制造业企业的成本核算业务流程设置若干任务，项目中还包含知识目标、能力目标、项目导入、相关例题、案例实训、项目小结等模块。为了便于及时巩固所学内容，每个项目后都配有教学做一体化训练，重点项目还配有项目实训。本书最后配有教学做一体化训练及项目实训参考答案，供学生参考。

本书以工作任务为导向，以模拟企业成本核算实务为载体，以课证融合为途径，突出培养学生的成本核算职业岗位能力和职业素质。本书主要有以下几方面的特点。

(1) 校企合作开发课程。编者深入制造业企业调查研究，定期向企业财务总监、高级会计师、注册会计师等行业专家咨询请教，与行业企业专家联合开发“成本会计”课程的教材、课件、教案等教学资源。

(2) 注重实用性。本书基于制造业企业的成本核算业务流程，参照成本会计岗位的职业资格标准，根据企业的生产特点、管理要求、生产工艺流程及生产类型，合理设计学习项目。

(3) 注重启发性任务驱动教学，以工作任务为导向，设计典型工作任务，以实际案例导入，辅以例题讲解课程内容。按照提出问题、分析问题、解决问题的思路，体现理实结合，培养学生的自主学习能力和职业素质。

(4) 注重技能性。本书以模拟企业成本核算为载体，通过模拟制造业企业成本核算岗位的实际业务流程设计教学内容，教学做一体化，突出培养学生的实务操作技能。

(5) 注重实战性，突出课证融合，培养学生考证能力。编者分析了近年来会计考证的大纲及内容，以学生考证为契机，将课程内容与考证考点互相融合，在书中适当添加考证内容和历年考证真题，实现课证融合，为学生未来可持续发展打好基础。

本书由郑福芹、李丽、王立群任主编，张永新、王文斌、李红萍、孙美玲任副主编。潍坊职业学院郑福芹负责整书的全面指导和总纂定稿，李丽、王立群、张永新等参与了全书的编写及通读工作。

本书可作为高职高专院校会计专业、财务管理专业等财经大类专业的教材，也可作为会计工作者、财务工作者和经济管理工作者的参考用书。

本教材的编写和出版得到了清华大学出版社的指导、支持和帮助，在此表示感谢。教材及资源中如有不当之处，敬请批评指正。

编　者

目　录

1 项目一 认识成本会计

知识目标

- 掌握成本的概念、经济实质，以及成本会计的内容和职能。
- 明确支出、费用、成本三者之间的关系。
- 掌握成本核算的程序和账务处理。
- 了解成本的作用、成本会计组织机构，以及成本核算要求。

能力目标

- 能够准确划分支出、费用、成本的界限，理解成本的经济实质。
- 养成良好的会计职业素养和实践操作技能。
- 形成一定的成本理念和成本意识，认识成本、质量与收益的重要性。

项目导入

王丽是某职业学院会计专业应届毕业生，马上要毕业找工作了，她已经向宏达有限责任公司投了简历。宏达有限责任公司通知她去面试，到达面试地点后，王丽拿到的面试题目是关于瑞德制造有限公司 2019 年 7 月发生的费用支出业务的处理。

思考： 怎样区分支出、费用、成本并确定其金额？如何计算当期产品成本并做出相应的会计分录？

要回答这些问题，首先要认识成本和成本会计，界定成本的概念，区分支出、费用与成本，了解制造业企业成本核算的基本程序，为后面的学习奠定基础。

任务一 认识成本会计

现代经济对成本会计的要求越来越高，企业成本管理的水平也在不断提高。对企业而言，成本是企业生产经营活动中发生的耗费，是社会化再生产的必要保证。当前我国正在进行的供给侧结构性改革，其五大任务“去产能、去库存、去杠杆、降成本、补短板”中很重要的一环就是帮助企业降成本。

一、成本的概念

成本是一种耗费，涉及各行各业的各项活动，是企业生产经营过程中作用于劳动手段、劳动对象和劳动者等生产要素上的劳动耗费的货币总和，具体表现为一定的人力、物力、财力的消耗。

成本的概念有广义和狭义之分。

广义的成本即费用(见图 1-1)，是指企业在生产过程中发生的耗费的货币表现，是企业生产经营过程中的所有耗费，包括：

(1) 构成产品成本的生产费用，即产品成本，由直接材料、直接人工和制造费用三部分构成；

(2) 不构成产品成本的费用，即期间费用，包括管理费用、财务费用和销售费用，计入当期损益。

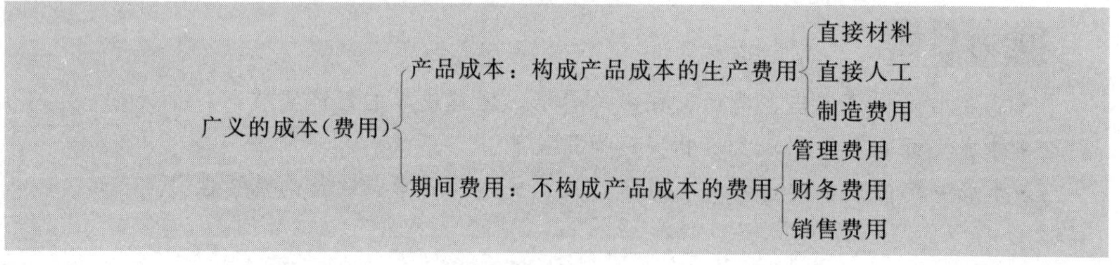

图 1-1 广义的成本

狭义的成本仅仅指企业为生产产品、提供劳务而发生的各种耗费，即产品成本，可从耗费和补偿两个角度来考虑：

(1) 从耗费的角度来看，成本是生产过程中劳动的耗费，是生产过程中消耗的物化劳动和活劳动的价值的货币表现，构成成本的内涵；

(2) 从补偿的角度来看，成本是资本消耗的价值补偿，是补偿商品生产中资本消耗的价值尺度，构成成本的价格。

二、成本的经济实质

成本是商品经济的价值范畴，是商品价值的组成部分。马克思主义政治经济学指出，社会商品的价值由三部分构成，即

$$W=C+V+M$$

式中，W 为社会产品的价值，C 为生产过程中补偿生产资料消耗的价值，即补偿物化

劳动消耗的价值；V为企业支付给劳动者的必要的个人劳动报酬，即补偿活劳动消耗的价值；M为剩余产品的价值，即剩余价值，是税收的来源。

成本的经济实质就是生产经营过程中所耗费的生产资料转移的价值和劳动者通过自己劳动所创造的价值的货币表现，是指社会产品价值中的C＋V部分，也就是理论成本，即

$$理论成本 = C + V$$

实际成本即现实成本，是指考虑偶然因素和异常情况，通过成本开支范围来界定其构成和范围的成本。也就是说，实际成本考虑到了企业为生产产品、提供劳务而发生的各种耗费，包括企业生产过程中发生的废品损失、停工损失等损失性支出。

理论成本与实际成本有一定的区别：理论成本没有考虑偶然因素和异常情况，不考虑损失性支出，包括产品成本和期间费用，是完全成本；而实际成本考虑了偶然因素和异常情况，考虑损失性支出，但仅指产品成本，不包括期间费用，是不完全成本。

三、几个与成本有关的概念

▶ 1. 质量成本

质量成本的概念是由美国质量专家A. V. 菲根堡姆在20世纪50年代提出来的。质量成本是指企业为了保证和提高产品或服务质量而支出的一切费用，以及因未达到产品质量标准，不能满足用户和消费者需要而产生的一切损失。质量成本一般包括一致成本和不一致成本，为确保与要求一致而引起的所有耗费叫作一致成本，由于不符合要求而引起的全部耗费叫作不一致成本。例如，锦湖轮胎用返炼胶添加到原片胶中生产轮胎，造成轮胎质量差而导致的违约损失，即质量成本中的不一致成本。

▶ 2. 差别成本

差别成本也称差量成本、差等成本，是指可供选择的不同方案之间的成本差额。差别成本是进行成本决策的重要依据。

▶ 3. 边际成本

边际成本是指每增加一单位的产量而随即产生的总成本增加量，常用于本量利分析法。

▶ 4. 变动成本和固定成本

$$总成本 = 固定成本 + 变动成本 = a + bx$$

固定成本(a)又称固定费用，相对于变动成本，是指成本总额在一定时期和一定业务量范围内，不受业务量增减变动影响而能保持不变的成本。变动成本(bx)是指那些成本的总发生额在相关范围内随着业务量的变动而成线性变动的成本，直接人工、直接材料都是典型的变动成本，在一定期间内，它们的发生总额随着业务量的增减而成正比例变动，单位产品的耗费则保持不变。

▶ 5. 机会成本

机会成本是为了得到某种东西而所要放弃另一些东西的最大价值。在生活中，有些机会成本是可以用货币来衡量的，例如，如果选择养猪就不能选择养鸡，养猪的机会成本就是养鸡的收益。但有些机会成本往往无法用货币衡量，例如，选择考研还是选择考公务员，这些机会成本就无法用货币衡量。

▶ 6. 战略成本

战略成本是为了建立和保持企业的长期竞争优势，即企业为了寻求增强或保持其竞争

优势地位而发生的成本，是一种综合考虑的成本。

▶ 7. 环境成本

环境成本又称环境降级成本，是指由于经济活动造成环境污染而使环境服务功能和质量下降的代价。环境成本是指在某一项商品生产活动中，从资源开采、生产、运输、使用、回收到处理，解决环境污染和生态破坏所需的全部费用，如核设施的弃置费、云南曲靖铬渣污染处理费用等均属于环境成本。

四、支出、费用与成本之间的关系

支出是企业经济利益的流出，多指资金的流出，企业支出资金主要是为了获取某项资产或者偿还某项负债，或者两者兼而有之。在制造业企业中，支出主要包括资本性支出、收益性支出、投资性支出、营业外支出、所得税支出和利润分配支出。资本性支出形成长期资产，可在多个会计年度为企业带来收益，可以通过折旧或摊销的方式转化为收益性支出。收益性支出仅在一个会计年度内为企业带来收益，构成企业的费用，包括产品成本和期间费用。投资性支出构成企业的投资资产。营业外支出属于损失，不构成费用。所得税支出和利润分配支出属于企业的分配性支出。

费用是日常活动产生的经济利益的流出，构成企业营业利润的减项，费用包括产品成本和期间费用。成本一般是指狭义的成本，即产品成本。成本与费用都是企业经济资源的耗费，期末应将当期已销产品的成本结转进入当期的费用。费用是成本的基础，成本是费用的组成部分。

支出、费用与成本之间的关系如图 1-2 所示。

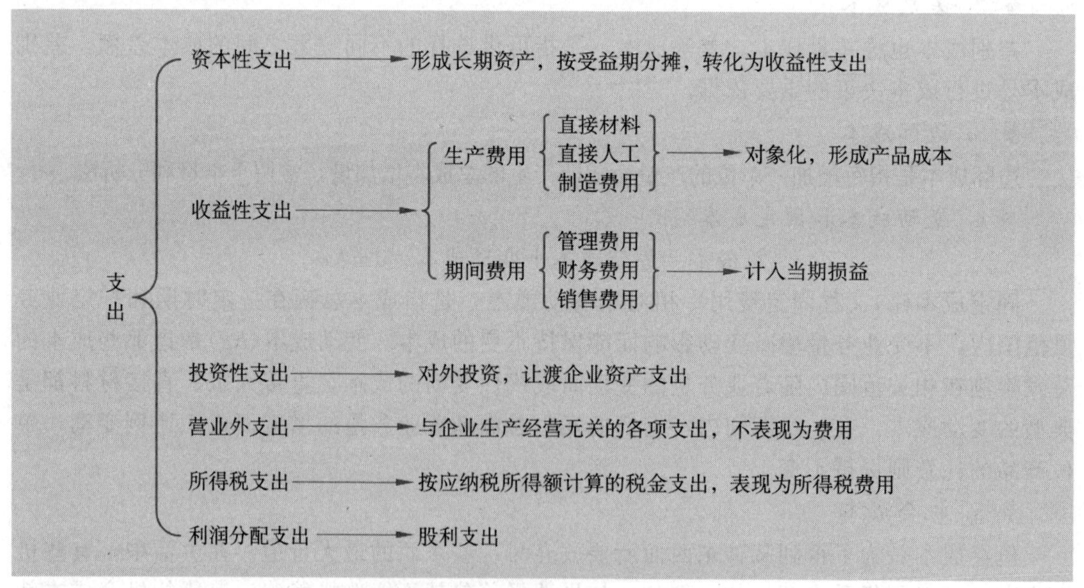

图 1-2 支出、费用与成本的关系

五、成本会计的发展演变

成本会计先后经历了早期成本会计、近代成本会计、现代成本会计和战略成本会计四个阶段，各阶段的理论体系和方法也有所不同。

▶ 1. 早期成本会计阶段(1880—1920 年)

成本会计起源于英国，后传入美国及其他国家。随着企业生产规模的进一步扩大，市场竞争日趋激烈，越来越多的管理人员意识到成本控制的重要性。这个阶段的成本会计侧重于归集、分配、计算，在实务方面建立了材料核算和管理办法，以及工时记录和人工成本计算方法，确立了间接费用的分配方法，利用分批法和分步法计算产品成本，出现了专门的成本会计组织。1919 年，美国成立了全国成本会计师联合会；同年，英国也成立了成本和管理会计师协会。这些机构对成本会计进行了一系列的研究，为奠定成本会计的理论基础和完善成本会计方法做出了重大贡献。

▶ 2. 近代成本会计阶段(1921—1945 年)

近代成本会计阶段，成本会计的理论体系和方法得到了进一步发展与完善，提出了标准成本制度、事前控制等理论，形成了管理成本会计的雏形。

19 世纪末 20 世纪初，以泰勒为代表的“科学管理”理论，对成本会计的发展产生了深刻的影响。1906 年，美国会计师 J. Whtmore 第一次提出“标准成本”的概念，为生产过程成本控制提供了条件。成本会计增加了事前控制的新职能，形成了管理成本会计的雏形，标志着成本会计进入一个新的阶段。1928 年，美国一个公司的会计师和工程师根据成本与产量的关系设计了一种弹性预算方法，分别编制固定预算和弹性预算，便于有效地控制成本。弹性预算是近代成本会计的重大进步，也是节约间接费用的最好办法。在这一阶段，成本会计的应用范围从原来的工业企业扩大到各个行业，并深入应用到一个企业内部的各主要部门，特别是应用到企业经营的销售环节。成本会计具备了完整的理论体系和方法，形成了独立的成本会计学科。

▶ 3. 现代成本会计阶段(1946—1980 年)

第二次世界大战以后，科学技术迅速发展，生产自动化程度大大提高，产品更新速度加快；企业规模越来越大，跨国公司大量出现，市场竞争愈演愈烈。为了适应社会经济出现的新情况，考虑现代化生产的客观要求，提高管理的现代化水平，运筹学、系统工程和电子计算机等各种科学技术在成本会计中得到了广泛的应用，从而使成本会计发展到了一个新阶段。即成本会计的发展重点由如何事中控制成本、事后计算和分析成本转移到如何预测、决策和规划成本，形成了新型的注重管理的经营性成本会计，注重预测、决策、规划，关注目标成本、责任成本、质量成本、作业成本管理等。在这一阶段，成本会计的主要表现有：开展成本预测与决策；实行目标成本管理和责任成本管理；建立成本中心、利润中心和投资中心相结合的会计制度；推行质量成本、施行作业成本管理。20 世纪 80 年代后期提出了作业成本法。

▶ 4. 战略成本会计阶段(1981 年以后)

20 世纪 80 年代以来，计算机技术的发展、生产方式的改变、产品生命周期的缩短，以及全球性竞争的加剧，大大改变了产品成本结构与市场竞争模式。英国学者西蒙首先提出了战略成本管理，即成本管理的视角应由单纯的生产经营过程管理和重股东财富，扩展到与顾客需求及利益直接相关的、包括产品设计和产品使用环节的产品生命周期管理，更加关注产品的顾客可察觉价值；同时要求企业更加注重内部组织管理，尽可能地消除各种增加顾客价值的内耗，以获取市场竞争优势。此时，战略相关性成本管理信息已成为成本管理系统不可缺少的部分。

六、成本会计的概念、对象和内容

现代成本会计是指按照成本最优化的要求，对企业生产经营过程中所发生的成本有组织、有系统地进行预测、决策、控制、分析、考核，促使企业提高经济效益的一种会计管理活动。成本会计在会计学中的地位日趋重要，它主要研究各种成本的计算、控制和分析。成本会计作为会计系统中的一个子系统，为企业提供与成本有关的各种信息，并参与企业的生产经营决策。

成本会计的对象是指成本会计核算和监督的内容，概括来讲，成本会计的对象是企业生产经营过程中发生的各种耗费，简称成本费用，包括产品成本和期间费用。成本会计的内容是对成本会计对象的具体化。

随着经济发展水平与管理水平的提高，企业对成本的定义也在不断地变化。随着成本概念的发展，成本会计的对象也相应地发展。现代成本会计的对象应该包括各行业企业生产经营业务的成本和有关的期间费用，但是不管成本会计的对象如何变化，降低成本、提高经济效益，依然是成本会计的中心任务。

七、成本会计的职能

成本会计的职能是指成本会计在经济管理中所发挥的作用和具有的内在功能。现代成本会计的职能至少包括成本预测、成本决策、成本计划、成本控制、成本核算、成本考核和成本分析七个方面。

▶ 1. 成本预测

成本预测是指在分析企业现有经济技术、市场状况和发展趋势的基础上，根据成本特性及有关信息数据，运用科学的定量分析和定性分析的方法，对未来成本水平及其变化趋势做出科学的估计和测算。通过成本预测，掌握未来的成本水平及其变动趋势，有助于减少决策的盲目性，使经营管理者易于选择最优方案，做出正确决策。成本预测是进行成本决策和编制成本计划的依据。

▶ 2. 成本决策

成本决策是指根据成本预测提供的数据和其他有关资料，制定出优化成本的各种备选方案，运用定性与定量的方法，对各种备选方案进行比较分析，从中选出最佳成本方案，确定企业目标成本的过程。成本决策可分为宏观成本决策和微观成本决策，它贯穿于整个生产经营过程，涉及面广，在每个环节都应选择最优的成本决策方案，才能达到总体的最优。成本决策是成本会计最重要的职能。

▶ 3. 成本计划

成本计划是根据成本决策所确定的目标成本，具体规定在计划期内为完成生产经营任务所支出的成本、费用，并提出为达到规定的成本、费用水平所采取的各项措施。成本计划属于成本的事前管理，是企业生产经营管理的重要组成部分，有利于成本控制。

▶ 4. 成本控制

成本控制是企业根据一定时期预先建立的成本管理目标，由成本控制主体在其职权范围内，以预先确定的成本标准作为企业生产经营过程中所发生的各项费用的限额，在费用发生时，严格审核各项费用是否符合标准，并计算出实际费用与标准费用之间的差异，同时对产生差异的原因进行分析，采取有效的方法，将各项费用限制在计划之内。成本控制的过程是运用系统工程的原理对企业在生产经营过程中发生的各种耗费进行计算、调节和监督的过程，同时也是一个发现薄弱环节，挖掘内部潜力，寻找一切可能降低成本途径的过程。

▶ 5. 成本核算

成本核算是对生产经营过程中实际发生的成本、费用进行计算，并进行相应的账务处理。通过成本核算资料，可以反映成本计划的完成情况，为编制下期成本计划，进行成本预测和决策提供依据。成本核算是成本会计最基本的职能。

▶ 6. 成本考核

成本考核是指在成本核算的基础上，定期审核成本目标实现情况和成本计划指标的完成结果，全面评价成本管理工作的成绩。成本考核应该与奖惩制度相结合，评价各责任中心特别是成本中心的业绩，促使各责任中心对所控制的成本承担责任，并借以控制和降低各种产品的生产成本，充分调动企业员工执行成本计划、提高经济效益的积极性。

▶ 7. 成本分析

成本分析是利用成本核算及其他有关资料，根据成本核算和成本考核提供的成本数据及其他的有关资料，分析成本水平与构成的变动情况，研究影响成本升降的各种因素及其变动原因，寻找降低成本的分析方法。成本分析是成本管理的重要组成部分，为编制成本计划和制定经营决策提供重要依据。

案例实训

（一）实训资料

本项目导入述及的案例中，王丽拿到了面试题目，瑞德制造有限公司 2019 年 7 月发生了如下费用支出：

(1) 购买生产流水线一条，价值 100 万元，为购买该设备而支付增值税 13 万元，该设备预计使用年限 10 年，无残值。

(2) 购进材料支出1 000万元，取得普通发票，支付购买原材料所借款项利息 75 万元。

(3) 支付公司行政人员工资 60 万元，计提福利费 8.4 万元，提取工会经费、教育经费和五险一金共计 12.1 万元。

(4) 支付公司办公等费用共计 20 万元。

(5) 支付本月产品生产人员工资 200 万元、生产管理人员工资 20 万元，并按规定比例提取职工福利费、工会经费和教育经费，按 15%提取住房公积金。

(6) 支付广告费用 100 万元、销售产品的差旅费 10 万元；支付运动会赞助费 40 万元、行政罚款 20 万元。

(7) 本月折旧费用 100 万元，其中公司管理部门 30 万元、基本生产车间 70 万元。

(8) 本月应交所得税 40 万元，应分配给投资者利润 40 万元。

(9) 当月生产领用材料 600 万元。

要求：计算瑞德制造有限公司 2019 年 7 月的产品成本、生产费用、期间费用和支出总额，并对 2019 年 7 月发生的业务做出相应的会计分录。

（二）实训分析

成本即产品成本，包括直接材料、直接人工、制造费用，也叫生产费用，在实际业务处理中，借记“生产成本”，贷记“原材料”“应付职工薪酬”“制造费用”。费用包括产品成本和期间费用。支出是经济利益流出，涉及资金流出，通常贷记“货币资金”。

（三）实训操作

第一步：计算产品成本、生产费用、期间费用和支出总额。

产品成本＝生产成本＋制造费用＝278＋27.8＋70＋600＝975.8(万元)

生产费用＝产品成本＝975.8(万元)

期间费用＝75＋80.5＋20＋110(或150)＋30＝315.5(或355.5)(万元)

支出总额＝113＋1 075＋80.5＋20＋278＋27.8＋170＋80＝1 844.3(万元)

第二步：根据2019年7月发生的业务，编制会计分录如下。

(1) 借：固定资产	1 000 000	
应交税费——应交增值税(进项税额)	130 000	
贷：银行存款		1 130 000
(2) 借：原材料	10 000 000	
财务费用	750 000	
贷：银行存款		10 750 000
(3) 借：管理费用	805 000	
贷：应付职工薪酬——工资		600 000
——福利费		84 000
——工会、教育、五险一金		121 000
借：应付职工薪酬	805 000	
贷：银行存款		805 000
(4) 借：管理费用	200 000	
贷：银行存款		200 000
(5) 借：生产成本	2 780 000	
制造费用	278 000	
贷：应付职工薪酬——工资		2 200 000
——福利费		308 000
——工会费		44 000
——教育经费		176 000
——住房公积金		330 000
借：应付职工薪酬	3 058 000	
贷：银行存款		3 058 000
(6) 借：销售费用	1 100 000	
营业外支出	600 000	
贷：银行存款		1 700 000

或

借：销售费用	1 500 000	

营业外支出 200 000
贷：银行存款 1 700 000
(7) 借：管理费用 300 000
制造费用 700 000
贷：累计折旧 1 000 000
(8) 借：所得税费用 400 000
贷：应交税费——应交所得税 400 000
借：利润分配 400 000
贷：应付利润 400 000
借：应交税费——应交所得税 400 000
应付利润 400 000
贷：银行存款 800 000
(9) 借：生产成本 6 000 000
贷：原材料 6 000 000

任务二 成本会计的核算程序

一、成本会计工作的组织

▶ 1. 成本会计机构

成本会计机构是处理成本会计工作的职能单位。成本会计机构一般根据企业规模和成本管理要求来设置，规模较小的企业通常实行集中核算，在财务部门配备成本核算人员专门处理成本会计工作；规模较大的企业往往实行分散核算，按照“集团—厂部—车间—班组”等自上而下设置专门的成本会计机构，自上而下实行归口分级管理，下级向上级汇报成本资料。

▶ 2. 成本会计人员

成本会计人员是指在会计机构或专设的成本会计机构中所配备的成本工作人员。对企业日常的成本工作进行处理，如成本预测、决策、成本计划、成本控制、核算、考核、分析等。成本核算是企业核算工作的核心，成本考核是企业一切工作质量的综合表现，为了保证成本信息质量，对成本会计人员业务素质要求比较高。要求成本会计人员具备良好的会计职业道德：爱岗敬业、诚实守信、廉洁自律、坚持准则、客观公正、精通业务、保守秘密，熟悉企业生产工艺流程等。

▶ 3. 成本会计制度

与成本会计有关的法律、规章、制度有《会计法》《企业财务通则》和《企业会计准则》，以及国家统一的会计制度、企业内部的会计制度和成本核算办法，简称“一法二则三制”。

二、成本核算的主要会计账户设置

制造业企业成本核算的账户主要有四类：产品成本核算账户、要素费用核算账户、期间费用核算账户和跨期费用核算账户。

▶ 1. 产品成本核算账户

产品成本核算账户主要有“生产成本”和“制造费用”两个。为了核算生产经营过程中发生的各项成本、费用，提供总括而详细的成本、费用信息，企业应设置成本、费用的总分类账户和明细分类账户。具体做法可以由企业根据自己的情况来选择。“生产成本”账户的设置一般有两种做法：一是设立“生产成本”总账账户，下设“基本生产成本”和“辅助生产成本”两个二级账户，分别用来核算基本生产成本和辅助生产成本；二是将“生产成本”总账账户分解为“基本生产成本”和“辅助生产成本”两个总账账户，这样可以简化会计分录。本书按第一种做法讲述。

“生产成本——基本生产成本”账户用来核算企业生产产品，提供劳务，自制材料、工具和设备等所发生的料、工、费等各项生产费用，计算产品和劳务的实际成本。该账户的借方登记企业为进行基本生产而发生的各种费用，贷方登记转出的完工入库的产品成本，余额在借方，表示期末基本生产的在产品成本。“生产成本——基本生产成本”应按产品品种或产品批别、产品生产步骤等设置产品成本明细账，或称基本生产明细账、产品成本计算单。

辅助生产是指为基本生产和内部经营管理服务而进行的产品生产和劳务供应。“生产成本——辅助生产成本”账户的借方登记企业为进行辅助生产而发生的各种费用，贷方登记完工入库产品的成本和分配转出的劳务成本，余额在借方，表示期末辅助生产在产品的成本。“生产成本——辅助生产成本”应按辅助生产车间和生产的产品、劳务设置明细分类账。

“制造费用”账户用来核算企业在生产过程中发生的各项间接费用。借方登记实际发生的制造费用，贷方登记分配转出的制造费用，除季节性生产的企业外，该账户月末应无余额。企业一般按照生产车间设置“制造费用”明细账。

▶ 2. 要素费用核算账户

核算企业发生的要素费用的账户主要有“原材料”“应付职工薪酬”“周转材料”“累计折旧”“累计摊销”等。

▶ 3. 期间费用核算账户

期间费用核算账户包括“管理费用”“财务费用”“销售费用”三个明细分类账户。期间费用账户借方登记发生的各项费用，贷方登记期末转入“本年利润”的各项费用，结转后期末无余额。期间费用核算账户一般按费用项目设置专栏进行明细核算。

▶ 4. 跨期费用核算账户

“待摊费用”账户借方登记发生的已经支付但未摊销的待摊费用，贷方登记摊销数额，余额在借方，反映已经支付但未摊销的费用。“待摊费用”账户按费用项目进行明细核算。

“预提费用”账户贷方登记已经预提但尚未支付的费用，借方登记实际支付的费用，余额在贷方，登记应该支付而未支付的预提费用。

“预付款项”账户核算企业已支付，但应由本期和以后各期分别负担的、摊销期在一年以内的各项费用。

“应付利息”账户核算短期借款利息的预提和支付。其他的利息如长期借款利息、应付债券利息、长期应付款利息等，分别通过“长期借款”“应付债券”“长期应付款”等账户核算。

需要说明的是，一级科目是由财政部规定的，不能随意更改；二级科目或明细科目不能作为一级科目使用，明细科目可以根据企业的需要设置。

三、成本会计的成本核算程序

成本会计的成本核算程序遵循制造业企业成本核算业务流程，是指对企业在生产经营过程中发生的各项费用，按照成本核算的要求，逐步进行归集和分配，最后计算出各种产品的成本和各项期间费用的基本过程。通常按照建账、取得原始凭证、填制记账凭证、登记账簿、编制成本报表的主线进行成本核算。制造业企业成本核算的一般程序如图 1-3 所示。

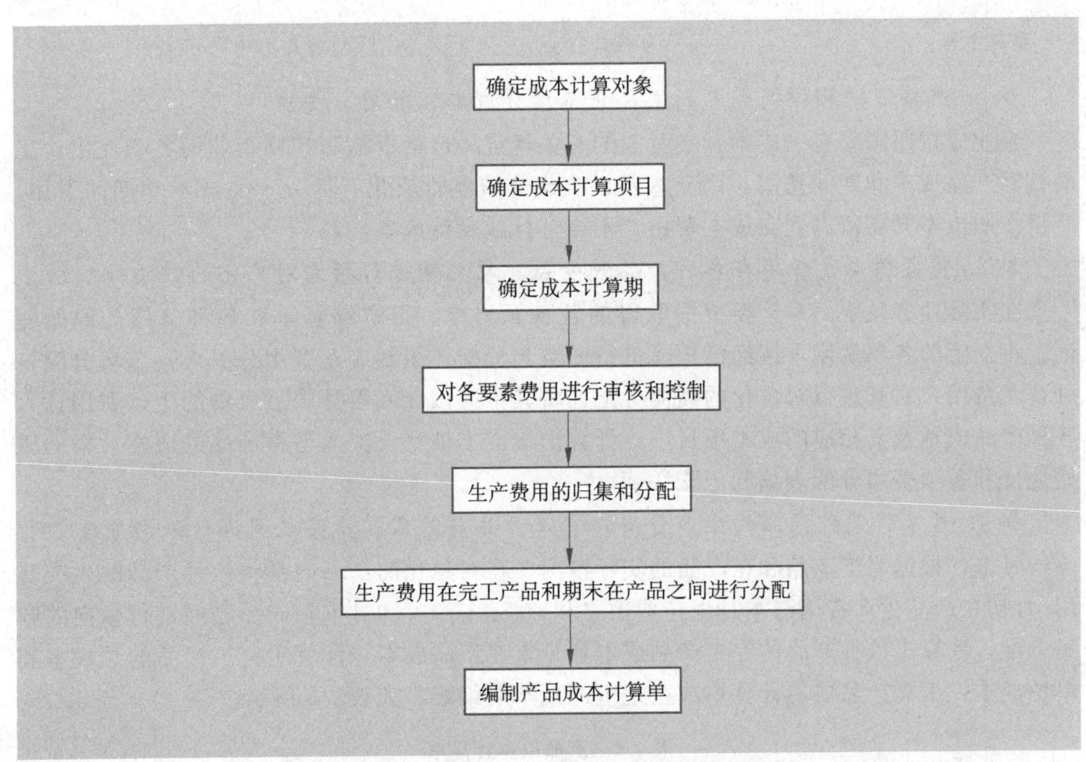

图 1-3 制造业企业成本核算的一般程序

▶ 1. 确定成本计算对象，设置生产成本明细账

成本计算对象是生产费用的承担者，确定成本计算对象，就是要解决生产费用由谁来承担的问题。要计算产品成本，首先要确定本会计年度的成本计算对象，即确定要核算成本的产品的品种、批别或生产步骤。成本计算对象的确立，是设置产品成本明细账，正确计算产品成本的前提，也是区别各种产品成本计算的主要标志。成本计算对象的选择取决于企业的生产特点和管理要求。确定了成本计算对象后，再确定各个品种、批别或步骤的

产品的成本计算项目，明确成本计算期，然后建立生产成本明细账，如表 1-1 所示。

表 1-1　基本生产成本明细账

产品：　　　车间：　　　年　月

年		凭证号	摘　要	成本项目			合计
月	日			直接材料	直接人工	制造费用	
			月初在产品成本				
			分配材料				
			分配工资福利费				
			分配制造费用				
			本月生产费用合计				
			结转完工产品成本				
			月末在产品成本				

财务主管：　　　复核：　　　制表人：

▶ 2. 严格审核和控制成本列支，正确区分成本、费用、支出

企业应按照国家有关成本开支范围的有关规定，严格审核和控制企业的各项支出，正确核算产品成本和期间费用。区分收益性支出和资本性支出，区分产品成本和期间费用，严格按照成本开支范围列支成本费用，不得多计或少计成本。

▶ 3. 将各项要素费用在各种产品或受益对象之间进行横向对象化的归集分配核算

在实际业务发生之后，要根据取得的各种领料单、工资结算单和各种费用的原始凭证，将发生的各项费用，按经济用途进行归集与分配，编制成本费用分配表，归集分配各种要素费用，对其进行对象化的横向分配，将其中应该计入当月产品成本的生产费用计入各种产品成本及其相应的成本项目中，计算出按成本项目反映的各种产品的成本，根据原始凭证和各项费用分配表编制记账凭证。

▶ 4. 月末将某种产品的生产费用在完工产品与月末在产品之间进行纵向分配

月末，根据完工产品和在产品的实际情况，在对象化的产品内部将该种产品的生产费用(月初在产品生产费用与本月生产费用之和)在完工产品和月末在产品之间进行纵向的归集分配，计算出该种产品的完工产品成本和月末在产品成本，计算出完工产品的总成本和单位成本，编制产品成本计算单或登记生产成本明细账，如表 1-2 所示。

表 1-2　产品成本计算单

产品：　　　完工数量：　件　　　年　月

项　目	直接材料	直接人工	制造费用	合　计
月初在产品成本/元				
本月发生生产费用/元				
生产费用合计/元				
完工产品数量/件				

续表

项目	直接材料	直接人工	制造费用	合计
在产品约当产量/件				
约当总产量/件				
费用分配率/(元/件)				
本月完工产品总成本/元				
月末在产品成本/元				

▶ 5. 将完工产品验收入库，编制完工产品成本汇总表和成本报表

月末，将完工产品验收入库，编制完工产品成本汇总表。期末，再根据管理层的要求编制成本报表并进行分析，从而完成整个成本核算的业务流程。

四、成本会计核算工作制度

(一) 做好成本核算的基础工作

企业应在企业负责人和总会计师、总经济师、总工程师的领导下组织各职能部门，认真做好成本和费用管理的基础工作，其主要内容是原始记录、计量验收、定额管理、内部价格体系、内部经济核算制度等。

▶ 1. 建立健全原始记录制度

企业应根据生产和管理的实际情况，建立健全下列各项原始记录：材料物资方面的原始记录、劳动工资方面的原始记录、设计及工艺改动方面的原始记录、生产方面的原始记录、设备使用方面的原始记录、动力消耗方面的原始记录等。企业应指定专职管理原始记录的机构和人员，统一规定各类原始记录的格式、内容、填写、审核、签署、传递、存档等要求，保证原始记录管理的规范化和标准化。

▶ 2. 完善计量检验制度

企业应建立健全各项财产、物资的计量验收制度，并保持计量工具的准确性，对材料、工具、在产品、半成品、产成品等的收发和转移，都必须进行计量、点数和质量验收，填制有关的原始凭证，保证收发存数量记录的准确性和连贯性。

▶ 3. 先进的定额管理制度

各项定额的制定是一项复杂细致的工作，需要在统一领导下，由各职能部门密切配合进行。企业对各种原材料、工具、燃料动力的消耗，以及劳动工时、设备利用、物资储备、定额流动资金占用、费用开支等，都要制定先进、合理的定额，并定期进行检查、分析、考核和修订。

▶ 4. 合理的内部结算价格制度

确定计价结转方法是按照受益原则结转，谁受益谁分配。内部转移的材料物资等，由物资供应部门以当时市场价格为基础，制定内部计划价格，编制价格目录，经财务部门审核后，作为内部结算价格。企业辅助部门的劳务供应可以市场价为基础，由企业主管职能部门根据实际成本情况审定结算价格。企业生产的零部件、半成品在内部转移时，可采用定额成本作为转移价格。

▶ 5. 合适的成本核算组织形式

成本会计实行归口分级管理，各级成本管理的责任承担者都必须做到责任内容清楚，职权范围明确，考核奖惩分明，贯彻责、权、利三结合。

(二) 正确划分各种费用的界限

▶ 1. 正确划分应计入成本的费用和不应计入成本的费用的界限

应计入成本的费用是指产品的成本，包括直接材料、直接人工、制造费用；不应计入成本的费用是指期间费用。

▶ 2. 正确划分生产费用与期间费用的界限

生产费用即产品成本，是指构成产品成本的料、工、费；期间费用则是计入当期损益的管理费用、财务费用、销售费用。

▶ 3. 正确划分各会计期间成本费用的界限

为了按月分析和考核产品成本和经营管理费用，正确计算各月损益，还应将计入产品成本的生产费用和作为期间费用的经营管理费用，在各个期间进行划分。根据权责发生制，本月发生的成本费用都应在本月入账，不应将其中的一部分延续到下月入账；也不应未到月末就提前结账，将本月成本、费用的一部分作为下月成本、费用进行处理。

▶ 4. 正确划分各种产品的费用界限(横向分配)

生产费用发生时，凡能划清某种产品负担的费用，应直接计入该种产品成本；凡由几种产品共同负担的费用，必须采用适当的办法，在各种产品之间进行分配，分别计入各种产品的成本。不得人为地在不同产品之间转移费用，不得以盈补亏，弄虚作假。需要特别注意的是，在划分各种产品成本的费用界限时，应注意划清可比产品与不可比产品之间、盈利产品与亏损产品之间费用的界限。应防止在盈利产品与亏损产品之间，以及可比产品与不可比产品之间任意增减生产费用的错误做法。只有客观、正确地反映各种产品的成本，才能正确考核、分析产品成本计划的完成情况和变动趋势，寻求降低成本的有效途径。

▶ 5. 正确划分完工产品与在产品的费用界限(纵向分配)

成本会计核算的目标之一是计算出完工产品的成本，月末在一种产品内部要区分完工产品和月末在产品的成本，进行纵向分配。

任务三 制造业企业的要素费用与产品成本项目

制造业企业生产经营过程中的耗费是多种多样的，为了科学地进行成本管理，正确计算产品成本和期间费用，需要对种类繁多的费用进行合理归集和分类。费用可以按不同的标准进行分类。

一、制造业企业生产费用要素的分类

▶ 1. 按照费用要素的经济内容分类

企业的生产经营活动过程，是物化劳动和活劳动的耗费过程。生产经营过程中发生的费用，按其经济内容(性质)分类，可划分为劳动对象方面的费用、劳动手段方面的费用和活劳动方面的费用三大类。这三大类称为费用的三大要素，可以具体划分为以下费用要素。

(1) 外购材料，是指企业为进行生产经营而耗用的一切从外单位购进的原料及主要材料、半成品、辅助材料、包装物、修理用备件和低值易耗品等。

(2) 外购燃料，是指企业为进行生产经营而耗用的一切从外单位购进的各种固体、液体和气体燃料。

(3) 外购动力，是指企业为进行生产经营而耗用的一切从外单位购进的各种动力。

(4) 工资、福利费、工会经费、教育经费、五险一金，指企业应计入产品成本和期间费用的职工工资、福利费、工会经费、教育经费、五险一金。

(5) 折旧费，是指企业按照规定的固定资产折旧方法计算提取的折旧费用。

(6) 其他支出，是指不属于以上各要素但应计入产品成本或期间费用的费用支出，如差旅费、租赁费、外部加工费，以及保险费等。

按照以上费用要素反映的费用，称为要素费用。

▶ 2. 按照费用要素的经济用途分类

按照费用要素的经济用途划分，可分为计入产品成本的生产费用和计入当期损益的期间费用两类。计入产品成本的生产费用包括直接材料、直接人工、制造费用。计入当期损益的期间费用包括管理费用、财务费用、销售费用。

二、制造业企业的产品成本项目

制造业企业在生产经营中发生的费用，包括计入产品成本的生产费用和计入当期损益的期间费用两大类，而计入产品成本的生产费用有的直接用于产品生产，有的间接用于产品生产。为了全面系统地反映产品的成本耗费情况，以便对成本进行控制、分析、考核评价，具体地反映产品成本的构成情况，企业应将生产成本划分为若干个项目，简称产品成本项目或成本项目。根据企业的生产特点和管理要求，制造业企业至少应设置以下三个成本项目。

(一) 直接材料

直接材料是指企业在生产产品和提供劳务的过程中所消耗的直接用于产品生产并构成产品实体的原料、主要材料、外购半成品，以及有助于产品形成的辅助材料，还包括生产过程中用于包装产品、构成产品组成部分的包装物。

(二) 直接人工

直接人工是指企业在生产产品和提供劳务的过程中，直接参加产品生产的工人的工资及其他各种形式的职工薪酬，包括生产人员的奖金、津贴和补贴、职工福利费，以及国家对职工的各项工资性补贴等。

(三) 制造费用

制造费用是指企业各生产单位为组织和管理生产而发生的各项间接费用，包括工资和福利费、折旧费、办公费、水电费、机物料消耗、劳动保护费、租赁费、保险费、排污费、存货盘亏费(减盘盈)及其他制造费用。制造费用中，大部分不直接用于产品生产，而是间接用于产品生产，例如，机物料的消耗、车间辅助人员的薪酬，以及车间厂房的折旧费等；也有一部分直接用于产品生产，但管理上不要求单独核算，也不专设成本项目，如机器设备的折旧费。制造费用还包括车间用于组织生产和管理的费用，如车间管理人员的薪酬、车间管理用房屋和设备的折旧费、车间照明费、水费和取暖费等。企业发生的各项制造费用是按其用途和发生地点，通过“制造费用”科目进行归集和分配的。根据管理的需要，“制造费用”科目可以按生产车间开设明细账，账内按照费用项目开设专栏，进行明细核算。

需要注意的是，以上成本项目不是绝对的，企业可以根据本单位的具体情况和成本管理要求，进行适当的合并或分设其他项目，但最基本的成本项目包括直接材料、直接人工、制造费用三个。如果企业规模比较大，生产过程比较复杂，成本项目可以分得比较细；反之，可以很简单，可以根据需要再设置“外购动力”“燃料”“废品损失”“停工损失”等成本项目。

项目小结

成本是企业生产经营过程中作用于劳动手段、劳动对象和劳动者等生产要素上的劳动耗费的货币总和。广义的成本即费用，包括产品成本和期间费用。狭义的成本仅仅指产品成本。理论成本是指马克思主义政治经济学社会产品价值中的补偿物化劳动消耗的价值和补偿活动消耗的价值。实际成本则是考虑了偶然因素和异常情况，按照成本开支范围列支的成本。成本项目至少有三个：直接材料、直接人工、制造费用。

成本会计是对企业在生产经营过程中发生的各种耗费进行连续、系统、全面、综合的核算、监督的管理活动，其主要职能有成本预测、成本决策、成本计划、成本控制、成本核算、成本考核、成本分析等。本书以制造业企业的成本核算业务流程为主线介绍成本会计核算业务。

教学做一体化训练

一、单项选择题

1. 产品成本是指为制造一定数量、一定种类的产品而发生的以货币表现的(　　)。

A. 物化劳动耗费　　B. 各种耗费

C. 原材料耗费　　D. 活劳动耗费

2. 从耗费角度来看，产品成本是指商品生产中所消耗的物化劳动和活劳动中必要劳动的价值，根据这个定义，下列各项中，不属于产品成本内容的是(　　)。

A. 生产用设备的折旧

B. 生产工人工资

C. 劳动对象的耗费

D. 向银行借款购买劳动对象而发生的利息支出

3. 下列各项中，不表现或不转化为费用的是(　　)。

A. 为生产产品购进的材料　　B. 企业购建的办公楼

C. 管理不善造成的非常损失　　D. 购买的生产设备

4. 成本分析一般在(　　)进行。

A. 事前　　B. 事中

C. 事后　　D. 事前、事中、事后

5. 按照马克思主义政治经济学，产品成本是产品价值中的(　　)部分。

A. C+M　　B. C+V

C. V+M　　D. C+V+M

6. 对生产经营过程中发生的费用进行归集和分配，计算出有关成本计算对象的实际总成本和单位成本，是(　　)。

A. 成本会计　　B. 成本核算

C. 成本预测　　D. 成本分析

7. 成本会计的对象是(　　)。

A. 各会计要素的增减变动

B. 各项期间费用的支出及归集过程

C. 产品生产成本的形成过程

D. 各行业企业生产经营业务成本和期间费用

8. 生产费用的发生总与一定的(　　)相关。

A. 期间　　B. 产品　　C. 企业　　D. 经济活动

9. 下列说法中，正确的是(　　)。

A. 企业的产品成本核算不仅要核算成本计算对象的总成本和单位成本，还要核算企业发生的期间费用

B. 企业在成本核算时必须执行国家制定的会计法规，因此，企业没有必要再制定本企业的会计制度

C. 生产费用按一定的产品加以归集和汇总，就是产品成本。所以，生产费用是产品成本的基础，而产品成本则是对象化的生产费用

D. 所得税费支出由于直接减少企业的本年利润，所以它也属于收益性支出范畴

10. 下列支出中，不应计入产品成本的有(　　)。

A. 产品生产耗用的材料　　B. 生产车间管理人员的工资

C. 本企业从事基本建设工程的人员工资　　D. 车间生产设备的折旧费

11. 需要在各个成本核算对象之间分配的生产费用是指(　　)。

A. 期初在产品成本

B. 本期发生的生产费用

C. 期末在产品成本

D. 期初在产品成本+本期发生的生产费用

12. 下列各项中，属于产品成本核算首要程序的是(　　)。

A. 确定成本计算期　　B. 生产费用的归集和分配

C. 确定成本项目　　D. 确定成本计算对象

13. 下列各项中，不能转入“本年利润”账户借方的是(　　)。

A. 生产成本　　B. 主营业务成本

C. 管理费用　　D. 财务费用

二、多项选择题

1. 下列科目中，期末余额应转入本年利润的有(   )。

A. 财务费用　　B. 主营业务收入

C. 营业外收入　　D. 递延收益

2. 社会产品的理论成本是由产品生产中所耗的(   )之和构成。

A. 生产中消耗的生产资料价值　　B. 劳动者为自己的劳动所创造的价值

C. 劳动者为社会创造的价值　　D. 劳动者的必要劳动报酬

3. 广义的成本会计不仅包括成本核算，而且还包括(   )。

A. 成本预测　　B. 成本决策　　C. 成本控制　　D. 成本分析

4. 企业的各种材料费用，按其用途进行分配，应计入的账户有(   )。

A. 管理费用　　B. 基本生产成本　　C. 制造费用　　D. 财务费用

5. 下列支出在发生时，直接确认为当期费用的是(   )。

A. 行政人员工资　　B. 支付的本期广告费

C. 预借差旅费　　D. 固定资产折旧费

6. 下列各项中，应计入产品成本的费用有(   )。

A. 基本车间修理费　　B. 可修复废品的修复费用

C. 产品生产用电费　　D. 企业行政管理人员工资

7. 下列固定资产折旧费应作为产品成本构成内容的是(   )。

A. 生产车间的机器设备折旧费　　B. 厂办房屋折旧费

C. 基本生产车间厂房折旧费　　D. 专设销售机构用卡车

8. 广义的成本包括(   )。

A. 产品成本　　B. 期间费用

C. 资本性支出　　D. 收益性支出

9. 构成产品成本的要素费用包括(   )。

A. 直接材料费用　　B. 直接人工费用　　C. 管理费用　　D. 制造费用

10. 下列项目中，不应列入成本费用项目的是(   )。

A. 购置和建造固定资产的支出，购入无形资产和其他非流动资产的支出

B. 分配给投资者的利润

C. 被没收的财物，以及违反法律支付的各项滞纳金、罚款

D. 规定在公积金中列支的支出

三、判断题

1. 年度终了，企业应将“本年利润”科目的本年累计余额转入“利润分配——未分配利润”科目，此时，“本年利润”科目的本年累计余额即为净利润的金额。(   )

2. 当预付账款小于采购货物需支付的款项，收到货物时差额部分计入应付账款贷方。(   )

3. 基本生产车间发生的各种费用均应直接计入“生产成本——基本生产成本”账户。(   )

4. 生产设备的折旧费用计入制造费用，因此它属于间接生产费用。(   )

5. 产品成本项目就是计入产品成本的费用按经济内容分类核算的项目。(   )

6. 一个要素费用按经济用途可能计入几个成本项目，一个成本项目可以归集同一经济用途的几个要素费用。 （ ）

7."生产成本——辅助生产成本"科目期末应无余额。 （ ）

8. 为了加强管理与考核，各个企业的成本核算制度是由国家统一规定的。 （ ）

9. 成本会计的职能中，成本核算是成本会计其他职能的基础。 （ ）

10. 成本计划是成本决策的前提和依据，成本决策是成本计划的延伸和结果。 （ ）

2 项目二 费用要素的归集与分配

知识目标

- 掌握材料费用、动力费用的归集、分配、核算。
- 掌握人工费用的归集、分配、核算。
- 掌握辅助生产费用的归集、分配、核算。
- 掌握制造费用的归集、分配、核算。
- 了解废品损失与停工损失的核算处理。

能力目标

- 掌握要素费用的归集、分配、核算的方法，并学会编制相应的费用分配表，据以填制记账凭证、登记明细账和总账。
- 能够规范地进行账页的填写。
- 培养良好的职业道德，具备分析解决问题的能力。

项目导入

宏达机械制造有限公司是一家专门生产机械的企业，有两个基本生产车间：一车间、二车间，其中，一车间只生产甲产品，二车间生产乙产品和丙产品两种产品，另设机修和供水两个辅助车间提供修理服务和冷热水，以及若干个行政管理部门及福利部门。该公司按产品进行成本核算，并设立“直接材料”“直接人工”“外购动力”“制造费用”四个成本项目。该公司材料按实际成本计价。2017年8月，该公司发生了材料费用、人工费用、动力费用、折旧费用、辅助生产费用、制造费用等要素费用。

思考：怎样根据企业资料对材料费用、人工费用、动力费用、其他费用、辅助费用、制造费用等各项要素费用进行归集、分配、核算处理，并完成实务操作呢？

任务一 材料费用的归集与分配

一、生产费用的分类与处理方法

生产费用是指生产过程中发生的费用，按经济内容分类则表现为要素费用，包括外购材料、外购燃料、外购动力、工资、福利费、工会经费、教育经费、五险一金、折旧费、税金等计入成本费用的费用。生产费用计入成本费用的方法分为两类：直接计入费用法和间接计入费用法。

直接计入费用法是指企业为生产某一种产品或成本计算对象而发生的费用，当企业车间生产单一品种产品时，生产费用直接由这一种产品负担，计入该产品的成本费用项目，必须进行分配。

间接计入费用法是指企业不能直接计入某种产品的生产成本，而需要按照一定的分配标准分配计入产品成本的费用。当企业基本车间生产两种或两种以上产品时，产品共同发生的费用就要按一定的方法进行分配。这些费用本质上属于直接费用，如车间生产产品共同耗用的原材料、车间管理人员的人工费、车间折旧费、修理费等各项间接费用。

间接计入费用需要按照一定的标准横向分配给各受益对象。分配标准应当与受益对象的受益程度密切相关，各受益对象分配的费用与分配标准应当成正比例或近似正比例关系，且分配标准的数据资料容易取得、便于计算。基于前述因素影响，企业选择的费用分配标准主要有成果类分配标准、消耗类分配标准、定额类分配标准。成果类分配标准主要以受益对象的产量、重量、体积、容积等实物量指标作为分配标准；消耗类分配标准以受益对象的材料消耗数量、生产工时、机器工时、生产工人工资等消耗指标作为分配标准；定额类分配标准是以受益对象的定额消耗量、定额工时、定额成本等定额指标作为分配标准。

分配费用的公式通常可以概括为

$$\text{某种费用的分配率}=\frac{\text{待分配的费用总额}}{\text{该种费用的分配标准总量}}$$

某受益对象应分配的费用金额＝该受益对象的分配标准数量×该种费用的分配率

材料费用包括企业生产经营过程中耗用的各种原料、主要材料、辅助材料、燃料、设备配件、包装材料、外购半成品和修理用备件等物品的货币表现。对材料费用的会计处理包括材料发出的处理、材料费用的归集、材料费用的分配等内容。

归集就是对产品生产过程中发生的材料耗费根据领料凭证归集到有关成本计算对象。材料费用的分配是对能直接明确其成本计算对象的就直接归集到该成本计算对象中，由多种成本计算对象共同耗用的材料则要采用适当的方法分配计入这几种成本计算对象中，在归集分配的过程中企业要进行相应的成本会计核算。由于材料成本核算的很多内容已在“财务会计”课程中做了介绍，在此不再重述。“成本会计”课程主要介绍材料及动力费用的归集、分配、核算。

二、材料费用的归集

材料费用的归集分配主要是解决企业生产过程中所消耗的原材料费用由谁来承担，以及承担多少的问题。

材料在生产经营活动中有着不同的用途，有的用于产品生产，有的用于组织和管理生产等。材料费用的分配需要遵循“谁受益谁负担”的原则，按用途、领用材料的部门或车间来进行归集分配给各受益对象。通常情况下，生产产品耗用的材料费由基本生产的各种产品承担，应计入“生产成本——基本生产成本(某产品)”账户，并列入“直接材料”成本项目；辅助生产车间耗用的材料费用由辅助生产车间承担，应计入“生产成本——辅助生产成本(某辅助车间)”账户；基本车间的一般耗用材料由产品或劳务承担，但由于不能直接计入“生产成本——基本生产成本”账户，应先计入“制造费用”进行归集，月末再分配计入上述产品成本；产品销售部门耗用的材料计入“销售费用”账户，管理部门为组织和管理生产而耗用的材料计入“管理费用”，无形资产研发部门领用材料计入“研发支出”，在建工程领用材料计入“在建工程”，但要注意在建工程领用材料的进项税额要做“进项税额转出”处理等。总之，材料费用的归集分配对象，要视企业的生产特点和管理要求而定，不能随意确定。材料费用核算过程一般是根据领料单、限额领料单等原始凭证，编制领料凭证汇总表或原材料发出汇总表，再对共同耗用材料进行分配，编制原材料费用分配汇总表，根据材料费用分配表填制记账凭证，根据记账凭证登记成本费用总分类账和明细账。

三、材料费用的分配方法及会计处理

材料费用的分配方法主要有三种：定额消耗量比例法、定额成本(费用)比例法和实际消耗量比例法。

(一) 定额消耗量比例法

定额消耗量比例法是按各产品消耗材料的定额数量比例进行分配的方法，其计算步骤如下。

(1) 计算各种产品的原材料定额消耗量，即分配标准数量：

$$某受益产品定额耗用量=受益产品产量\times单位消耗定额$$

(2) 计算原材料定额消耗总量：

$$原材料定额消耗总量=\sum(某种产品产量\times单位消耗定额)$$

(3) 计算原材料费用分配率：

$$原材料费用分配率=\frac{应分配的原材料费用}{原材料定额消耗总量}$$

(4) 计算某种产品应分配的原材料费用：

$$某产品应分配的原材料费用=该产品定额耗用量\times费用分配率$$

【例 2-1】神华公司第一基本生产车间生产 A、B、C 三种产品，2017 年 8 月共同耗用甲材料7 560千克，单位实际成本 20 元。本月 A、B、C 三种产品的产量分别为 520 件、700 件、450 件，单位定额消耗量分别为 6.5 千克、7 千克、4 千克。

1. 计算各种产品的定额消耗量

A 产品的定额消耗量=520×6.5=3 380(千克)

B 产品的定额消耗量=700×7=4 900(千克)

C 产品的定额消耗量=450×4=1 800(千克)

2. 计算定额消耗总量

三种产品的定额消耗总量=3 380+4 900+1 800=10 080(千克)

3. 计算费用分配率

材料费用分配率=7 560×20÷10 080=15(元/千克)

4. 计算各产品应分配的原材料费用

A 产品应分配的原材料费用=3 380×15=50 700(元)

B 产品应分配的原材料费用=4 900×15=73 500(元)

C 产品应分配的原材料费用=1 800×15=27 000(元)

编制甲材料费用分配表，如表 2-1 所示。

表 2-1 甲材料费用分配表

2017 年 8 月 31 日

应借账户			成本费用项目	数量/件	单耗/千克	定额耗用量/千克	分配率/(元/千克)	分配金额/元
总账	二级账	明细账						
生产成本	基本生产成本	A 产品	直接材料	520	6.5	3 380	—	50 700
	基本生产成本	B 产品	直接材料	700	7	4 900	—	73 500
	基本生产成本	C 产品	直接材料	450	4	1 800	—	27 000
合　计				—	—	10 080	15	151 200

会计主管：冯东　　复核：陈楠山　　制单：吴晓明

根据表 2-1 编制会计分录如下：

借：生产成本——基本生产成本(A 产品)　　50 700

　　　　　——基本生产成本(B 产品)　　73 500

　　　　　——基本生产成本(C 产品)　　27 000

　贷：原材料——甲材料　　151 200

(二) 定额成本(费用)比例法

定额成本(费用)比例法是按各产品消耗材料的定额成本或费用比例进行分配的方法，其计算步骤如下。

(1) 计算各种产品的定额材料成本，即分配标准数量：

某受益产品定额材料成本=受益产品产量×单位定额成本

(2) 计算原材料定额成本总额：

$$原材料定额成本总额 = \sum(某种产品产量 \times 单位定额成本)$$

(3) 计算原材料费用分配率：

原材料费用分配率=应分配的原材料费用÷原材料定额成本总额

(4) 计算某种产品应分配的原材料费用：

某产品应分配的原材料费用=该产品定额成本×费用分配率

【例 2-2】某厂生产甲、乙、丙三种产品，产量分别为 400 件、600 件、200 件，共同耗用 A 材料费用43 500元，三种产品的单位定额材料费用分别为 20 元、15 元、60 元。

1. 计算各种产品定额材料成本

甲产品的定额材料成本＝400×20＝8 000(元)

乙产品的定额材料成本＝600×15＝9 000(元)

丙产品的定额材料成本＝200×60＝12 000(元)

2. 计算定额材料成本总额

三种产品的定额材料成本总额＝8 000＋9 000＋12 000＝29 000(元)

3. 计算费用分配率

材料费用分配率＝43 500÷29 000＝1.5

4. 计算各产品应分配的原材料费用

甲产品应分配的原材料费用＝8 000×1.5＝12 000(元)

乙产品应分配的原材料费用＝9 000×1.5＝13 500(元)

丙产品应分配的原材料费用＝12 000×1.5＝18 000(元)

(三) 实际消耗量比例法

实际消耗量比例法是按各产品消耗材料的实际数量比例进行分配的方法，其计算步骤如下。

(1) 计算各种产品的原材料实际消耗量，即分配标准数量：

某受益产品的原材料实际消耗量＝受益产品产量×单位实际消耗量

(2) 计算原材料费用分配率：

$$原材料费用分配率=\frac{应分配的原材料费用}{各受益产品实际消耗总量}$$

(3) 计算某种产品应分配的原材料费用：

某产品应分配的原材料费用＝该产品的实际消耗量×费用分配率

【例 2-3】 宏伟机械厂生产甲、乙、丙三种产品，共同耗用 M 材料费用68 000元，三种产品产量分别为3 500件、1 600件、2 000件，三种产品材料的实际单位消耗量分别为 5 千克、8 千克、12 千克。

1. 计算各种产品的材料实际消耗量

甲产品的材料实际消耗量＝3 500×5＝17 500(千克)

乙产品的材料实际消耗量＝1 600×8＝12 800(千克)

丙产品的材料实际消耗量＝2 000×12＝24 000(千克)

2. 计算材料费用分配率

材料费用分配率＝68 000÷(17 500＋12 800＋24 000)＝1.25(元/千克)

3. 计算各产品应分配的原材料费用

甲产品应分配的原材料费用＝17 500×1.25＝21 875(元)

乙产品应分配的原材料费用＝12 800×1.25＝16 000(元)

丙产品应分配的原材料费用＝68 000－21 875－16 000＝30 125(元)

四、材料费用的核算

企业领用材料可以按照实际成本或计划成本进行计价。按照实际成本计价时，计价方法又分为先进先出法、后进先出法、移动平均法、加权平均法、个别计价法等。在成本会计核算中，这些方法同样适用。材料按实际成本核算时，通常按照受益对象确定计入相应成本费用账户：产品领用材料计入“生产成本——基本生产成本(某产品)”账户；辅助生产领用材料计入“生产成本——辅助生产成本(某辅助车间)”账户；基本车间一般耗料计入“制造费用——某基本车间”账户；管理部门耗料计入“管理费用”账户；在建工程耗用材料计入“在建工程”账户，同时要做材料进项税额转出；其他受益对象耗用材料相应计入对应成本费用账户中。如果材料按计划成本核算，要先按照计划成本将材料分配转入各相应成本费用账户，再按照上述原则结转发出材料的材料成本差异，超支用蓝字登记，节约用红字或负数登记。

案例实训

(一) 实训资料

承项目导入资料，宏达机械制造公司 2017 年 8 月发出材料汇总表(见表 2-2)，其中，二车间生产两种产品共同耗用 W1 钢材 117 600 元，原材料消耗记录表明：乙产品、丙产品两种产品消耗的 W1 钢材数量分别为 33 000 千克、23 000 千克。

表 2-2 发出材料汇总表

材料类别：原材料　　　　2017 年 8 月　　　　单位：元

领料用途	直接领用	共同耗用	耗料合计
产品生产直接耗用	201 750		319 350
甲产品	36 750		36 750
乙产品		117 600	282 600
丙产品	165 000		
基本生产车间一般消耗	940		4 000
供水车间耗用	26 600		62 000
机修车间耗用	1 700		10 000
厂部管理部门耗用	5 500		6 000
合计	236 490	117 600	354 090

(二) 实训分析

对材料费用进行归集、分配、核算的实务操作处理，是制造业企业最常见的成本会计实务操作，其操作步骤主要分四步：①领料时根据领料单、限额领料单、发料汇总表等编制领料凭证汇总表；②对间接材料费用进行分配，编制材料费用分配表；③根据材料费用分配表和领料单等填制记账凭证；④登记成本费用明细账。(成本报表在项目二中暂不考虑。)以上操作可以采取轮岗、混岗操作。

(三) 实训操作

第一步：根据领料单、限额领料单、发料汇总表等编制领料凭证汇总表(见表 2-3)，并计算乙产品、丙产品共同耗用的 W1 钢材原材料费用。

表 2-3 领料凭证汇总表

2017 年 8 月　　　　单位：元

材料名称	生产车间产品用			车间用	辅助生产车间		管理部门	合计
	甲产品	乙产品	丙产品		供水车间	机修车间		
K5 管材	36 750							36 750
W1 钢材		117 600						117 600
M 材料			165 000				5 500	170 500
焦炭					26 600			26 600
润滑剂						740		740
505 合剂						960		960
三角皮带				400				400
G 配件				540				540
合计	319 350			940	26 600	1 700	5 500	354 090

主管：冯东　　审批：陈楠山　　制单：吴晓明

采用实际消耗量比例法分配计算乙产品、丙产品共同耗用的 W1 钢材费用：

乙产品 W1 钢材实际消耗量＝33 000千克

丙产品 W1 钢材实际消耗量＝23 000千克

W1 钢材消耗量分配率＝117 600÷(33 000＋23 000)＝2.1(元/千克)

乙产品应分配的材料费用＝33 000×2.1＝69 300(元)

丙产品应分配的材料费用＝23 000×2＝48 300(元)

第二步：编制材料费用分配表，如表 2-4 所示。

表 2-4 材料费用分配表

2017 年 8 月 31 日　　　　单位：元

应借账户			成本费用项目	直接计入费用	间接计入费用			合计
总账	二级账	明细账			标准	分配率	金额	
生产成本	基本生产成本	甲产品	直接材料	36 750				36 750
		乙产品	直接材料		33 000		69 300	69 300
		丙产品	直接材料	165 000	23 000		48 300	213 300
		小计		201 750	56 000	2.1	117 600	319 350
	辅助生产成本	供水车间	材料费	26 600				26 600
		机修车间	材料费	1 700				1 700
		小　计		28 300				28 300
管理费用				5 500				5 500
制造费用		二车间	修理费	940				940
合　计				236 490			117 600	354 090

主管：冯东　　审批：陈楠山　　制单：吴晓明

第三步：根据领料单、领料凭证汇总表、材料费用分配表，填制记账凭证，如表 2-5 所示。

表 2-5 记账凭证

2017 年 8 月 31 日　　记字第 25 号

摘要	总账科目	明细科目	借方金额	贷方金额	记账
领用材料	生产成本	基本生产成本(甲产品)	36 750		
		基本生产成本(乙产品)	69 300		
		基本生产成本(丙产品)	213 300		
		辅助生产成本(供水车间)	26 600		
		辅助生产成本(机修车间)	1 700		
	制造费用	二车间	940		
	管理费用	办公室	5 500		
	原材料	K5、W1 等		354 090	
合计			￥354 090	￥354 090	

财务主管：　记账：王莉　出纳：　审核：王珂　制单：洪艳

会计分录如下：

借：生产成本——基本生产成本(甲产品)　36 750
　　　　　——基本生产成本(乙产品)　69 300
　　　　　——基本生产成本(丙产品)　213 300
　　　　　——辅助生产成本(供水车间)　26 600
　　　　　——辅助生产成本(机修车间)　1 700
　　制造费用——二车间　940
　　管理费用　5 500
　贷：原材料——K5 管材　36 750
　　　　　——W1 钢材　117 600
　　　　　——M 材料　170 500
　　　　　——焦炭　26 600
　　　　　——润滑剂　740
　　　　　——505 合剂　960
　　　　　——三角带　400
　　　　　——G 配件　540

第四步：根据记账凭证等登记有关成本费用明细账，如表 2-6～表 2-12 所示。

表 2-6 基本生产成本明细账(甲产品)

产品：甲产品　　车间：一车间　　2017 年 8 月

2017 年		凭证号	摘　要	直接材料	直接人工	制造费用	合计
月	日						
8	1		月初在产品成本	50 000	5 000	9 000	64 000
		记 25	分配材料	36 750			100 750

财务主管：　　复核：王莉　　制表人：洪艳

表 2-7 基本生产成本明细账(乙产品)

产品：乙产品　　车间：一车间　　2017 年 8 月

2017 年		凭证号	摘　要	直接材料	直接人工	制造费用	合计
月	日						
8	1		月初在产品成本	30 000	5 000	8 000	43 000
		记 25	分配材料	69 300			112 300

财务主管：　　复核：王莉　　制表人：洪艳

表 2-8 基本生产成本明细账(丙产品)

产品：丙产品　　车间：二车间　　2017 年 8 月

2017 年		凭证号	摘　要	直接材料	直接人工	制造费用	合计
月	日						
8	31	记 25	分配材料	213 300			213 300

财务主管：　　复核：王莉　　制表人：洪艳

表 2-9 辅助生产成本明细账(供水车间)

产品：冷热水　　车间：供水车间　　2017 年 8 月

2017 年		凭证号	摘　要	直接材料	直接人工	制造费用	合计
月	日						
8	31	记 25	分配材料	26 600			26 600

财务主管：　　复核：王莉　　制表人：洪艳

表 2-10 辅助生产成本明细账(机修车间)

产品：修理劳务　　车间：机修车间　　2017 年 8 月

2017 年		凭证号	摘　要	直接材料	直接人工	制造费用	合计
月	日						
8	31	记 25	分配材料	1 700			1 700

财务主管：　　复核：王莉　　制表人：洪艳

表 2-11 制造费用明细账

车间：二车间　　2017 年 8 月　　单位：元

2017 年		凭证号	摘要	费用明细项目							合计
月	日			原材料	人工费	折旧费	修理费	办公费	水电费	辅助	
8	31	记 25	车间耗材	940							940

财务主管：　　复核：王莉　　制表人：洪艳

表 2-12 管理费用明细账

2017 年 8 月　　单位：元

2017 年		凭证号	摘要	费用明细项目							合计
月	日			原材料	人工费	折旧费	修理费	办公费	水电费	辅助等	
8	31	记 25	领料	5 500							5 500

财务主管：　　复核：王莉　　制表人：洪艳

五、燃料费用和动力费用的归集、分配、核算

1. 燃料费用的归集、分配、核算

企业燃料费用的归集与分配和材料费用的归集与分配相同。燃料费用在产品成本中所占比重较大时，单设“燃料与动力”成本项目进行核算，并按使用部门和用途借记“生产成本——基本生产成本(某产品)”“制造费用”和“管理费用”等科目，贷记“燃料”科目；如果燃料费用在产品成本中所占比重较小时，企业不再单独设置“燃料”科目，而将“燃料”费用合并计入“直接材料”成本项目，作为“原材料”的明细科目进行核算。燃料的归集、分配及核算处理同原材料。

2. 动力费用的归集、分配、核算

动力有外购和辅助生产自制动力两种来源，辅助生产自制动力费用的归集和分配，应并入辅助生产费用核算的内容之中具体介绍，本任务仅介绍外购动力。企业发生的外购动力费用，有的直接用于产品生产，有的间接用于产品生产，还有的用于经营管理等方面。

(1) 成本项目设置。为了加强对能源费用的核算和控制，当动力费用在产品成本中所占比重较大时，企业通常单设“燃料及动力”成本项目，用以核算其发生的燃料费用和动力费用，也可以单独设置“外购动力”成本项目核算发生的外购动力费用。当动力费用在产品成本中所占比重较小时，“动力”合并到“制造费用”成本项目核算。

(2) 动力费用的测量。如果企业有仪器仪表，外购动力费用的归集、分配应当根据仪器仪表测量并记录的实际耗用数量，按照一定的单价，在各受益对象之间进行归集分配；如果企业没有仪器仪表，则不能直接确定受益对象的动力耗用量，此时可以按照生产工时(实际或定额)、机器工时的比例分配动力费用。

按照“谁受益谁负担”的原则，各种产品应承担的外购动力费用，直接计入或分配计入各种产品成本的“燃料及动力”或“外购动力”成本项目，借记“生产成本——基本生产成本

(某产品)——燃料及动力或外购动力”“制造费用”和“管理费用”等科目，贷记“银行存款”科目，同时还应考虑外购动力购进时发生的进项税额，允许抵扣。若动力费用不单设“燃料及动力”“外购动力”成本项目的，则产品发生的动力费用计入“生产成本——基本生产成本(某产品)——制造费用”科目。

(3) 动力费用的分配方法。实务中，企业各车间、部门的动力用电和照明用电一般都分别装有电表。因此，外购动力费用在各车间、部门动力用电和照明用电之间一般都按用电度数进行分配。车间的动力用电一般无法按产品分别安装电表记录各自的用电数量，则车间动力费用在各种产品之间一般按产品的生产工时比例、机器工时比例、定额耗电量比例进行分配。动力的分配及处理同制造费用，多数按工时比例分配。

动力费用分配率＝各种产品共同耗用动力总量÷各种产品机器工时(马力工时)总数

某种产品应承担的动力费用＝该产品的机器工时(马力工时)×分配率×单价

案例实训

宏达机械制造公司 2017 年 8 月实际耗电量为20 400千瓦时，每千瓦时 0.85 元，共计17 340元。根据电表记录，乙产品和丙产品实际消耗的生产工时分别为1 600小时和2 400小时。

委托收款凭证如表 2-13 所示。

表 2-13　同城委托收款凭证(付款通知)

委托日期 2017 年 8 月 26 日　　第 Q0002598 号

<table>
<tr><td rowspan="3">汇票人</td><td>全　称</td><td colspan="2">宏达机械制造公司</td><td rowspan="3">收款人</td><td>全　称</td><td colspan="8">海滨市电力公司</td></tr>
<tr><td>账　号</td><td colspan="2">8450413870498</td><td>账　号</td><td colspan="8">4223676869619</td></tr>
<tr><td>开户银行</td><td colspan="2">工商银行海滨分行</td><td>开户银行</td><td colspan="8">工商银行海滨分行二支行</td></tr>
<tr><td rowspan="2">委托金额</td><td colspan="4" rowspan="2">(大写) 贰万零贰佰捌拾柒元捌角整</td><td>百</td><td>十</td><td>万</td><td>千</td><td>百</td><td>十</td><td>元</td><td>角</td><td>分</td></tr>
<tr><td></td><td>¥</td><td>2</td><td>0</td><td>2</td><td>8</td><td>7</td><td>8</td><td>0</td></tr>
<tr><td colspan="2">款项内容</td><td>电费价税合并</td><td colspan="2">委托收款凭证</td><td colspan="2"></td><td colspan="5">附寄单证张数</td><td colspan="2"></td></tr>
<tr><td colspan="2">备注</td><td colspan="3">公章(略)</td><td colspan="9">付款单位注意：
1. 劳务供应双方签订协议后方能办理；
2. 如无协议，可说明情况，向收款单位办理委托收款，将原款划回。</td></tr>
</table>

单位主管：王霞　　会计：陈楠山　　复核：王小明　　记账：

收到日期：2017 年 8 月 28 日

公司用电汇总表如表 2-14 所示。

表 2-14　公司用电汇总表

2017 年 8 月

受益部门	一车间	二车间		供水车间	机修车间	管理部门	合计
		产品生产	车间照明				
用电量(千瓦时)	3 250	8 200	1 330	2 150	2 800	2 670	20 400

动力费用分配率＝17340÷20400＝0.85(元/度)

电力耗用量分配率＝8200÷(1600＋2400)＝2.05(度/工时)

编制动力费用分配表，如表 2-15 所示。

表 2-15 动力费用分配表

2017 年 8 月 31 日　　　　金额单位：元

应借账户			成本费用项目	费用分配率	电力耗用量			合计
总账	二级账	明细账			实际工时	分配率	电度数	
生产成本	基本生产成本	甲产品	外购动力				3 250	2 762.5
		乙产品	外购动力		1 600		3 280	2 788
		丙产品	外购动力		2 400		4 920	4 182
		小计			4 000	2.05	8 200	6 970
	合计						11 450	9 732.5
	辅助生产成本	供水车间	制造费用				2 150	1 827.5
		机修车间	制造费用				2 800	2 380
		小计					4 950	4 207.5
管理费用			电费				2 670	2 269.5
制造费用		基本车间	电费				1 330	1 130.5
合计				0.85 元/度			20 400	17 340

主管：冯东　　审批：陈楠山　　制单：吴晓明

归集、分配动力费用时的记账凭证(明细账略)如表 2-16 所示。

表 2-16 记账凭证

2017 年 8 月 31 日　　　　记字第 26 号

摘要	总账科目	明细科目	借方金额	贷方金额	记账
分配动力	生产成本	基本生产成本(甲产品)	2762.5		
		基本生产成本(乙产品)	2 788		
		基本生产成本(丙产品)	4 182		
		辅助生产成本(供水车间)	1 827.5		
		辅助生产成本(机修车间)	2 380		
	制造费用	二车间	1 130.5		
	管理费用	电费	2 269.5		
	应交税费	应交增值税(进项税额)	2 947.8		
	应付账款	海滨市电力公司		20 287.8	
合计			￥20 287.8	￥20 287.8	

财务主管：　　记账：王莉　　出纳：　　审核：王珂　　制单：洪艳

会计分录如下：

借：生产成本——基本生产成本(甲产品)——外购动力	2 762.5
生产成本——基本生产成本(乙产品)——外购动力	2 788
生产成本——基本生产成本(丙产品)——外购动力	4 182
生产成本——辅助生产成本(供水车间)——制造费用	1 827.5
生产成本——辅助生产成本(机修车间)——制造费用	2 380
制造费用——二车间——电费	1 130.5
管理费用——电费	2 269.5
应交税费——应交增值税(进项税额)	2 947.8
贷：应付账款/银行存款	20 287.8

企业的外购动力费用，在付款时，应按外购动力的用途，直接借记各成本、费用科目，贷记“银行存款”科目，还要考虑购进动力的进项税额。但在实际工作中，一般通过“应付账款”科目核算，即在付款时先作为暂付款处理，借记“应付账款”科目，贷记“银行存款”科目。月末，按照外购动力的用途分配费用时，再借记各成本、费用科目，贷记“应付账款”科目，冲减原来计入“应付账款”科目借方的暂付款。之所以要这样核算，是因为外购动力费用一般不是在每月末支付，而是在每月下旬支付。如果支付时就直接借记各成本、费用科目，贷记“银行存款”科目，由于该日计入的动力费用，并不完全是当月动力费用，而是上月付款日到本月付款日这一时间的动力费用，为了正确地计算当月动力费用，不仅要计算、扣除上月付款日到上月末的应付未付动力费用，而且还要分配、补记当月付款日到当月末的应付未付动力费用，核算工作量太大。而通过“应付账款”科目核算，可以免去这些核算工作，每个月只需在月末分配登记一次动力费用，大大简化了核算工作。

六、其他材料费用的会计处理

(一) 包装物费用的会计处理

企业发出包装物的处理同材料费用的处理基本相同，也是根据发出包装物明细表或领料单领料单，按照“谁受益谁负担”的原则，将发生的包装物费用借方计入“生产成本——基本生产成本(某产品)”“生产成本——辅助生产成本(某车间)”“销售费用”“ 其他业务支出”等账户，贷方计入“周转材料——包装物”。

(二) 低值易耗品费用的会计处理

企业发生低值易耗品费用的处理同材料费用、包装物费用的处理基本相同，只是低值易耗品的摊销通常采用一次摊销法、五五摊销法、分期摊销法。2006 年版《企业会计准则》施行后，企业多采用五五摊销法。

1. 一次摊销法

在领用低值易耗品当月将发生的费用一次计入相关的成本费用账户，借记“制造费用”“管理费用”等，贷记“周转材料”；若为计划成本计价，在领用当月还需要一次摊销材料成本差异。报废时，残料入库或现金回收需冲减相关成本费用。

2. 五五摊销法

在领用低值易耗品时摊销价值一半，摊销费用计入相关的成本费用账户，首先借记“周转材料——低值易耗品(在用)”，贷记“周转材料——低值易耗品(在库)”，然后摊销一半借记“制造费用”“管理费用”等，贷记“周转材料——低值易耗品(摊销)”；报废时摊销价值的另一半，借记“制造费用”“管理费用”“原材料”等，贷记“周转材料——低值易耗品(摊销)”，残值直接冲减报废当月的成本费用，同时平账，借记“周转材料——低值易耗品(摊销)”，贷记“周转材料——低值易耗品(在用)”。若为计划成本计价，则低值易耗品的材料成本差异全部直接计入领用当月的成本费用账户。

▶ 3. 分次摊销法

当领用价值较高、使用期限较长时通常采用分次摊销法。领用时借记“待摊费用”，贷记“周转材料——低值易耗品”，每月摊销时，借记“制造费用”“管理费用”等，贷记“待摊费用”，报废时，残值冲减有关成本费用账户。值得注意的是，2006 年版《企业会计准则》施行后，有的企业不再设置“待摊费用”“预提费用”科目，而将相关费用摊销通过“预付账款”“预收账款”等账户进行反映。低值易耗品摊销也多采用五五摊销法。

案例实训

宏达机械制造公司 2017 年 8 月发生的低值易耗品领用及摊销情况，如表 2-17 所示。

表 2-17 低值易耗品领用及摊销情况

2017 年 8 月

类 别	实际成本	用 途	备 注
通用工具	750	一车间领用	当月领用，一次摊销
通用工具	1 300	二车间领用	
专用工具	1 600	机修车间领用	以前领用，当期报废，残值 100 元入库，五五摊销
劳防用品	1 200	供水车间领用	当月领用，五五摊销
管理用具	3 600	厂部领用	5月领用，分次摊销，期限半年
合计	8 450		

根据表 2-17 编制低值易耗品费用分配表，如表 2-18 所示。

表 2-18 低值易耗品费用分配表

2017 年8月

应借账户			成本费用项目	摊销方法	摊销额	残值	分配金额
总账	二级账	明细账					
生产成本	基本生产成本	甲产品	制造费用	一次法	750		750
	辅助生产成本	供水车间	直接材料	五五法	600		600
		机修车间	直接材料	五五法	800	100	700
		小计			1 400	100	1 300
管理费用			材料	分次法	600		600
制造费用		二车间	材料	一次法	1 300		1 300
合 计					4 050	100	3 950

会计分录如下（记账凭证略）：

借：生产成本——基本生产成本（甲产品）——制造费用　　750
　贷：周转材料——低值易耗品　　750
借：生产成本——辅助生产成本（机修车间）——直接材料　　700
　原材料　　100
　周转材料——低值易耗品摊销　　800
　贷：周转材料——低值易耗品（在用）　　1 600
借：周转材料——低值易耗品（在用）　　1 200
　贷：周转材料——低值易耗品（在库）　　1 200
借：生产成本——辅助生产成本（供水车间）——直接材料　　600
　贷：周转材料——低值易耗品（摊销）　　600
借：管理费用——材料费　　600
　贷：待摊费用——低值易耗品　　600
借：制造费用——二车间——材料费　　1 300
　贷：周转材料——低值易耗品（在库）　　1 300

任务二　人工费用的归集与分配

人工费用即职工薪酬，作为产品成本的重要构成内容，人工费用主要由工资、三项经费、五险一金构成。人工费用的会计处理主要是指人工费用的归集、分配、核算，即在企业工资结算完成的基础上，将工资、三项经费、五险一金分配给有关成本计算对象。

一、人工费用的构成和计算

职工薪酬是指企业为了获得职工提供的服务而给予各种形式的报酬及其相关的支出，包括：企业为职工在职期间和离职后提供的全部货币性薪酬和非货币性福利；提供给职工配偶、子女或其他被赡养人的福利等。

（一）工资

职工工资由计时工资、计件工资、加班加点工资、奖金、津贴、补贴，以及特殊情况下支付的工资组成。

1. 计时工资

计时工资有月薪制、日薪制、年薪制等计算方式，其中，月薪制是最基本、最常用的计算方式。反映计时工资的原始凭证主要是企业的考勤记录。月薪制下有两种计算计时工资的方法：一种方法是每月固定按照 30 天计算工资，即节假日、双休日有工资，通常按缺勤天数扣工资，缺勤期间的节假日双休日也扣工资；另一种方法是每月按照 21.75 天计算工资，即双休日没有工资，节假日有工资，缺勤期间的节假日不扣工资。

【例 2-4】甲月工资标准4 500元，8月出勤情况如下：出勤 18 天，事假 2 天，病假 3 天(按 90%发放工资)，节假日 8 天。本月应付给甲的工资是多少？

第一种：每月固定按照 30 天计算，日工资率＝4 500÷30＝150(元/天)。企业通常采用倒扣法按缺勤天数扣工资：应扣事假工资＝150×2＝300(元)，应扣病假工资＝150×3×10%＝45(元)，甲本月应付工资＝4 500－300－45＝4 155(元)。

当然，从理论上来讲，企业也可以按出勤天数采用正算法计算工资，这样计算的应付工资总额＝18×150＋8×150＋3×150×90%＝4 305(元)。可见，与上述倒扣法相比较，正算法的工资总额要多出 150 元，即多计了一日的工资，因此，从成本控制的角度来看，企业大多采用倒扣法计算计时工资。

第二种：每月按照 21.75 天计算，日工资率＝4 500÷21.75＝206.9(元/天)。按缺勤天数倒扣工资，节假日、周末不扣工资：应扣事假工资＝206.9×2＝413.8(元)，应扣病假工资＝206.9×3×10%＝62.07(元)，甲应付工资＝4 500－413.8－62.07＝4 024.13(元)。

▶ 2. 计件工资

计件工资是根据个人的产量记录和工时记录来计算的。

$$计件工资＝\sum(每种产品的产量×计件单价)$$

产品产量是指合格品产量加上料废品产量，而工废品产量不计入工资。

【例 2-5】某工人小时工资率 5 元，生产甲、乙两种产品：甲产品工时定额为 30 分钟，乙产品工时定额为 10 分钟。本月该工人共加工甲产品 300 件，乙产品 600 件，则应付计件工资＝30÷60×5×300＋10÷60×5×600＝1 250(元)。

▶ 3. 加班加点工资

节假日加班三薪，公休日加班双薪。若某人月工资2 000元，则春节长假期间 7 天的加班费＝月工资÷21.75×3×300%＋月工资÷21.75×4×200%＝1 563.15(元)。

▶ 4. 奖金、津贴、补贴

计入工资的奖金是指除了全年一次奖金以外的其他各种名目的奖金，主要有生产奖、节约奖、劳动竞赛奖等。津贴、补贴是指按规定发给职工的物价补贴、岗位津贴、两院院士津贴、特殊工种津贴、高温补贴、取暖补贴等项目。除上述项目外，企业还可能每月随同工资发给职工非货币性福利和非工资性补贴(如交通补贴)等。

(二) 三项经费

三项经费是指工会经费、职工福利费、职工教育经费。企业每月核算工资的同时，应分别按照职工工资总额的 2%、14%、2.5%计提工会经费、职工福利费、职工教育经费。三项经费是企业的人工费用中必要的部分。

(三) 五险一金

企业履行社会责任的方式之一就是按规定缴纳社会保险费和住房公积金，即五险一金，包括养老保险、医疗保险、失业保险、工伤保险、生育保险和住房公积金。五险一金分别由企业单位和职工个人承担，属于企业承担的部分，就是企业按照职工应付工资总额的规定比例计提的五险一金部分，在核算中计入企业的“成本费用”科目；属于个人承担的部分，是指从个人的应付工资总额中扣除的五险一金部分，通过“其他应付款”科目反映。

二、人工费用的归集

按照权责发生制原则的要求，企业成本核算人员在每月终了时，应根据考勤记录、产量记录、工时记录等原始凭证计算出职工工资，并按车间、部门等受益对象分类汇总编制工资结算单及工资结算汇总表，归集、分配工资费用。归集工资费用时，工资费用受益对象的确定与材料费用的分配基本相同，即按“谁受益谁负担”的原则进行分配：产品生产工人的工资应由基本生产部门的各产品承担，计入“生产成本——基本生产成本(某产品)”账户；辅助生产车间的工人工资应由辅助生产部门生产的各产品或劳务承担，计入“生产成本——辅助生产成本(某辅助车间)”账户，并在辅助车间内部区分成本项目登记；基本车间的管理人员的工资费用应由各基本车间的制造费用承担，计入“制造费用——某基本车间”账户；企业行政管理部门发生的工资，包括行政管理人员、福利人员、长期脱产人员、外借人员的工资费用，应由管理费用承担；在建工程人员、无形资产研发人员的工资费用则分别计入“在建工程”及“研发支出”账户。

工资费用按受益对象归集计入相应成本费用账户之后，企业再分别按照应付工资总额的规定比例计提工会经费、职工福利费、职工教育经费和五险一金。三项经费和五险一金是工资费用的衍生费用，相当于工资费用的“影子”，工资费用计入哪些成本费用账户，则三项经费和五险一金就相应地计入对应的成本费用账户。

三、人工费用的分配

工资费用的分配，通常是指将生产工人的工资费用分配计入各种产品的生产成本。计件工资形式下，工资费用与产品生产直接联系，直接计入各产品的生产成本账户。在计时工资形式下，如果基本生产车间只生产一种产品，则基本车间生产工人的工资费用不需要分配，而是直接计入该种产品的生产成本；若基本生产车间生产两种及两种以上的产品，则需要将生产工人的工资按适当的分配标准分配计入各种产品的生产成本。通常按照各种产品的工时比例进行分配。可选择的工时标准一般有产品的实际生产工时和定额工时，一般按照实际生产工时比例法分配。但如果实际生产工时数据不易取得，则可以按照定额工时比例法分配。工资费用分配的计算公式如下：

$$\text{工资费用分配率}=\frac{\text{生产工人工资总额}}{\text{各种产品的生产工时(或定额工时)总额}}$$

$$\text{某种产品应分配的工资费用}=\text{该产品的生产工时(或定额工时)}\times\text{工资费用分配率}$$

在实际工作中，工资费用的分配，一般是根据工资结算汇总表，通过编制工资费用分配表来进行的，企业通常按车间、部门等受益对象编制工资费用分配表。工资费用分配表可以采取一级核算方式，即由财务部门直接编制；也可以采取二级核算方式，先由车间、部门编制各部门的人工费用分配表，然后再由财务部门汇总编制人工费用分配表。工资费用分配表编制完成后，可以根据其中的“应付工资合计”列相应编制三项经费和五险一金的费用分配表，三者共同构成人工费用分配表。

四、人工费用的会计核算和处理

▶ 1. 核算工资和三项经费

企业核算工资和三项经费时，按照"谁受益谁负担"的原则，将各受益对象的工资和三项经费分别借记"生产成本——基本生产成本(某产品)""生产成本——辅助生产成本(某辅助车间)""制造费用——某基本车间""管理费用(行政管理、福利、长期脱产、外借人工资)""销售费用""在建工程""研发支出"等，贷记"应付职工薪酬——工资、三费"。

▶ 2. 计提五险一金

企业核算五险一金时，按照"谁受益谁负担"的原则，将各受益对象的五险一金分别借记"生产成本——基本生产成本(某产品)""生产成本——辅助生产成本(某辅助车间)""制造费用——某基本车间""管理费用(行政管理、福利、长期脱产、外借人工资)""销售费用""在建工程""研发支出"等，贷记"应付职工薪酬——社会保险费(养老保险、医疗保险、失业保险、工伤保险、生育保险)、住房公积金"。

▶ 3. 核算代扣款项，包括代扣个人承担的社会保险费部分

企业月末应将职工个人应付工资总额中的代扣款项进行核算，包括代扣个人承担的社会保险费部分、个人所得税、水电费等，将代扣款项借方冲减"应付职工薪酬——工资"，贷方计入"应交税费——应交个人所得税""其他应付款——社会保险费(个人承担的养老、医疗、失业、公积金)""银行存款"等账户。

▶ 4. 发放工资及福利费

发放工资及福利费时，借记"应付职工薪酬——工资、福利费"，贷记"银行存款"，若有随同工资发放的非工资性津贴，则借记"管理费用"账户。

▶ 5. 企业每月缴纳单位承担的社会保险费和住房公积金部分

企业每月缴纳单位承担的社会保险费和住房公积金部分时，应借记"应付职工薪酬——养老保险、医疗保险、失业保险、工伤保险、生育保险、住房公积金"，缴纳个人承担的五险一金部分时，应借记"其他应付款——养老、医疗、失业、公积"，同时贷记"银行存款"账户。

每月代缴个人所得税时，应借记"应交税费——应交个人所得税"，贷记"银行存款"账户。

案例实训

(一) 实训资料

沿用项目导入的资料，宏达机械制造公司 2017 年 8 月二车间生产工人的工资共计18 400元，其中，乙产品、丙产品的生产工时分别为1 600小时、2 400小时。应如何对人工费用进行处理？

(1) 计算有关工资数据并分析数据，审核并填制原始凭证。

(2) 根据计算分析结果和原始凭证填制人工费用分配表。

(3) 填制人工费用记账凭证。

(4) 登记有关成本费用总账和明细账。

(二) 实训分析

人工费用的业务处理包括归集、分配、核算。实务中，操作步骤一般分四步：①每月根据考勤记录、产量记录、工时记录等原始凭证，计算出工人的工资，填制工资结算单；②根据工资结算单汇总各类人员的工资，编制工资结算汇总表，对工资结算汇总表中涉及的共同发生的生产工人的工资按照工时比例法在各种产品之间进行分配，编制工资费用分配表；③根据工资结算单、工资结算汇总表和工资费用分配表等审核、填制记账凭证；④根据记账凭证登记成本费用明细账。(成本报表在项目二中暂不考虑。)以上操作可以采取轮岗、混岗操作。人工费用的核算程序如图 2-1 所示。

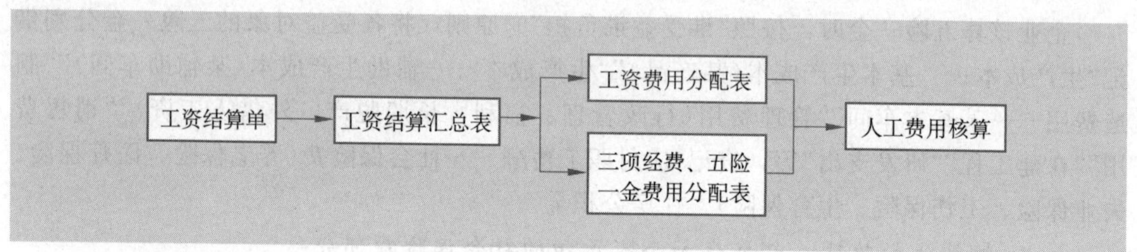

图 2-1 人工费用的核算程序

(三) 实训操作

第一步：计算工资，编制工资结算单，汇总各类人员的工资后编制工资结算汇总表，如表 2-19 所示。

表 2-19 工资结算汇总表

2017 年 8 月

单价：元

部门人员		基本工资	奖金	加班工资	津贴	应扣工资		应付工资	代扣款项				实发工资
部门	人数					病	事		社保	公积	个税	小计	
一车间	生产	17 831	4 200	1 950	…	10	10	25 536	2 808.96	1 532.16	167	4 508.12	21 027.88
	管理	3 514	300	150	…	10		3 827	420.97	229.62	20	670.59	3 156.41
二车间	生产	14 028	2 098	1 860	…			18 400	2 024	1 104	120	3 248	15 152
	管理	3 225	222	200	…			3 874	426.14	232.44	16.1	674.68	3 199.32
供水车间		6 360	1 800	833	…	10	10	8 897	978.67	533.82	38.2	1 550.69	7 346.31
机修车间		5 250	1 210	726	…	20	10	7 443	818.73	446.58	27.7	1 293.01	6 150
企业管理人员		7 364	2 500		…			10 707	1 177.77	642.42	56.3	1 876.5	8 830.5
企业福利人员		3 840	660	635	…	20		5 633	619.63	337.98	4.81	962.42	4 670.58
外借人员		1 200						1 200	132	72	0	204	996
合计		62 612	12 990	6 354	…	70	30	85 517	9 406.87	5 131.02	450.11	14 988	70 529

第二步：编制工资费用分配表(见表 2-20)和人工费用分配表(见表 2-21)。

表 2-20 工资费用分配表

2017 年 8 月 31 日

应借账户			成本费用项目	直接工资费用/元	间接工资费用			应付工资合计/元	福利费/元
总账	二级账	明细账			工时/小时	分配率	金额/元		
生产成本	基本生产成本	甲产品	直接人工	25 536				25 536	3 575.04
			制造费用	3 827				3 827	535.78
		乙产品	直接人工		1 600		7 360	7 360	1 030.4
		丙产品	直接人工		2 400		11 040	11 040	1 545.6
			小计		4 000	4.6	18 400	18 400	2 576
	辅助生产成本	供水车间	直接人工	8 897				8 897	1 245.58
		机修车间	直接人工	7 443				7 443	1 042.02
		小计		16 340				16 340	2 287.6
管理费用			工资	17 540				17 540	2 455.6
制造费用		二车间	工资	3 874				3 874	542.36
合计				67 117				85 517	11 972.38

表 2-21 人工费用分配表

2017 年 8 月 31 日

单位：元

应借账户			成本费用项目	应付工资合计	工会经费(2%)	教育经费(2.5%)	医疗保险(8%)	养老保险(20%)	失业保险(2%)	工伤保险(0.6%)	生育保险(0.8%)	住房公积金(12%)
总账	二级账	明细账										
生产成本	基本生产成本	甲产品	直接人工	25 536	510.72	638.4	2 042.88	5 107.2	510.72	153.22	204.29	3 064.32
			制造费用	3 827	75.64	95.68	306.16	765.4	76.54	22.96	30.62	459.24
		乙产品	直接人工	7 360	147.2	184	588.8	1 472	147.2	44.16	58.88	883.2
		丙产品	直接人工	11 040	220.8	276	883.2	2 208	220.8	66.24	88.32	1 324.8
			小计	18 400	368	460	1 472	3 680	368	110.4	147.2	2 208
	辅助生产成本	供水车间	直接人工	8 897	177.94	222.43	711.76	1 779.4	177.94	53.38	71.18	1 067.64
		机修车间	直接人工	7 443	148.86	186.08	595.44	1 488.6	148.86	44.66	59.54	893.16
		小计		16 340	326.8	408.5	1 307.2	3 268	326.8	98.04	130.72	1 960.8
管理费用			工资	17 540	350.8	438.5	1 403.2	3 508	350.8	105.24	140.32	2 104.8
制造费用	二车间		工资	3 874	77.48	96.85	309.92	774.8	77.48	23.24	30.99	464.88
合计				85 517	1 710.34	2 137.93	6 841.36	17 103.4	1 710.34	513.10	684.14	10 262.04

第三步：填制、审核记账凭证。

(1) 工资费用记账凭证如表 2-22 所示，会计分录如下：

借：生产成本——基本生产成本(甲产品)——直接人工　25 536
　　　　　　——基本生产成本(甲产品)——制造费用　3 827
　　　　　　——基本生产成本(乙产品)——直接人工　7 360
　　　　　　——基本生产成本(丙产品)——直接人工　11 040
　　　　　　——辅助生产成本(供水车间)——直接人工　8 897
　　　　　　——辅助生产成本(机修车间)——直接人工　7 443
　　制造费用——二车间　3 874
　　管理费用　17 540
　贷：应付职工薪酬——工资　85 517

表 2-22 记账凭证

2017 年 8 月 31 日　　记字第 27 号

摘要	总账科目	明细科目	借方金额	贷方金额	记账
工资	生产成本	基本生产成本(甲产品)——直接人工	25 536		
		基本生产成本(甲产品)——制造费用	3 827		
		基本生产成本(乙产品)	7 360		
		基本生产成本(丙产品)	11 040		
		辅助生产成本(供水车间)	8 897		
		辅助生产成本(机修车间)	7 443		
	制造费用	二车间	3 874		
	管理费用	办公室	17 540		
	应付职工薪酬	工资		85 517	
合计			¥85 517	¥85 517	

财务主管：　记账：王莉　出纳：　审核：王珂　制单：洪艳

(2) 福利费用记账凭证如表 2-23 所示，会计分录如下：

借：生产成本——基本生产成本(甲产品)——直接人工　3 575.04
　　　　　　——基本生产成本(甲产品)——制造费用　535.78
　　　　　　——基本生产成本(乙产品)——直接人工　1 030.40
　　　　　　——基本生产成本(丙产品)——直接人工　1 545.60
　　　　　　——辅助生产成本(供水车间)——直接人工　1 245.58
　　　　　　——辅助生产成本(机修车间)——直接人工　1 042.02
　　制造费用——二车间　542.36
　　管理费用　2 455.60
　贷：应付职工薪酬——福利费　11 972.38

表 2-23 记账凭证

2017 年 8 月 31 日　　　　记字第 28 号

摘要	总账科目	明细科目	借方金额	贷方金额	记账
福利费	生产成本	基本生产成本(甲产品)——直接人工	3 575.04		
		基本生产成本(甲产品)——制造费用	535.78		
		基本生产成本(乙产品)	1 030.4		
		基本生产成本(丙产品)	1 545.6		
		辅助生产成本(供水车间)	1 245.58		
		辅助生产成本(机修车间)	1 042.02		
	制造费用	二车间	542.36		
	管理费用	办公室	2 455.6		
	应付职工薪酬	福利费		11 972.38	
合计			¥11 972.38	¥11 972.38	

财务主管：　记账：王莉　出纳：　审核：王珂　制单：洪艳

(3) 工会经费、教育经费、五险一金费用记账凭证如表 2-24 所示，会计分录如下：

借：生产成本——基本生产成本(甲产品)——直接人工　12 231.74
　　——基本生产成本(甲产品)——制造费用　1 883.13
　　——基本生产成本(乙产品)——直接人工　3 525.44
　　——基本生产成本(丙产品)——直接人工　5 288.16
　　——辅助生产成本(供水车间)——直接人工　4 261.66
　　——辅助生产成本(机修车间)——直接人工　3 565.20
　制造费用——二车间　1 855.65
　管理费用　8 401.66
贷：应付职工薪酬——工会经费　1 710.34
　　——教育经费　2 137.93
　　——医疗保险费　6 841.36
　　——养老保险费　17 103.40
　　——失业保险费　1 710.34
　　——工伤保险费　513.10
　　——生育保险费　684.14
　　——住房公积金　10 262.04

表 2-24 记账凭证

2017 年 8 月 31 日　　　　记字第 29 号

摘要	总账科目	明细科目	借方金额	贷方金额	记账
人工费	生产成本	基本生产成本(甲产品)——直接人工	12 231.74		
		基本生产成本(甲产品)——制造费用	1 883.13		
		基本生产成本(乙产品)	3 525.44		

续表

摘要	总账科目	明 细 科 目	借方金额	贷方金额	记账
		基本生产成本(丙产品)	5 288.16		
		辅助生产成本(供水车间)	4 261.66		
		辅助生产成本(机修车间)	3 565.20		
	制造费用	二车间	1 855.65		
	管理费用	办公室	8 401.66		
	应付职工薪酬	工会经费		1 710.34	
		教育经费		2 137.93	
		医疗保险费		6 841.36	
		养老保险费		17 103.40	
		失业保险费		1 710.34	
		工伤保险费		513.10	
		生育保险费		684.14	
		住房公积金		10 262.34	
合计			¥40 962.64	¥40 962.64	

财务主管：　　记账：王莉　　出纳：　　审核：王珂　　制单：洪艳

(4) 代扣款项(包括个人承担五险一金和个税等)的原始凭证如表 2-19 所示，记账凭证略，会计分录如下：

借：应付职工薪酬——工资　　14 988
　贷：应交税费——应交个人所得税　　450.11
　　其他应付款——社会保险费(五险)　　9 406.87
　　其他应付款——公积金　　5 131.02

(5) 发放非工资性津贴5 600元，记账凭证略，会计分录如下：

借：应付职工薪酬　　70 529
　管理费用　　5 600
　贷：银行存款　　76 129

(6) 缴纳社会保险费、公积金、个税等，记账凭证略，会计分录如下：

借：应付职工薪酬——医疗保险(单位承担部分)　　6 841.36
　——养老保险　　17 103.40
　——失业保险　　1 710.34
　——工伤保险　　513.10
　——生育保险　　684.14
　——住房公积金　　10 262.04
　应交税费——应交个人所得税　　450.11
　其他应付款——社会保险费(五险)　　9 406.87
　其他应付款——公积金　　5 131.02
　贷：银行存款　　41 840.34

第四步：登记有关明细账，如表 2-25～表 2-31 所示，总账略(甲产品)。

表 2-25　基本生产成本明细账(甲产品)

产品：甲产品　　车间：一车间　　单位：元

2017 年		凭证号	摘　要	成本项目			合计
月	日			直接材料	直接人工	制造费用	
8	1		期初余额	50 000	5 000	9 000	64 000
8	31	记 27	分配工资		25 536	3 827	29 363
		记 28	分福利费		3 575.04	535.78	4 110.82
		记 29	计提工会会费		510.72	76.54	587.26
		记 29	计提教育经费		638.40	95.68	734.08
		记 29	计提社保五险		8 018.30	1 201.68	9 219.98
		记 29	计提住房公积金		3 064.32	459.24	3 523.56

表 2-26　基本生产成本明细账(乙产品)

产品：乙产品　　车间：二车间　　单位：元

2017 年		凭证号	摘　要	成本项目			合计
月	日			直接材料	直接人工	制造费用	
8	1		期初余额	30 000	5 000	8 000	43 000
8	31	记 27	分配工资		7 360		7 360
		记 28	分福利费		1 030.4		1 030.4
		记 29	计提工会会费		147.2		147.2
		记 29	计提教育经费		184		184
		记 29	计提社保五险		2 311.04		2 311.04
		记 29	计提住房公积金		883.2		883.2

表 2-27　基本生产成本明细账(丙产品)

产品：丙产品　　车间：二车间　　单位：元

2017 年		凭证号	摘　要	成本项目			合计
月	日			直接材料	直接人工	制造费用	
8	31	记 27	分配工资		11 040		11 040
		记 28	分福利费		1 545.6		1 545.6
		记 29	计提工会会费		220.8		220.8
		记 29	计提教育经费		276		276
		记 29	计提社保五险		3 466.56		3 466.56
		记 29	计提住房公积金		1 324.8		1 324.8

表 2-28 管理费用明细账

单位：元

2017 年		凭证号	摘　要	原材料	人工费	折旧费	修理费	办公费	水电费	差旅费	其他	合计
月	日											
8	31	记 27	分配工资		17 540							17 540
		记 28	分福利费		2 455.6							2 455.6
		记 29	计提工会会费		350.8							350.8
		记 29	计提教育经费		438.5							438.5
		记 29	计提社保五险		5 507.56							5 507.56
		记 29	计提住房公积金		2 104.8							2 104.8

表 2-29 辅助生产成本明细账(供水车间)

产品：冷热水　　车间：供水车间　　2017 年 8 月　　单位：元

2017 年		凭证号	摘　要	成本项目			合计
月	日			直接材料	直接人工	制造费用	
8	31	记 27	分配工资		8 897		8 897
		记 28	分福利费		1 245.58		1 245.58
		记 29	计提工会会费		177.94		177.94
		记 29	计提教育经费		222.43		222.43
		记 29	计提社保五险		2 793.66		2 793.66
		记 29	计提住房公积金		1 067.64		1 067.64

表 2-30 辅助生产成本明细账(机修车间)

产品：修理服务　　车间：机修车间　　2017 年 8 月　　单位：元

2017 年		凭证号	摘　要	成本项目			合计
月	日			直接材料	直接人工	制造费用	
8	31	记 27	分配工资		7 443		7 443
		记 28	分福利费		1 042.02		1 042.02
		记 29	计提工会会费		148.86		148.86
		记 29	计提教育经费		186.08		186.08
		记 29	计提社保五险		2 337.10		2 337.10
		记 29	计提住房公积金		893.16		893.16

表 2-31 制造费用明细账

车间：二车间　　　　　　　　　　　　　　　　　　　　　　　　　　单位：元

2017 年		凭证号	摘　　要	原材料	人工费	折旧费	修理费	办公费	水电费	辅助费	其他	借方合计
月	日											
8	31	记 27	分配工资		3 874							3 874
		记 28	分福利费		542.36							542.36
		记 29	计提工会会费		77.48							77.48
		记 29	计提教育经费		96.85							96.85
		记 29	计提社保五险		1 216.44							1 216.44
		记 29	计提住房公积金		464.88							464.88

任务三 辅助生产费用的归集与分配

一、辅助生产费用及其核算程序

（一）辅助生产费用的含义

基本生产和辅助生产是两个截然不同的概念。基本生产是为了生产产品对外销售的，而辅助生产是为企业内部基本生产和管理部门服务而进行的产品生产和劳务供应。即基本生产车间生产的产品是对外销售的，而辅助生产车间生产的产品或提供的劳务则是为企业内部的基本生产车间和管理部门来服务的。

辅助生产车间在不同的企业提供的产品和劳务有所不同，辅助生产分为复合型和单一型两种。复合型是指辅助车间提供多种产品或多种劳务，如工具、模具、修理用备件的生产制造及维修机器设备等；单一型是指辅助车间生产一种产品或提供一种劳务，如供电、供水、动力、机修、供风或运输等。

辅助生产车间所发生的费用是指辅助车间在为企业内部生产产品或提供劳务时发生的各项耗费，包括料、工、费、动力等费用。辅助生产车间发生的辅助生产费用应按“谁受益谁负担”的原则分配给其受益对象承担，分配之后，期末辅助生产成本一般没有余额。

（二）辅助生产费用的核算程序

辅助生产费用的成本会计处理程序同材料费、人工费等费用要素一样，也分为三部分，即辅助生产费用的归集、辅助生产费用的分配、辅助生产费用的核算。

为核算辅助生产费用，企业设置“生产成本——辅助生产成本”科目，并按照辅助车间设置三级明细科目，还可以按辅助车间的费用要素设置“直接材料”“直接人工”“制造费用”等成本项目。“生产成本——辅助生产成本”账户的借方登记辅助生产车间为生产、提供劳务辅助生产而耗用的料、工、费等费用，贷方登记辅助车间分配给各受益产品、对象的辅助生产费用或完工入库产品及工具的成本，期末一般无余额。但若辅助生产提供的是工具、模具、备件等产品时，期末借方余额则表示辅助车间月末在产品的成本。

二、辅助生产费用的归集

企业辅助生产车间发生的料、工、费、动力等辅助生产费用，已经通过“材料费用”“人工费用”“动力费用”“折旧费用”等费用要素的费用分配表进行了会计核算，将辅助车间发生的各项费用计入“生产成本——辅助生产成本(某辅助车间)——直接材料或直接人工或制造费用”账户的借方，通过上述记账凭证相应地可以登记辅助生产费用的明细账，归集辅助生产车间本月发生的辅助生产费用总额。也就是说，辅助生产费用的归集是通过登记辅助生产明细账来完成的。

三、辅助生产费用的分配方法及会计处理

如果辅助生产车间只生产一种产品或提供单一劳务的，其所发生的费用属于直接费用，可在发生时直接计入有关成本费用账户；当辅助生产车间生产多种产品或劳务时，所发生的共同费用需要在不同的受益对象之间进行分配，分配的原则仍然是“谁受益谁负担”。

由于辅助生产车间所生产的产品和提供劳务的种类不同，归集费用转出和分配的程序方法也不一样。辅助生产车间所生产的工具、模具、修理备用件等产品的成本，应在完工入库时计算并结转为存货成本，即从“生产成本——辅助生产成本”科目的贷方转入“原材料”或“周转材料”等科目的借方，各受益对象领用时再分配计入相应成本费用账户。如果辅助生产车间提供的是不能入库的产品和劳务(如水、电、修理和运输等)，需要将辅助生产费用在各受益对象之间按照受益数量或劳务量进行分配，从“生产成本——辅助生产成本”账户和所属明细账的贷方，转入相关成本费用账户的借方。

辅助生产费用的分配方法主要有直接分配法、交互分配法、计划成本分配法、代数分配法和顺序分配法。

(一) 直接分配法

直接分配法是指辅助车间的费用直接分配给辅助生产车间以外的各受益对象承担，而不考虑辅助车间之间相互提供的产品或劳务。

1. 直接分配法的原理

首先根据各辅助车间实际发生的费用和向辅助生产车间以外的各受益对象提供的产品或劳务总量，计算出各辅助生产车间的实际单位生产成本；然后再按实际单位成本和各受益对象的耗用量进行分配。

2. 直接分配法的计算公式

$$\text{某辅助生产车间费用分配率}=\frac{\text{辅助生产费用总额}}{\text{辅助生产车间以外的受益对象劳务总量}}$$

$$\text{某受益对象应分配的费用金额}=\text{该受益对象耗用量}\times\text{辅助生产费用分配率}$$

3. 直接分配法的特点

直接分配法属于辅助生产费用的一次性对外分配，不考虑各辅助车间之间相互提供产

品或劳务的情况。这种方法的特点是计算简便，但不考虑内部分配，影响了辅助成本的完整性和结果的准确性。一般只适合在辅助生产车间内部相互提供产品或劳务不多的情况下采用。

案例实训

（一）实训资料

沿用项目导入中的案例，宏达机械制造公司 2017 年 8 月供水车间归集的费用为 42 000元，机修车间归集的费用为 18 000 元。本月辅助车间生产产品或提供劳务的劳务数量及收益情况如表 2-32 所示。

表 2-32 宏达机械制造公司劳务供应表

部门	辅助车间		一车间	二车间	管理部门	合计
	供水车间	机修车间				
供水劳务/吨		1 500	3 500	8 000	1 000	14 000
机修劳务/小时	500		1 400	1 600	1 000	4 500

应如何对辅助生产费用进行处理？

(1) 汇总辅助生产车间供应劳务数量并计算费用分配率。

(2) 运用直接分配法进行辅助生产费用的分配，填制辅助生产费用分配表。

(3) 编制记账凭证。

(4) 登记有关成本费用明细账。

（二）实训分析

辅助生产费用的直接分配法实务操作步骤如下：①根据辅助车间发生的料、工、费等费用要素的记账凭证登记辅助生产成本明细账，归集辅助生产车间本期发生的费用；②根据辅助生产车间对外提供的劳务量的原始凭证，计算每个辅助生产车间的对外费用分配率；③根据辅助生产车间以外的各受益对象的劳务耗用量乘以该辅助生产车间的对外费用分配率，计算各受益对象应分配的辅助生产费用，并编制辅助生产费用分配表；④根据辅助生产费用分配表编制辅助生产费用分配的记账凭证，并据以登记辅助生产成本明细账。值得注意的是，期末登记辅助生产成本明细账时，辅助生产费用的分配结转应当用红字或负数登记，结转之后一般辅助生产成本没有余额。

（三）实训操作

第一步：登记辅助生产成本明细账，归集辅助生产车间本月发生的费用，如表 2-33 和表 2-34 所示。

第二步：计算直接分配法下辅助生产车间的辅助费用分配率：

供水车间分配率＝42 000÷(14 000－1 500)＝3.36(元/吨)

机修车间的分配率＝18 000÷(4 500－500)＝4.5(元/时)

第三步：计算各受益对象应分配的辅助生产费用。

(1) 供水车间的费用分配如下：

一车间甲产品应分配的水费＝3.36×3 500＝11 760(元)

二车间制造费用应分配的水费＝3.36×8 000＝26 880(元)

管理部门管理费用应分配的水费＝3.36×1 000＝3 360(元)

表 2-33　辅助生产成本明细账(供水车间)

产品：冷热水　　车间：供水车间　　2017 年 8 月　　单位：元

2017 年		凭证号	摘　要	成本项目			合计
月	日			直接材料	直接人工	制造费用	
8	31	记 25	分配原材料费	26 600			26 600
		记 26	分配动力费用			1 827.5	1 827.5
			领低值易耗品	600			600
		记 27	分配工资费用		8 897		8 897
		记 28	计提福利费用		1 245.58		1 245.58
			计提折旧			2 436.92	2 436.92
			支付零星费用			393	393
			本月合计	27 200	10 142.58	4 657.42	42 000

注：领用低值易耗品的资料数据见表 2-17；工会会费、教育经费、五险一金、折旧费的计提，以及零星开支的数据在此题中省略了原始凭证和记账凭证。

表 2-34　辅助生产成本明细账

产品：修理服务　　车间：机修车间　　2017 年 8 月　　单位：元

2017 年		凭证号	摘　要	成本项目			合计
月	日			直接材料	直接人工	制造费用	
8	31	记 25	分配原材料费	1 700			1 700
		记 26	分配动力费用			2 380	2 380
			领低值易耗品	700			700
		记 27	分配工资费用		7 443		7 443
		记 28	计提福利费用		1 042.02		1 042.02
			计提折旧			4 166.98	4 166.98
			支付零星费用			568	568
			本月合计	2 400	8 485.02	7 114.98	18 000

注：领用低值易耗品的资料数据见表 2-17；工会会费、教育经费、五险一金、折旧费的计提，以及零星开支的数据在此题中省略了原始凭证和记账凭证。

(2) 机修车间的费用分配如下：

一车间甲产品应分配的修理费＝4.5×1 400＝6 300(元)

二车间制造费用应分配的修理费＝4.5×1 600＝7 200(元)

管理部门管理费用应分配的修理费＝4.5×1 000＝4 500(元)

第四步：编制辅助生产费用分配表，如表 2-35 所示。

表 2-35 辅助生产费用分配表(直接分配法)

2017 年 8 月　　金额单位：元

<table>
<tr><th colspan="4">项　目</th><th>供水车间</th><th>机修车间</th><th>合　计</th></tr>
<tr><td colspan="4">应分配的费用总额</td><td>42 000</td><td>18 000</td><td>60 000</td></tr>
<tr><td colspan="4">提供的应分配劳务总量</td><td>12 500</td><td>4 000</td><td>—</td></tr>
<tr><td colspan="4">费用分配率</td><td>3.36</td><td>4.5</td><td>—</td></tr>
<tr><td rowspan="6">应借账户</td><td rowspan="2">基本生产成本</td><td rowspan="2">甲产品</td><td>耗用数量</td><td>3 500</td><td>1 400</td><td>—</td></tr>
<tr><td>承担费用</td><td>11 760</td><td>6 300</td><td>18 060</td></tr>
<tr><td rowspan="2">制造费用</td><td rowspan="2">二车间</td><td>耗用数量</td><td>8 000</td><td>1 600</td><td>—</td></tr>
<tr><td>承担费用</td><td>26 880</td><td>7 200</td><td>34 080</td></tr>
<tr><td rowspan="2">管理费用</td><td rowspan="2"></td><td>耗用数量</td><td>1 000</td><td>1 000</td><td>—</td></tr>
<tr><td>承担费用</td><td>3 360</td><td>4 500</td><td>7 860</td></tr>
<tr><td colspan="4">分配费用合计</td><td>42 000</td><td>18 000</td><td>60 000</td></tr>
</table>

第五步：根据辅助生产费用分配表编制会计分录、填制记账凭证(见表 2-36)。

根据辅助生产费用分配表，编制会计分录如下：

借：生产成本——基本生产成本(甲产品)——制造费用　18 060
　　制造费用——二车间　34 080
　　管理费用　7 860
　贷：生产成本——辅助生产成本(供水车间)　42 000
　　　　　　——辅助生产成本(机修车间)　18 000

表 2-36 记账凭证

2017 年 8 月 31 日　　记字第 30 号

<table>
<tr><th>摘要</th><th>总账科目</th><th>明细科目</th><th>借方金额</th><th>贷方金额</th><th>记账</th></tr>
<tr><td rowspan="5">直接分配辅助费</td><td>生产成本</td><td>基本生产成本(甲产品)——制造费用</td><td>18 060</td><td></td><td></td></tr>
<tr><td>制造费用</td><td>二车间</td><td>34 080</td><td></td><td></td></tr>
<tr><td>管理费用</td><td></td><td>7 860</td><td></td><td></td></tr>
<tr><td>生产成本</td><td>辅助生产成本(供水车间)</td><td></td><td>42 000</td><td></td></tr>
<tr><td>生产成本</td><td>辅助生产成本(机修车间)</td><td></td><td>18 000</td><td></td></tr>
<tr><td>合计</td><td></td><td></td><td>¥60 000</td><td>¥60 000</td><td></td></tr>
</table>

财务主管：　　记账：王莉　　出纳：　　审核：王珂　　制单：洪艳

第六步：根据记账凭证登记辅助生产成本明细账(见表 2-37 和表 2-38)，结转辅助生产费用。

表 2-37　辅助生产成本明细账(供水车间)

产品：冷热水　　车间：供水车间　　2017 年 8 月　　单位：元

2017 年		凭证号	摘　要	成本项目			合计
月	日			直接材料	直接人工	制造费用	
8	31	记 25	分配原材料费	26 600			26 600
		记 26	分配动力费用			1 827.5	1 827.5
			领低值易耗品	600			600
		记 27	分配工资费用		8 897		8 897
		记 28	计提福利费用		1 245.58		1 245.58
			计提折旧			2 436.92	2 436.92
			支付零星费用			393	393
8	31		本月合计	27 200	10 142.58	4 657.42	42 000
			结转本月费用	27 200	10 142.58	4 657.42	42 000

表 2-38　辅助生产成本明细账(机修车间)

产品：修理服务　　车间：机修车间　　2017 年 8 月　　单位：元

2017 年		凭证号	摘　要	成本项目			合计
月	日			直接材料	直接人工	制造费用	
8	31	记 25	分配原材料费	1 700			1 700
		记 26	分配动力费用			2 380	2 380
			领低值易耗品	700			700
		记 27	分配工资费用		7 443		7 443
		记 28	计提福利费用		1 042.02		1 042.02
			计提折旧			4 166.98	4 166.98
			支付零星费用			568	568
8	31		本月合计	2 400	8 485.02	7 114.98	18 000
			结转本月费用	2 400	8 485.02	7 114.98	18 000

(二) 交互分配法

直接分配法虽然计算较为简单，但是辅助生产车间内部不参与分配，因此也就造成了辅助生产费用分配的结果不准确。为克服此缺点，企业可以采用交互分配法进行辅助生产费用分配。交互分配法是指辅助车间的费用先在辅助车间之间进行内部交互分配，再将辅助车间的实际费用直接分配给辅助生产车间以外的各受益对象的分配方法。

▶ 1. 交互分配法的原理

辅助生产费用的分配分为两步。

（1）一次对内交互分配，即在各辅助车间之间进行内部交互分配。根据各辅助车间当月发生的基本费用和提供的劳务量计算“内部”分配价格，内部分配一次，计算出各辅助车间“对外”分配费用总额、对外提供的劳务量、各辅助车间对外分配单价。

（2）二次对外直接分配，即将辅助生产车间调整后的实际费用在辅助生产车间以外的受益对象之间进行直接分配。

▶ 2. 交互分配法的计算公式

交互分配法的实务操作步骤与直接分配法基本相同，在此不再赘述，以下只介绍具体分配时的计算方法。

（1）一次对内交互分配：

$$辅助生产费用交互分配率=\frac{辅助生产费用总额}{辅助生产车间提供的劳务总量}$$

某辅助生产车间应分配的费用金额＝该辅助车间的劳务耗用量×辅助生产费用交互分配率

（2）二次对外直接分配：

交互分配调整后的实际费用＝某辅助车间的费用总额＋其他辅助车间转入的费用－分配给其他辅助车间的费用

$$某辅助生产车间对外分配率=\frac{辅助生产费用调整后的金额}{辅助生产车间以外的受益对象劳务总量}$$

辅助生产以外的某受益对象应分配的费用金额＝该受益对象的耗用量×辅助生产费用对外分配率

▶ 3. 交互分配法的优缺点及适用范围

交互分配法考虑了辅助生产车间内部的交互分配，消除了辅助车间相互提供的产品或劳务的影响后，再将辅助费用分配给辅助生产车间以外的受益对象，从而弥补了直接分配法的缺点，计算结果较为准确，但两次分配的工作量大，影响了成本分配的及时性。因此，交互分配法通常适用于辅助车间不多且辅助生产车间之间相互提供的产品或劳务较多的企业。

思考：直接分配法和交互分配法在计算及账务处理上有何不同？你认为哪一种方法计算的结果更准确？为什么？

案例实训

采用交互分配法，对宏达机械制造公司的辅助生产费用进行分配计算。

第一步：一次对内交互分配。

（1）供水车间的费用交互分配率＝42 000÷14 000＝3（元/吨）

机修车间应分担的水费＝1 500×3＝4 500（元）

（2）机修车间的费用交互分配率＝18 000÷4 500＝4（元/时）

供水车间应分担的修理费＝500×4＝2 000（元）

第二步：二次对外直接分配。

（1）供水车间调整后的实际费用＝42 000＋2 000－4 500＝39 500（元）

供水车间的费用对外分配率＝39 500÷12 500＝3.16（元/吨）

则供水车间的受益对象分配如下：

一车间甲产品应分配的水费＝3 500×3.16＝11 060(元)

二车间制造费用应分配的水费＝8 000×3.16＝25 280(元)

管理部门应分配的水费＝1 000×3.16＝3 160(元)

(2) 机修车间调整后的实际费用＝18 000＋4 500－2 000＝20 500(元)

机修车间的费用对外分配率＝20 500÷4 000＝5.125(元/时)

则机修车间的受益对象分配如下：

一车间甲产品应分配的修理费＝1 400×5.125＝7 175(元)

二车间制造费用应分配的修理费＝1 600×5.125＝8 200(元)

管理部门应分配的修理费＝1 000×5.125＝5 125(元)

第三步：编制辅助生产费用分配表，如表 2-39 所示。

表 2-39　辅助生产费用分配表(交互分配法)

2017 年 8 月　　　　金额单位：元

<table>
<tr><th colspan="4" rowspan="2">项　目</th><th colspan="3">对内交互分配</th><th colspan="3">对外分配</th></tr>
<tr><th>供水</th><th>机修</th><th>合计</th><th>供水</th><th>机修</th><th>合计</th></tr>
<tr><td colspan="4">应分配的费用总额</td><td>42 000</td><td>18 000</td><td>60 000</td><td>39 500</td><td>20 500</td><td>60 000</td></tr>
<tr><td colspan="4">提供的应分配劳务总量</td><td>14 000</td><td>4 500</td><td>—</td><td>12 500</td><td>4 000</td><td>—</td></tr>
<tr><td colspan="4">费用分配率</td><td>3</td><td>4</td><td>—</td><td>3.16</td><td>5.125</td><td>—</td></tr>
<tr><td rowspan="12">应借账户</td><td rowspan="4">辅助生产成本</td><td rowspan="2">供水车间</td><td>耗用数量</td><td>—</td><td>500</td><td>—</td><td></td><td></td><td></td></tr>
<tr><td>承担费用</td><td>—</td><td>2 000</td><td>2 000</td><td></td><td></td><td></td></tr>
<tr><td rowspan="2">机修车间</td><td>耗用数量</td><td>1 500</td><td>—</td><td>—</td><td></td><td></td><td></td></tr>
<tr><td>承担费用</td><td>4 500</td><td>—</td><td>4 500</td><td></td><td></td><td></td></tr>
<tr><td colspan="3">分配费用合计</td><td>4 500</td><td>2 000</td><td>6 500</td><td></td><td></td><td></td></tr>
<tr><td rowspan="2">基本生产成本</td><td rowspan="2">甲产品</td><td>耗用数量</td><td></td><td></td><td></td><td>3 500</td><td>1 400</td><td>—</td></tr>
<tr><td>承担费用</td><td></td><td></td><td></td><td>11 060</td><td>7 175</td><td>18 235</td></tr>
<tr><td rowspan="2">制造费用</td><td rowspan="2">二车间</td><td>耗用数量</td><td></td><td></td><td></td><td>8 000</td><td>1 600</td><td>—</td></tr>
<tr><td>承担费用</td><td></td><td></td><td></td><td>25 280</td><td>8 200</td><td>33 480</td></tr>
<tr><td rowspan="2">管理费用</td><td rowspan="2"></td><td>耗用数量</td><td></td><td></td><td></td><td>1 000</td><td>1 000</td><td>—</td></tr>
<tr><td>承担费用</td><td></td><td></td><td></td><td>3 160</td><td>5 125</td><td>8 285</td></tr>
<tr><td colspan="4">分配费用合计</td><td></td><td></td><td></td><td>39 500</td><td>20 500</td><td>60 000</td></tr>
</table>

(1) 一次对内交互分配的会计分录如下，记账凭证如表 2-40 所示，明细账略。

借：生产成本——辅助生产成本(机修车间)　　4 500

　　　　　　——辅助生产成本(供水车间)　　2 000

　贷：生产成本——辅助生产成本(供水车间)　　4 500

　　　　　　　——辅助生产成本(机修车间)　　2 000

表 2-40 记账凭证

2017 年 8 月 31 日　　记字第 31 号

摘　　要	总账科目	明 细 科 目	借方金额	贷方金额	记账
一次对内交互分配	生产成本	辅助生产成本(供水车间)	2 000		
	生产成本	辅助生产成本(机修车间)	4 500		
	生产成本	辅助生产成本(供水车间)		4 500	
	生产成本	辅助生产成本(机修车间)		2 000	
合计			¥6 500	¥6 500	

财务主管：　记账：王莉　出纳：　审核：王珂　制单：洪艳

(2) 二次对外直接分配的会计分录如下，记账凭证如表 2-41 所示，明细账略。

借：生产成本——基本生产成本(甲产品)——制造费用　18 235
　　制造费用——第二车间　33 480
　　管理费用　8 285
　贷：生产成本——辅助生产成本(供水车间)　39 500
　　　　　　——辅助生产成本(机修车间)　20 500

表 2-41 记账凭证

2017 年 8 月 31 日　　记字第 32 号

摘　　要	总账科目	明 细 科 目	借方金额	贷方金额	记账
二次对外直接分配	生产成本	基本生产成本(甲产品)	18 235		
	制造费用	二车间	33 480		
	管理费用		8 285		
	生产成本	辅助生产成本(供水车间)		39 500	
	生产成本	辅助生产成本(机修车间)		20 500	
合计			¥60 000	¥60 000	

财务主管：　记账：王莉　出纳：　审核：王珂　制单：洪艳

(三) 计划成本分配法

计划成本分配法是指按照各受益对象所耗用的劳务总量和事先制订的计划单位成本，向各受益对象分配辅助生产费用，并将其调整为实际成本的方法。

▶ 1. 计划成本分配法的原理及计算公式

(1) 按计划成本分配，即按计划单价和实际耗用量对包括辅助生产车间在内的受益对象进行分配(考虑辅助生产车间)，其计算公式是：

某受益对象应分配的计划费用金额＝该受益对象的劳务耗用量×辅助生产费用计划单位成本

(2) 差异分配，即辅助生产费用成本差异结转分配，按照计划成本计算的分配额和各辅助生产车间实际成本之间的差额进行追加分配。成本差异额的追加分配方法有两种：一是追加分配时，采用直接分配法，将差异额分配给辅助车间以外的受益对象或单位；二是追加分配时，采用直接计入法，将差异额全部直接转入“管理费用”或“制造费用”账户，为了及时、快捷地反映辅助费用分配情况，企业通常采用这种办法。辅助生产费用差异额的计算公式是：

某辅助生产车间实际成本＝该辅助生产车间归集的费用金额＋交互分配转入的计划成本

某辅助生产车间的成本差异额＝该辅助生产车间的实际成本－该辅助生产车间分配转出的计划成本总额

交互分配转入的计划成本＝实际耗用量×计划单位

若成本差异额按直接分配法分配给辅助生产车间以外的受益对象承担，则其分配表及差异分配的会计处理同直接分配法，详细过程参考直接分配法的内容，在此不再赘述。

▶2. 计划成本分配法的优缺点及适用范围

计划成本分配法按照事先确定的计划单位成本进行分配，不需要再单独计算费用分配率，因而大大简化了计算手续，减轻了工作量，加速了成本计算，便于考核分析企业各受益单位的经济责任。计划成本分配法的结果是否准确，主要取决于计划单位成本的准确程度，而计划单位成本无法做到与实际单位成本完全吻合，两者之间会存在差异，因此计划成本分配法会影响辅助生产费用核算的准确性。计划成本分配法一般适用于计划管理水平较高、计划成本资料完整并较为接近实际的企业。

案例实训

依据宏达机械制造公司的资料，假设供水车间每吨水的计划成本为3.15元，机修车间每修理工时的计划成本为4.75元。采用计划成本分配法对辅助生产费用进行分配，成本差异额计入管理费用账户。

第一步：按计划成本分配。

(1) 供水车间分配的总计划成本＝计划单价×全部劳务量＝3.15×14 000＝44 100(元)

各受益对象分配的计划成本如下：

机修车间应分配计划成本＝1 500×3.15＝4 725(元)

一车间甲产品应分配计划成本＝3 500×3.15＝11 025(元)

二车间制造费用应分配计划成本＝8 000×3.15＝25 200(元)

管理部门应分配计划成本＝1 000×3.15＝3 150(元)

(2) 机修车间分配的总计划成本＝计划单价×全部劳务量＝4.75×4 500＝21 375(元)

各受益对象分配的计划成本如下：

供水车间应分配计划成本＝500×4.75＝2 375(元)

一车间甲产品应分配计划成本＝1 400×4.75＝6 650(元)

二车间制造费用应分配计划成本＝1 600×4.75＝7 600(元)

管理部门应分配计划成本＝1 000×4.75＝4 750(元)

第二步：成本差异分配。

(1) 供水车间的成本差异额＝实际费用＋交互分配转入计划成本－转出的总计划成本

=42 000+2 375−44 100=275(元)

(2) 机修车间的成本差异额=实际费用+交互分配转入计划成本−转出总计划成本

=18 000+4 725−21 375=1 350(元)

第三步：编制辅助生产费用分配表，如表 2-42 所示。

表 2-42 辅助生产费用分配表(计划成本分配法)

2017 年 8 月 金额单位：元

<table>
<tr><th colspan="4" rowspan="2">项 目</th><th colspan="3">计 划 分 配</th></tr>
<tr><th>供水车间</th><th>机修车间</th><th>合计</th></tr>
<tr><td colspan="4">应分配的费用总额①</td><td>42 000</td><td>18 000</td><td>60 000</td></tr>
<tr><td colspan="4">提供的应分配劳务总量</td><td>14 000</td><td>4 500</td><td>—</td></tr>
<tr><td colspan="4">计划分配率</td><td>3.15</td><td>4.75</td><td>—</td></tr>
<tr><td rowspan="10">应借账户</td><td rowspan="4">辅助生产成本</td><td rowspan="2">供水</td><td>耗用数量</td><td>—</td><td>500</td><td>—</td></tr>
<tr><td>承担费用</td><td>—</td><td>2 375</td><td>2 375</td></tr>
<tr><td rowspan="2">机修</td><td>耗用数量</td><td>1 500</td><td>—</td><td>—</td></tr>
<tr><td>承担费用</td><td>4 725</td><td>—</td><td>4 725</td></tr>
<tr><td rowspan="2">基本生产成本</td><td rowspan="2">甲产品</td><td>耗用数量</td><td>3 500</td><td>1 400</td><td>—</td></tr>
<tr><td>承担费用</td><td>11 025</td><td>6 650</td><td>17 675</td></tr>
<tr><td rowspan="2">制造费用</td><td rowspan="2">二车间</td><td>耗用数量</td><td>8 000</td><td>1 600</td><td>—</td></tr>
<tr><td>承担费用</td><td>25 200</td><td>7 600</td><td>32 800</td></tr>
<tr><td rowspan="2">管理费用</td><td rowspan="2"></td><td>耗用数量</td><td>1 000</td><td>1 000</td><td>—</td></tr>
<tr><td>承担费用</td><td>3 150</td><td>4 750</td><td>7 900</td></tr>
<tr><td colspan="4">计划分配费用合计②</td><td>44 100</td><td>21 375</td><td>—</td></tr>
<tr><td colspan="4">交互分配转入计划成本③</td><td>2 375</td><td>4 725</td><td>—</td></tr>
<tr><td colspan="4">辅助生产实际成本④=①+③</td><td>44 375</td><td>22 725</td><td>—</td></tr>
<tr><td colspan="4">成本差异额⑤=④−②</td><td>275</td><td>1 350</td><td>1 625</td></tr>
</table>

(1) 计划分配的会计分录如下，记账凭证如表 2-43 所示，明细账略。

借：生产成本——辅助生产成本(机修车间)——制造费用 4 725

生产成本——辅助生产成本(供水车间)——制造费用 2 375

生产成本——基本生产成本(甲产品)——制造费用 17 675

制造费用——二车间 32 800

管理费用 7 900

贷：生产成本——辅助生产成本(供水车间) 44 100

——辅助生产成本(机修车间) 21 375

表 2-43 记账凭证

2017 年 8 月 31 日 记字第 33 号

摘要	总账科目	明细科目	借方金额	贷方金额	记账
计划成本分配	生产成本	辅助生产成本(供水车间)	4 725		
	生产成本	辅助生产成本(机修车间)	2 375		
	生产成本	基本生产成本(甲产品)	17 675		
	制造费用	二车间	32 800		
	管理费用		7 900		
	生产成本	辅助生产成本(供水车间)		44 100	
	生产成本	辅助生产成本(机修车间)		21 375	
合计			¥65 475	¥65 475	

财务主管： 记账：王莉 出纳： 审核：王珂 制单：洪艳

(2) 成本差异分配的会计分录如下，记账凭证如表 2-44 所示，明细账略。

借：管理费用 1 625

　贷：生产成本——辅助生产成本(供水车间) 275

　　　　　　——辅助生产成本(机修车间) 1 350

注意：成本差异额为负数时，证、账及会计分录用红字登记。超支蓝字，节约红字。当差异额很小时，可将全部差异一笔转入“管理费用”或“制造费用”账户承担。

表 2-44 记账凭证

2017 年 8 月 31 日 记字第 34 号

摘要	总账科目	明细科目	借方金额	贷方金额	记账
成本差异分配	管理费用		1 625		
	生产成本	辅助生产成本(供水车间)		275	
	生产成本	辅助生产成本(机修车间)		1 350	
合计			¥1 625	¥1 625	

财务主管： 记账：王莉 出纳： 审核：王珂 制单：洪艳

(四) 代数分配法

代数分配法是指应用多元一次方程式计算辅助生产费用的单位成本，然后根据受益对象的实际劳务耗用量和单位成本进行辅助生产费用分配的一种方法。

▶ 1. 代数分配法的原理

首先根据各辅助车间提供的劳务量和归集的费用建立多元一次方程组，通过解方程求得各辅助车间的费用分配率；然后再根据各受益部门的受益劳务量和费用分配率，计算分配辅助生产费用。

▶ 2. 代数分配法的计算公式

建立多元一次方程组依据的计算公式是：

某辅助生产车间发生的实际费用+交互分配转入的费用金额=该辅助车间的总劳务量×该辅助车间的费用分配率

3. 代数分配法的优缺点及适用范围

代数分配法利用数学方法计算分配率，所以费用分配结果最准确。但是采用代数分配法进行辅助生产费用分配必须要建立方程组解方程，在辅助生产车间较多、未知数较多的情况下，计算起来比较麻烦。因此，代数分配法一般适用于会计工作已经实现了电算化的企业。

案例实训

依据宏达机械制造公司的资料，运用代数分配法分配辅助生产费用。

第一步：列多元一次方程组，并求解。

假设供水车间的费用分配率为 x，机修车间的费用分配率为 y，则列多元一次方程组如下：

$$\begin{cases}42\,000+500y=14\,000x\\18\,000+1\,500x=4\,500y\end{cases}$$

解得 $x=3.180\,7$，$y=5.059\,6$。

第二步：分配辅助生产费用。

(1) 供水车间分配的总费用=分配率×全部劳务量=3.180 7×14 000=44 529.8(元)

各受益对象分配的水费如下：

机修车间应分配的水费=1 500×3.180 7=4 471.05(元)

一车间甲产品应分配的水费=3 500×3.180 7=11 132.45(元)

二车间制造费用应分配的水费=8 000×3.15=25 445.6(元)

管理部门应分配的水费=1 000×3.180 7=3 180.7(元)

(2) 机修车间分配的总费用=分配率×全部劳务量=5.059 6×4 500=22 768.2(元)

各受益对象分配的修理费用如下：

供水车间应分配的修理费=500×5.059 6=2 529.8(元)

一车间甲产品应分配的修理费=1 400×5.059 6=7 083.44(元)

二车间制造费用应分配的修理费=1 600×5.059 6=8 095.36(元)

管理部门应分配的修理费=1 000×5.059 6=5 059.6(元)

第三步：编制辅助生产费用分配表，如表 2-45 所示。

根据辅助生产费用分配表编制会计分录如下，记账凭证如表 2-46 所示，明细账略。

借：生产成本——辅助生产成本(机修车间)——制造费用　　4 771.05
　　生产成本——辅助生产成本(供水车间)——制造费用　　2 529.8
　　生产成本——基本生产成本(甲产品)——制造费用　　18 215.89
　　制造费用——二车间　　33 540.96
　　管理费用　　8 240.30
　贷：生产成本——辅助生产成本(供水车间)　　44 529.8
　　　　　　——辅助生产成本(机修车间)　　22 768.2

表 2-45 辅助生产费用分配表(代数分配法)

2017 年 8 月　　金额单位：元

项目				供水车间	机修车间	合计
应分配的费用总额				42 000	18 000	60 000
提供劳务的总量				14 000	4 500	—
费用分配率				3.180 7	5.059 6	—
应借账户	辅助生产成本	供水	耗用数量	—	500	—
			承担费用	—	2 529.8	2 529.8
		机修	耗用数量	1 500	—	—
			承担费用	4 771.05	—	4 771.05
	基本生产成本	甲产品	耗用数量	3 500	1 400	—
			承担费用	11 132.45	7 083.44	18 215.89
	制造费用	二车间	耗用数量	8 000	1 600	—
			承担费用	25 445.6	8 095.36	33 540.96
	管理费用		耗用数量	1 000	1 000	—
			承担费用	3 180.7	5 059.6	8 240.30
分配费用合计				44 529.8	22 768.2	67 298

表 2-46 记账凭证

2017 年 8 月 31 日　　记字第 35 号

摘要	总账科目	明细科目	借方金额	贷方金额	记账
代数分配法	生产成本	辅助生产成本(供水车间)	2 529.8		
	生产成本	辅助生产成本(机修车间)	4 771.05		
	生产成本	基本生产成本(甲产品)	18 215.89		
	制造费用	二车间	33 540.96		
	管理费用		8 240.3		
	生产成本	辅助生产成本(供水车间)		44 529.8	
	生产成本	辅助生产成本(机修车间)		22 768.2	
合计			¥67 298	¥67 298	

财务主管：　　记账：王莉　　出纳：　　审核：王珂　　制单：洪艳

(五) 顺序分配法

1. 顺序分配法的原理

顺序分配法又称为梯形分配法，即各辅助生产车间分配费用时，按照各辅助生产车间受益大小的顺序排列，受益少的辅助车间排在前，受益多辅助生产车间的排在后，排在后的接受前车间分配转入的费用，再将其费用分配给其后的辅助车间和劳务车间以外的所有受益单位，直到最后一个车间分配结束。顺序分配法下，每个辅助生产车间的费用只对排在其后的辅助生产车间及其他受益单位进行分配，而不考虑排列在前面的各辅助生产车间相互耗用劳务的因素，后面的辅助生产车间费用不再对前面的辅助生产车间进行分配。

【例 2-6】某企业劳务供应及费用汇总如表 2-47 所示，该企业采用顺序分配法分配辅助生产费用。

表 2-47 某企业劳务供应及费用汇总表

项目	辅助车间			基本生产车间			管理部门	劳务量合计	费用合计/元
	供电	供水	机修	A 产品	B 产品	一般用			
供电劳务/度		2 200	4 000	8 800	7 600	1 000	1 400	25 000	13 400
供水劳务/吨	700		800	1 700	2 000	500	1 300	7 000	4 000
机修劳务/时	500	300				2 800	1 400	5 000	16 500

由表 2-47 可以看出：从供电车间的受益对象来看，供水车间耗电较少，机修车间耗电较多；从供水车间的受益对象来看，供电车间耗用水较少，机修车间耗用水较多；从机修车间的受益对象来看，供电车间、供水车间耗用修理服务都较少；综合来看，供电车间收益最少排在前，机修车间受益最多排在后。因此，该企业按照供电车间、供水车间、机修车间的顺序对辅助生产费用进行分配。

供电、供水、机修三个车间的排序及费用分配情况如表 2-48 所示。

表 2-48 辅助生产费用分配表（顺序分配法）

2017 年 8 月

项目					供电	供水	机修
应分配的费用总额					13 400	5 179	19 302
提供的应分配劳务总量					25 000 度	6 300 吨	4 200 小时
费用分配率					0.536	0.822	4.596
应借账户	对内交互分配	辅助生产成本	供电车间	耗用数量	—	—	—
				承担费用	—	—	—
			供水车间	耗用数量	2 200 度	—	—
				承担费用	1 179	—	—
			机修车间	耗用数量	4 000 度	800 吨	—
				承担费用	2 144	658	—
	对外分配	基本生产成本	A 产品	耗用数量	8 800 度	1 700 吨	—
				承担费用	4 717	1 397	—
			B 产品	耗用数量	7 600 度	2 000 吨	—
				承担费用	4 074	1 644	—
		制造费用	基本车间	耗用数量	1 000 度	500 吨	2 800 小时
				承担费用	536	411	12 868
		管理费用		耗用数量	1 400 度	1 300 吨	1 400 小时
				承担费用	750	1 069	6 434
分配费用合计					13 400	5 179	19 302

注：①供水车间待分配费用＝4 000＋1 179＝5 179(元)；

②供水车间对外分配劳务量＝7 000－700＝6 300(吨)；

③机修车间待分配费用＝16 500＋2 144＋658＝19 302(元)；

④机修车间对外分配劳务量＝5 000－500－300＝4 200(吨)。

根据辅助生产费用分配表，编制会计分录如下：

借：生产成本——基本生产成本(A产品)　　6 114
　　　　　——基本生产成本(B产品)　　5 718
　　制造费用——基本生产车间　　13 815
　　管理费用　　8 253
　　生产成本——辅助生产成本(供水车间)　　1 179
　　　　　——辅助生产成本(机修车间)　　2 802
　贷：生产成本——辅助生产成本(供电车间)　　13 400
　　　　　——辅助生产成本(供水车间)　　5 179
　　　　　——辅助生产成本(机修车间)　　19 302

根据辅助生产费用分配表填制记账凭证，如表2-49所示。

表2-49　记账凭证

2017年8月31日　　记字第36号

摘要	总账科目	明细科目	借方金额	贷方金额	记账
顺序分配法	生产成本	基本生产成本(A产品)	6 114		
	生产成本	基本生产成本(B产品)	5 718		
	生产成本	辅助生产成本(供水车间)	1 179		
	生产成本	辅助生产成本(机修车间)	2 802		
	制造费用	基本生产车间	13 815		
	管理费用		8 253		
	生产成本	辅助生产成本(供电车间)		13 400	
		辅助生产成本(供水车间)		5 179	
		辅助生产成本(机修车间)		19 302	
合计			¥37 881	¥37 881	

财务主管：　记账：王莉　出纳：　审核：王珂　制单：洪艳

▶ 2. 顺序分配法的特点及适用范围

顺序分配法的优点是计算简便，各种辅助生产费用只计算一次，但由于不考虑排列在前面的各辅助生产车间相互耗用劳务的情况，后面的辅助生产车间费用不再对前面的辅助生产车间进行分配，其分配结果的准确性会受到一定的影响。因此，顺序分配法一般适用于各辅助生产车间相互之间耗用劳务的多少有明显顺序的情况下采用。而且应注意，按受益多少进行排列顺序，并不是指受益数量的多少，而是指受益金额的大小。

思考：采用直接分配法、交互分配法、计划成本分配法、代数分配法、顺序分配法进行辅助生产费用分配时，哪一种方法的计算结果准确性更高一些？为什么？

任务四 制造费用的归集与分配

企业在生产产品的过程中，除了消耗原材料、燃料动力、人工费用、接受辅助生产车间提供的产品或劳务外，还会发生其他有关费用，如车间管理人员的工资，厂房、机器、设备的折旧，车间管理部门为管理产品生产的而发生的其他管理费用等。在组织产品生产的过程中所发生的费用，以及在产品生产过程中发生而不能直接归属到所制造产品成本中的各种生产费用称为制造费用。

一、制造费用的构成内容及会计处理

(一) 制造费用的构成内容

制造费用是指企业生产车间为组织生产或提供劳务过程中所发生的各项应计入产品成本或劳务成本，但没有专设成本项目的各项生产费用。

企业为生产产品和提供劳务而发生的各项间接成本。制造费用包括产品生产成本中除直接材料和直接工资以外的其余一切生产成本，主要分为直接生产费用、间接生产费用、组织管理生产费用三类，具体包括：机器设备、生产用房和车间管理用房屋的折旧费、修理费、租赁费、车间生产及管理照明费、取暖费、制图费、机物料消耗、车间管理人员的薪酬、车间用具摊销、差旅费、办公费，以及季节性及修理期间停工损失等。制造费用一般是间接计入成本，当制造费用发生时一般无法直接判定它所归属的成本计算对象，因而不能直接计入所生产的产品成本中去，而应按费用发生的地点先行归集，月终时再采用一定的方法在各成本计算对象间进行分配，计入各成本计算对象的成本中。

随着科学技术的进步和企业生产管理水平的提高，制造费用在产品成本中的作用越来越重要。

(二)“制造费用”账户设置

企业应设置“制造费用”一级账户进行总分类核算。该账户按照用途和发生地点，按照不同的生产车间和部门分别设置明细账，账内按照费用项目设立专栏或专户，分别反映生产部门各项制造费用的发生情况。“制造费用”账户属于成本费用类账户，借方登记归集企业在一定时期发生的全部制造费用，贷方登记制造费用分配转入各种产品的生产成本的费用，期末一般无余额。

注意：辅助生产车间发生的各项制造费用，一般不通过“制造费用”账户核算，而是直接计入“生产成本——辅助生产成本”账户。

(三) 制造费用的会计处理程序

制造业企业的制造费用的实务操作处理同材料费、人工费等要素费用的处理一样，也是归纳为制造费用的归集、分配、核算三部分。

制造费用的归集是将企业生产车间发生的间接费用计入“制造费用”账户借方并计算借方发生额合计的过程。生产车间发生的机物料消耗，借记“制造费用”，贷记“原材料”等科目；生产车间管理人员的工资等职工薪酬，借记“制造费用”，贷记“应付职工薪酬”科目；生产车间计提的固定资产折旧，借记“制造费用”，贷记“累计折旧”科目；生产车间支付的办公费、修理费、水电费等，借记“制造费用”，贷记“银行存款”等科目；发生季节性的停工损失，借记“制造费用”，贷记“原材料”“应付职工薪酬”“银行存款”等科目。

制造费用归根结底是生产车间为了产品生产或劳务供应所发生的费用，因此最终会在期末将制造费用分配计入有关的产品成本核算对象，借记“生产成本——基本生产成本(某产品)”科目，贷记“制造费用”。季节性生产企业制造费用全年实际发生数与分配数的差额，除其中属于为下一年开工生产做准备的可留待下一年分配外，其余部分实际发生额大于分配额的差额，借记“生产成本——基本生产成本”科目，贷记“制造费用”；实际发生额小于分配额的差额，做相反的会计分录。

二、制造费用的归集

制造费用的归集主要表现为登记制造费用明细账，根据付款凭证、转账凭证和各种费用分配表，以及有关费用凭证登记并核算。例如，根据项目二案例实训宏达机械制造公司资料及相关业务登记的制造费用明细账如表 2-50 所示。

表 2-50　制造费用明细账

车间：二车间　　　　　　　　　　2017 年 8 月

2017年		凭证号	摘　要	费用明细项目							合计
月	日			原材料	人工费	折旧费	修理费	办公费	水电费	辅助	
8		记 25	领料	940							
		记 26	水费						1 130.5		
		记 27	工资		3 874						
		记 28	福利费		542.36						
		略	折旧费			3 000					
		略	修理费				800				
		略	办公费					333.14			
		略	低值易耗	1 300							
		记 30	辅助费							34 080	
			合计	2 240	4 416.36	3 000	800	333.14	1 130.5	34 080	46 000

注：领用低值易耗品的资料数据见表 2-17；工会费、教育经费、五险一金不考虑，折旧费的计提，以及零星开支的数据在此题中省略了原始凭证和记账凭证。

三、制造费用的分配及会计处理

企业应根据实际情况，合理选择制造费用分配方法。当企业基本生产车间只生产一种产品时，制造费用是直接费用，不需要分配，直接计入该产品的生产成本；当基本生产车间生产多种产品时，制造费用应当按照车间分别进行分配，计入产品的生产成本。企业不应将各车间的制造费用汇总，在企业范围内统一分配。基本生产车间各种产品的制造费用分配标准主要有产品生产工时、生产工人工资、机器工时和计划产量等。制造费用分配通常采用的分配方法主要有生产工时比例法、生产工人工资比例法、机器工时比例法和年度计划分配率法等。

(一) 生产工时比例法

生产工时比例法是按各种产品所耗生产工人工时的比例分配制造费用的一种方法，主要适用于生产工时比较均衡，机械化程度相差不多的企业。其计算公式为：

制造费用分配率＝制造费用总额÷各种产品生产工时总额

某种产品应分配的制造费用＝该种产品生产工时×分配率

【例 2-7】泰达机械公司基本生产车间生产 A 产品、B 产品两种产品，本月两种产品耗用的工时分别为3 000小时和2 000小时，本月基本生产车间共计发生制造费用70 000元。

制造费用分配率＝70 000÷5 000＝14(元/工时)

A 产品应分配制造费用＝3 000×14＝42 000(元)

B 产品应分配制造费用＝2 000×14＝28 000(元)

(二) 生产工人工资比例法

生产工人工资比例法是按照计入各种产品成本的生产工人工资比例分配制造费用的一种方法，一般适用于生产机械化程度相差不多的产品的企业。因为生产机械化的程度大致相同，工资费用就大致相同，否则机械化程度低的产品所用工资费用多，承担的制造费用也多，而机械化程度高的产品则承担的制造费用较少，从而影响费用分配的合理性。其计算公式为：

制造费用分配率＝制造费用总额÷各种产品生产工人工资总额

某种产品应分配制造费用＝该种产品生产工人工资×分配率

【例 2-8】泰达机械公司基本生产车间生产 A 产品、B 产品两种产品，本月两种产品生产工人工资分别为30 000元和20 000元，本月基本生产车间共计发生制造费用70 000元。

制造费用分配率＝70 000÷50 000＝1.4

A 产品应分配制造费用＝30 000×1.4＝42 000(元)

B 产品应分配制造费用＝20 000×1.4＝28 000(元)

(三) 机器工时比例法

机器工时比例法是按照各种产品所用机器设备的运转时间比例来分配制造费用的一种方法。如果企业生产机械化程度较高的产品，其机器设备发生的费用大小与机器运转时间有密切联系，但企业必须具备各种产品所耗机器工时的完整的原始记录，方可使用这种方法。其计算公式为：

制造费用分配率＝制造费用总额÷各种产品机器工时总额

某种产品应分配制造费用＝该种产品机器工时×分配率

【例 2-9】泰达机械公司基本生产车间生产 A、B 两种产品，本月两种产品的机器工时分别为5 000小时和4 000小时，本月基本生产车间共计发生制造费用72 000元。

制造费用分配率＝72 000÷9 000＝8(元/小时)

A 产品应分配制造费用＝5 000×8＝40 000(元)

B 产品应分配制造费用＝4 000×8＝32 000(元)

(四) 年度计划分配率法

▶ 1. 年度计划分配率法的概念及适用范围

年度计划分配率法是指分配制造费用时，不论各月实际发生的制造费用有多少，每月各种产品成本中的制造费用均按各种产品的年度计划确定的年度计划分配率分配，计算各种产品应分配的制造费用的一种方法。采用这种方法，年度内如果发现全年制造费用的实际数与计划数发生较大的差额，应及时调整年度计划分配率。这种方法适用于季节性的生产企业，因为在季节性生产企业中，每月发生的制造费用相差不大，但淡季产量和旺季产量却相差很大，若按实际费用分配，则各月单位产品成本中的制造费用将随之忽高忽低，不便于进行成本分析。

2. 年度计划分配率法的操作步骤

(1) 计算今年制造费用的年度计划分配率：

全年制造费用的年度计划分配率＝全年计划制造费用总额÷全年计划业务量总额

(2) 计算每月每种产品应分配的制造费用计划数，并对每个月的制造费用计划分配数进行会计核算。

每种产品应分配的制造费用计划数＝该产品本月实际耗用业务量×年度计划分配率

某月某产品应分配的计划制造费用＝该产品本月实际业务量×年度计划分配率

月末分配制造费用时，按照计划数借记"生产成本——基本生产成本(某产品)"，贷记"制造费用"。

(3) 年终，按已分配制造费用计划数的比例调整实际与计划之间的差额。计算全年的制造费用借方发生额合计、贷方发生额合计，借方减去贷方，计算出全年的制造费用差异，再按照12月的各产品计划分配费用的比例分配结转给各产品负担。注意，超支用蓝字或正数登记，节约用红字或负数登记。

制造费用全年的差异额＝全年借方发生额合计－全年贷方发生额合计

制造费用差异分配率＝差额÷12月转出的总计划数

某产品年末应分配制造费用的差异＝差异率×12月该产品分配的计划费用

年末分配制造费用差异时，按照分配的差异数借记"生产成本——基本生产成本(某产品)"，贷记"制造费用"，超支用蓝字，节约用红字。

年末分配差异后，"制造费用"账户年末没有余额。

【例2-10】益达机械制造公司生产M、N两种产品。2017年该公司全年制造费用预算为200 000元，全年计划生产M产品8 000件、N产品5 000件。已知M产品的直接人工工时定额为10小时，N产品的直接人工工时定额为4小时。2017年1月，该公司的实际产量是M产品500件，N产品1 500件，本月实际归集制造费用金额为18 000元。该公司1—11月的制造费用借方发生额合计为227 000元，贷方发生额合计为222 000元。2017年12月，该公司的实际产量是M产品600件，N产品900件，本月实际归集制造费用金额为15 000元。

(1) 计算2017年制造费用的年度计划分配率：

全年制造费用的年度计划分配率＝全年计划制造费用总额÷全年计划业务量总额

＝200 000÷(8 000×10＋5 000×4)＝2(元/工时)

(2) 计算每月每种产品应分配的制造费用计划数，并对每个月的制造费用计划分配数进行会计核算。

2017年1月末分配制造费用时：

1月M产品应分配的计划制造费用＝500×10×2＝10 000(元)

1 月 N 产品应分配的计划制造费用＝1 500×4×2＝12 000(元)

1 月会计核算处理如下：

借：生产成本——基本生产成本(M 产品)(计划数)　　10 000
　　生产成本——基本生产成本(N 产品)(计划数)　　12 000
　贷：制造费用　　22 000

本月实际归集的制造费用金额为18 000元，即“制造费用”账户借方登记的实际费用是18 000元，而贷方登记的计划分配费用总额却是22 000元，1月末“制造费用”账户存在贷方余额4 000元。对于“制造费用”账户因为实际归集的费用与计划分配金额之间的差额，企业平时可以不做处理，挂在“制造费用”账户上即可。2—11 月的业务处理同 1 月。

2017 年 12 月末分配制造费用时：

12 月 M 产品应分配的计划制造费用＝600×10×2＝12 000(元)

12 月 N 产品应分配的计划制造费用＝900×4×2＝7 200(元)

12 月会计核算处理如下：

借：生产成本——基本生产成本(M 产品)(计划数)　　12 000
　　生产成本——基本生产成本(N 产品)(计划数)　　7 200
　贷：制造费用　　19 200

(3) 年终，按已分配制造费用计划数的比例调整实际与计划之间的差额。

“制造费用”账户年末余额＝227 000－222 000＋15 000－19 200＝800(元)

“制造费用”账户全年的差异全部分配结转到 12 月份的产品成本中。

制造费用差异分配率＝800÷19 200＝4.17%

M 产品年末应分配制造费用的差异＝4.17%×12 000＝500(元)

N 产品年末应分配制造费用的差异＝4.17%×7 200＝300(元)

年末分配制造费用差异的账务处理如下：

借：生产成本——基本生产成本(M 产品)　　500
　　生产成本——基本生产成本(N 产品)　　300
　贷：制造费用　　800

▶ 3. 年度计划分配率法的特点

年度计划分配率法下，全年均按年度计划分配率分配，但实际与计划差别较大时应适当调整计划分配率。“制造费用”账户月末可能会有余额，借方余额表示超支，贷方余额表示节约，平时不做处理，只在年末一次性处理。“制造费用”账户的年末余额一般是调整计入 12 月的产品成本，借方记“生产成本”，贷方记“制造费用”。如果实际大于计划，用蓝字补加；实际小于计划，用红字冲减。

案例实训

(一) 实训资料

沿用项目导入的资料，宏达机械制造公司二车间生产乙产品、丙产品两种产品，2017 年 8 月两种产品耗用的工时分别为1 600小时和2 400小时，本月二车间共计发生制造费用46 000元。应如何对制造费用进行处理？

（二）实训分析

制造费用的归集、分配、核算的处理类似于辅助生产费用，需要在月末辅助生产费用分配完成后再进行处理，其业务处理需要完成以下四项操作：①计算制造费用分配率及应分配转出的制造费用；②审核并填制制造费用分配表；③根据制造费用分配表编制记账凭证；④登记有关成本费用明细账。

（三）实训操作

第一步：归集制造费用，计算、分配制造费用。

第二步：编制制造费用分配表(见表 2-51)。

表 2-51　制造费用分配表

车间：二车间　　2017 年 8 月　　单位：元

应借账户			成本费用项目	生产工时	分配率	分配金额
总账	二级账	明细账				
生产成本	基本生产成本	乙产品	制造费用	1 600		18 400
生产成本	基本生产成本	丙产品	制造费用	2 400		27 600
合　计				4 000	11.5	46 000

编制会计分录如下：

借：生产成本——基本生产成本(乙产品)　　18 400

　　生产成本——基本生产成本(丙产品)　　27 600

　贷：制造费用　　46 000

第三步：根据制造费用分配表填制记账凭证(见表 2-52)。

表 2-52　记 账 凭 证

2017 年 8 月 31 日　　记字第 37 号

摘要	总账科目	明细科目	借方金额	贷方金额	记账
分配制造费用	生产成本	基本生产成本(乙产品)	18 400		
	生产成本	基本生产成本(丙产品)	27 600		
	制造费用	基本车间		46 000	
合　计			￥46 000	￥46 000	

财务主管：　记账：王莉　出纳：　审核：王珂　制单：洪艳

第四步：根据记账凭证登记制造费用明细账(见表 2-53)。

表 2-53　制造费用明细账

生产单位：基本生产车间　　2017 年 8 月　　单位：元

2017 年		凭证号	摘　要	费用明细项目							合计
月	日			原材料	人工费	折旧费	修理费	办公费	水电费	辅助	
8			领料	2 240							
			人工费		4 416.36						

续表

2017 年		凭证号	摘 要	费用明细项目							合计
月	日			原材料	人工费	折旧费	修理费	办公费	水电费	辅助	
			折旧费			3 000					
			修理费				800				
			办公费					333.14			
			水费						1 130.5		
			辅助费							34 080	
			合计	2 240	4 416.36	3 000	800	333.14	1 130.5	34 080	46 000
			分配结转	2 240	4 416.36	3 000	800	333.14	1 130.5	34 080	46 000

任务五 废品损失与停工损失的处理

一、生产损失的产生、构成及分类

生产损失产生的原因有原材料和半成品不符合要求、生产工人违规操作、机器设备故障等。生产损失主要有废品损失和停工损失两种类型，均计入相应的产品成本，由产品的制造成本承担。

(一) 废品的概念及分类

废品是指不符合规定的技术标准，不能按原定用途使用，或需要重新加工修理后才能使用的在产品、半成品、产成品，包括在生产过程中发现的不合格在产品，入库时发现的不合格半成品或完工产品。

废品按照可否修复分为可修复废品和不可修复废品两类。可修复废品是指经过修复后能够按原定用途使用，而且修复费用在经济上合算的废品；不可修复废品是指在技术上不能修复或者修复费用在经济上不合算而放弃修复的废品。

废品按照产生的原因分为工废品和料废品两类。工废品是指由于生产工人操作不当造成的，属主观原因产生的废品；料废品是指因为材料质量不符合要求造成，属客观原因产生的废品。

(二) 废品损失的核算内容

废品损失是指企业在生产产品的过程中因出现废品而发生的无价值的耗费，包括生产过程中发现的、入库后发现的报废损失和修复费用。对可修复废品而言，废品损失是指追加的修复费用扣除收回的废品残值及相关责任人赔偿后的净损失。对不可修复废品而言，废品损失是不可修复废品的生产成本扣除收回的废品残值及相关责任人赔偿后的净损失。

以下项目不属于废品损失的范围：

(1) 应由过失人或相关责任人赔偿的损失，应当计入“其他应收款”，此项损失由过失人或相关责任人承担；

(2) 可降价出售的不合格品的降价损失，此项应计入不合格品的销售损益；

(3) 合格品入库后因管理不善造成的损坏变质损失，应追究相关人员的责任或计入“管理费用”；

(4) “三包”企业产品出售后发现的废品的所有损失，属于“三包”费用，应当由“销售费用”负担。

二、生产损失的会计处理

企业发生的生产损失原则上由本期的完工产品承担，月末在产品通常不承担生产损失。企业对生产损失的具体处理有以下两种方式。

▶ 1. 单独核算

单独核算，是指生产损失经常发生、金额较大，影响成本较大的的企业，为了加强对废品损失、停工损失的管理，单设“废品损失”“停工损失”账户，单独归集并核算废品损失和停工损失。

“废品损失”账户的借方登记不可修复废品的生产成本和可修复废品的修复费用，贷方登记废品残料回收价值、相关责任人的赔偿及分配转出的废品净损失，分配结转后该账户无余额。“废品损失”按生产车间或产品设置明细账，进行明细分类核算。

“停工损失”账户的借方归集本月发生的停工损失，贷方登记相关责任人的赔偿及分配转出的停工损失，分配结转后该账户无余额。“停工损失”按生产车间设置明细账，进行明细分类核算。

▶ 2. 不单独核算

不单独核算，是指生产损失偶尔发生、金额小，影响成本不大的企业，可在正常成本中，用“生产成本——废品损失或停工损失”账户核算。

三、废品损失的会计处理

(一)不可修复废品损失的核算

要确定不可修复废品的废品损失，必须首先确定已经发生的废品的生产成本，将已经发生的废品的成本从全部产品的成本中剥离出来，再将残值和相关责任人的赔偿从废品成本中扣除后，计算出不可修复废品的净损失，将其计入合格品的成本中，再对废品损失进行核算处理。总之，废品损失的处理分为两步：第一步计算废品损失和净损失；第二步核算废品损失。

不可修复废品的损失费用即净损失，应等于当期生产费用中剥离出废品的已耗成本扣除残值和相关责任人赔款后的余额。其中，不可修复废品的已耗成本的常用计算方法有实际成本法和定额成本法两种。

▶ 1. 按照实际成本计算不可修复废品的生产成本

实际成本法下，完工入库时发现的废品应当与合格品承担同等的费用，应以产量为分配标准分配，应将归集在“生产成本——基本生产成本”账户的费用金额在合格品和不可修复废品之间进行分配。其计算公式为：

单位产品的费用分配率＝待分配费用÷(合格品数量＋不可修复废品约当产量)

不可修复废品应承担的费用=不可修复废品的约当产量×单位产品的费用分配率

生产过程中发现的不可修复废品：一次投料的，材料费用以产量为标准进行分配，其他费用则以工时为标准进行分配；分次投料且与完工程度一致的，应当按照废品约当量为标准进行分配。公式中涉及的“约当产量”计算方法，将在项目3中进行介绍。值得注意的是，如果期末存在未完工产品，则上述公式的分母中还应包括月末在产品的约当产量。

【例2-11】泰达机械制造公司2017年8月生产M产品出现了废品，根据有关原始记录，本月生产产品2 000件，其中不可修复废品20件，合格品生产工时为9 900小时，废品生产工时为100小时。根据M产品成本计算单所列项目反映：原材料费用70 000元，薪酬费用200 000元，制造费用140 000元。原材料按照产品产量比例分配，其他费用按照生产工时比例分配。废品残料回收价值400元入库，属于工人的赔偿300元。

(1) 单独核算的核算处理。

编制不可修复废品损失计算表，如表2-54所示。

表2-54 不可修复废品损失计算表

产品：M产品　　2017年8月31日　　金额单位：元

项　目	直接材料	生产工时	直接人工	制造费用	成本合计
单位费用	35	5工时	20	14	—
废品成本	700	100工时	2 000	1 400	4 100
减：残料价值	400				400
应收赔偿款			300		300
废品净损失	300		1 700	1 400	3 400

① 转出不可修复废品成本：

借：废品损失—M产品　　4100

　贷：生产成本——基本生产成本(M产品)——直接材料　　700

　　　　　　——基本生产成本(M产品)——直接人工　　2 000

　　　　　　——基本生产成本(M产品)——制造费用　　1 400

② 回收残值、过失人赔款：

借：原材料　　400

　　其他应收款——某某　　300

　贷：废品损失——M产品　　700

③ 结转净损失给合格品：

废品净损失=4 100−400−300=3 400(元)

借：生产成本——基本生产成本(M产品)　　3 400

　贷：废品损失——M产品　　3 400

(2) 不单独核算的核算处理。

不用结转不可修复废品成本和净损失给合格品，只结转废品残值和责任人赔款。

借：原材料　　400

　　其他应收款——××(过失人)　　300

　贷：生产成本——基本生产成本(M产品)　　700

注意：不设“废品损失”账户时，发生的废品损失计入“制造费用”，再分配转入“生产成本”账户。按照实际成本计算，结果准确但较复杂，且在事后进行，不利于成本控制。

▶ 2. 按照定额成本计算不可修复废品损失

这种情况不考虑废品的实际成本，不可修复废品的成本直接用定额费用代替实际成本，这时的不可修复废品的净损失等于废品定额费用扣除残值和相关责任人赔款后的余额。而实际成本与定额成本的差额，则全部计入合格品成本中。这种方法适用于定额成本资料完善、定额成本计算比较准确的企业。

【例 2-12】迅达机械制造公司实行废品单独核算处理。2017 年 9 月生产 C 产品出现了废品，根据有关原始记录，本月生产产品2 000件，其中不可修复废品 20 件，合格品生产工时为9 900小时，废品生产工时为 100 小时。C 产品的费用定额如下：原材料定额费用 70 元，每工时薪酬费用 50 元，每工时制造费用 18 元。该公司原材料在生产开始时一次投料，其他费用按照生产工时比例法分配。废品残料回收价值1 000元入库，属于工人的赔偿 800 元。

编制不可修复废品损失计算表，如表 2-55 所示。

表 2-55　不可修复废品损失计算表(C 产品)

产品：C 产品　　2017 年 9 月 30 日　　金额单位：元

项　　目	直接材料	生产工时	直接人工	制造费用	成本合计
费用定额	70	5 工时	50	18	—
废品定额成本	1 400	100 工时	5 000	1 800	8 200
减：残料价值 　　应收赔偿款	1 000		 800		1 000 800
废品净损失	400		4 200	1 800	6 400

① 转出不可修复废品成本：

废品的定额成本＝70×20＋100×50＋100×18＝8 200(元)

借：废品损失——C 产品　　8 200

　贷：生产成本——基本生产成本(C 产品)　　8 200

② 回收残值、过失人赔款：

借：原材料　　1 000

　　其他应收款——××(过失人)　　800

　贷：废品损失——C 产品　　1 800

③ 结转净损失给合格品：

借：生产成本——基本生产成本(C 产品)　　6 400

　贷：废品损失——C 产品　　6 400

(二) 可修复废品损失的核算

可修复废品损失，是指废品在修复过程中所发生的各项修复费用。返修时发生的修复费用，包括返修发生的材料费、人工费、辅助生产费用和制造费用等，应计入“废品损失”账户借方。如有残值和应收赔款，应从“废品损失”账户贷方转入“原材料”“其他应收款”等账户，将废品净损失从“废品损失”账户贷方转入合格品的成本，计入“生产成本——基本生产成本(某产品)”账户中，并根据相关记账凭证登记有关成本明细账。

【例 2-13】益达机械制造公司 2017 年 9 月生产 E 产品出现了废品，根据有关原始记录，本月生产产品3 000件，其中可修复废品 20 件。修复费用如下：原材料费用 50 元，共耗用 10 工时，其中，每工时人工费用 30 元、制造费用 10 元。该公司原材料在生产开始时一次投料，其他费用按照生产工时比例法分配。追究工人责任赔偿 100 元。

可修复废品损失的核算如下：

可修复废品损失＝修复废品所耗用的料、工、费＝50×20＋10×(30＋10)＝1 400(元)

(1) 单独核算时的会计处理如下。

① 发生修复费用：

	借方	贷方
借：废品损失——E 产品	1 400	
贷：原材料		1 000
应付职工薪酬		300
制造费用		100

② 回收残值、过失人赔款：

	借方	贷方
借：其他应收款	100	
贷：废品损失——E 产品		100

③ 结转净损失给合格品：

	借方	贷方
借：生产成本——基本生产成本(E 产品)	1 300	
贷：废品损失——E 产品		1 300

(2) 不单独核算废品损失的企业，只做发生修复费用和回收残值、过失人赔款的会计处理，在回收废品残料时，借记“原材料”，贷记“生产成本——基本生产成本”，并登记相关明细账。结转净损失给合格品不需要做。

思考：产生废品之后，会使“基本生产成本”账户反映的产品成本数额减少吗？

四、停工损失的会计处理

停工损失是指企业或生产车间、班组在停工期间内(非季节性停工期间)发生的各项费用，包括停工期内支付的直接人工费用和应承担的制造费用。

企业发生停工的原因是多种多样，如停电、待料、机械故障、机器设备修理、发生非常灾害，以及计划压缩产量等，都可能引起停工。企业在停工期间所发生的计划内停工损失应由开工生产的产品承担，计入产品生产成本；计划外的停工损失，计入当期损益，即管理费用或营业外支出。停工可分为计划内停工和计划外停工，计划内停工是计划规定的停工，计划外停工则是由各种事故意外造成的，因而对于这种停工损失的费用列入制造费用。

停工损失的核算内容主要包括在停工时间所支付生产工人工资、职工福利费、耗用材料、动力，以及应承担的制造费用等，但不包括季节性停工损失、修理期间停产、全车间或一个班组停工不满一个工作日的停工损失，这些损失不属于停工损失，应计入"制造费用"。

企业发生停工，应由生产车间填制停工通知单，注明停工范围、停工时间、停工原因、经济责任单位或个人等事项，并报经有关部门和人员审批。财务部门根据审核签章后的停工通知单核算停工损失。

企业单独核算停工损失的，发生停工损失时，借记"停工损失——某车间"，贷记"原材料/应付职工薪酬/制造费用等"；应由相关人员赔偿的部分，借记"其他应收款"，贷记"停工损失——某车间"；属于非常损失引起的停工损失，借记"营业外支出"，贷记"停工损失——某车间"；属于其他原因引起的停工损失，借记"生产成本——基本生产成本(某产品)"，贷记"停工损失——某车间"。

企业不单独核算停工损失的，发生停工损失时，直接借记"制造费用""营业外支出""其他应收款"等账户，贷记"原材料""应付职工薪酬"等账户。

思考： 废品损失和停工损失最终的去向归属是什么？

项目小结

本项目对制造业企业生产经营过程中发生的材料费、人工费、动力费、折旧费、辅助生产费用、制造费用等要素费用进行了归集、分配、核算的处理，将要素费用横向分配给各受益对象。当上述费用发生时，根据材料费用分配表、人工费用分配表、动力费用分配表、折旧费用分配表等原始凭证，编制要素费用分配的会计分录及记账凭证，其中，生产产品耗用的料、工、费等费用应借记"生产成本——基本生产成本(某产品)"；基本车间一般领用材料费、基本车间管理人员的人工费、车间的折旧费、动力费等费用借记"制造费用"；辅助生产车间发生的料、工、费等费用借记"生产成本——辅助生产成本(某辅助车间)"账户；管理部门发生的费用借记"管理费用"；销售部门发生的费用借记"销售费用"；在建工程发生的费用借记"在建工程"(注意材料进项税额转出)；无形资产研发发生的费用借记"研发支出"等，同时贷记"原材料""周转材料""应付职工薪酬""应付账款""累计折旧"等账户。

辅助生产费用和制造费用属于综合性质的要素费用，需要在费用发生时先按照辅助车间和基本车间归集费用，再按照规定的方法分配费用给各受益对象。当企业发生辅助生产费用时，首先根据材料费用分配表、人工费用分配表、动力费用分配表、折旧费用分配表等原始凭证，借记"生产成本——辅助生产成本(某辅助车间)"，贷记"原材料""周转材料""应付职工薪酬""应付账款""累计折旧"等账户，再根据上述记账凭证登记辅助生产费用明细账归集本月辅助生产车间的费用总额，然后将归集的辅助生产费用按照规定的分配方法分配计入各受益对象的成本费用账户，根据辅助生产费用分配表填制记账凭证，据以登记明细账分配结转本月辅助生产费用。常用的辅助生产费用分配方法有五种：直接分配法、交互分配法、计划成本分配法、代数分配法和顺序分配法。制造费用也需要先按车间归集，再按工时比例法分配计入各种产品的生产成本，分配之后一般没有余额。

教学做一体化训练

一、单项选择题

1. A 公司生产甲、乙两种产品，领用某材料5 190千克，每千克 22 元。本月投产的甲产品为 230 件，乙产品为 270 件。甲产品的材料消耗定额为 16 千克，乙产品的材料消耗定额为 12 千克。则材料消耗量分配率为(　　)。

A. 0.75　　B. 0.47

C. 0.79　　D. 0.49

2. 下列各项中，属于废品损失核算的是(　　)。

A. 实行“三包”企业在产品出售后发现的废品

B. 不需要返修、可以降价出售的不合格品

C. 产品入库后由于保管不善而损坏变质的产品

D. 生产过程中发生的不可修复废品的生产成本

3. 企业销售产品领用不单独计价包装物一批，其计划成本为8 000元，材料成本差异率为 1%。对于该项业务，在不考虑其他因素的情况下，下列说法中正确的是(　　)。

A. 应计入其他业务成本的金额为8 080元

B. 应计入其他业务成本的金额为7 920元

C. 应计入销售费用的金额为8 080元

D. 应计入销售费用的金额为7 920元

4. 某基本生产车间本月发生制造费用 15 000 元，其中甲产品分配 10 000 元，乙产品分配 5 000 元，则编制的会计分录为(　　)。

A. 借：生产成本——甲产品　5 000
　　　　　　　——乙产品　10 000
　　贷：制造费用　15 000

B. 借：生产成本——甲产品　10 000
　　　　　　　——乙产品　5 000
　　贷：制造费用　15 000

C. 借：制造费用　15 000
　　贷：生产成本——甲产品　10 000
　　　　　　　　——乙产品　5 000

D. 借：制造费用　15 000
　　贷：生产成本——甲产品　10 000
　　　　　　　　——乙产品　5 000

5. 某企业生产甲、乙两种产品，耗用直接材料费 15 万元，车间管理人员薪酬 3 万元，车间设备折旧费 9 万元，各项生产费用按照工时在甲、乙两种产品之间分配，甲、乙耗费工时分别为 100 小时、50 小时，则甲产品应分配的生产费用为(　　)万元。

A. 4　　B. 8

C. 9　　D. 18

6. 某企业本月生产甲产品 200 件，乙产品 300 件，月初月末均无在产品。该企业本月发生直接人工成本 6 万元，按定额工时比例在甲、乙产品之间分配，甲、乙产品的单位工时分别为 7 小时、2 小时，本月甲产品应分配的直接人工成本为(　　)万元。

A. 2.4　　B. 1.8

C. 3.6　　D. 4.2

7. 辅助生产费用分配结果比较准确，但分配计算过程较复杂的分配方法是(　　)。

A. 计划成本分配法　　B. 顺序分配法

C. 代数分配法　　D. 交互分配法

8. 辅助生产费用直接分配法的特点是辅助生产费用(　　)。

A. 直接计入“生产成本——辅助生产成本”科目

B. 直接分配给所有受益的车间、部门

C. 直接分配给辅助生产以外的各受益单位

D. 直接计入辅助生产提供的劳务成本

9. 下列各项中，属于产品成本项目的是(　　)。

A. 外购材料　　B. 职工工资

C. 折旧费用　　D. 制造费用

10. 下列各项费用中，不能直接借记“基本生产成本”账户的是(　　)。

A. 车间生产工人福利费　　B 车间生产工人工资

C. 车间管理人员工资　　D. 构成产品实体的原料费用

二、多项选择题

1. 下列各项中，属于制造企业产品成本的有(　　)。

A. 制造费用　　B. 燃料及动力

C. 直接人工　　D. 直接材料

2. 动力可以按照(　　)进行分配。

A. 用电数　　B. 用水数

C. 产品的生产工时　　D. 机器工时

3. 下列关于周转材料会计处理的表述中，正确的有(　　)。

A. 多次使用的包装物应根据使用次数分次进行摊销

B. 低值易耗品金额较小的可在领用时一次计入成本费用

C. 随同商品销售出借的包装物的摊销额应计入管理费用

D. 随同商品出售单独计价的包装物取得的收入应计入其他业务收入

4. 下列关于辅助生产成本分配的表述中，正确的有(　　)。

A. 交互分配法的第一步是根据各辅助生产车间相互提供的产品或劳务的数量和交互分配率，在各辅助生产部门之间进行一次交互分配

B. 计划分配法下，辅助生产车间生产的产品或劳务按照计划单位成本计算、分配辅助生产费用

C. 直接分配法下，直接将辅助生产车间发生的费用分配给辅助生产车间以外的各个受益单位或产品

D. 顺序分配法适用于已经实现电算化的企业

5. 下列领用材料的会计处理中，正确的是(　　)。

A. 生产产品领用的材料计入生产成本　　B. 销售部门领用的材料计入销售费用

C. 车间管理部门领用的材料计入制造费用　　D. 管理部门领用的材料计入管理费用

6. 下列各项中，制造业企业制造费用分配可采用的方法有(　　)。

A. 生产工人工时比例法　　B. 交互分配法

C. 机器工时比例法　　D. 生产工人工资比例法

7. 下列各项中，应通过"应付职工薪酬"核算的有(　　)。

A. 支付职工的工资、奖金和津贴　　B. 按规定计提的职工教育经费

C. 向职工发放的防暑降温费　　D. 职工出差报销的差旅费

8. 下列关于费用要素的归集和分配的表述中，正确的是(　　)。

A. 不满一个工作日的停工，一般不计算停工损失

B. 实行"三包"企业在产品出售后发现的废品应包括在废品损失内

C. 辅助生产费用采用计划成本分配法分配，通常实际发生的费用与按计划成本分配转出的费用之间的差额应当全部计入当期损益

D. 制造费用分配的生产工人工时比例法适用于各种产品机械化程度相差不多的企业

9. 甲公司当月分配职工薪酬 26 万元，其中生产工人工资 12 万元，奖金、津贴等薪酬 3 万元；在建工程人员工资 5 万元，奖金、津贴等薪酬 1 万元；行政管理人员工资 4 万元，奖金、津贴等薪酬 1 万元，当月职工工资 21 万元已经发放。根据该资料，下列关于甲公司职工薪酬的会计处理中，结果正确的是(　　)。

A. 计入生产成本的职工薪酬总额为 12 万元

B. 计入在建工程的职工薪酬总额为 6 万元

C. 计入生产成本的职工薪酬总额为 15 万元

D. 计入管理费用的职工薪酬总额为 5 万元

10. 下列各项中，应计入产品成本的费用有(　　)。

A. 专设销售机构人员的工资　　B. 车间管理人员的工资

C. 车间生产工人的工资　　D. 企业管理部门人员的工资

三、判断题

1. 采用直接分配法分配辅助生产费用，其特点是直接将各辅助生产车间发生的成本分配给辅助生产车间以外的各个受益单位或产品。　　(　　)

2. 可修复废品与不可修复的废品一样都属于废品损失，所以均应计算其生产成本，并从生产成本中转出。　　(　　)

3. 对于随同商品出售而单独计价的包装物，企业应在发出该包装物时，按其实际成本计入销售费用。　　(　　)

4. 辅助生产费用按直接分配法分配最简单；按代数分配法分配最正确；按计划成本法分配可简化计算工作并能分清经济责任。　　(　　)

5. 除采用年度计划分配率法的企业外，"制造费用"总账科目和所属明细账都应无月末余额。　　(　　)

6. 经营租赁方式租入的固定资产不计算折旧。　　(　　)

7. 未使用的房屋和建筑物照提折旧。（ ）

8. 成本项目的设置可以结合企业实际情况而定，一般最少设直接材料、直接人工、制造费用三个。（ ）

9. 辅助生产费用最终要全部计入产品生产成本。（ ）

10. 企业某一会计期间实际发生的费用总和等于该会计期间产品成本的总和。（ ）

四、初级会计师训练题

某企业为一般纳税人，适用增值税税率为17%，该企业只生产甲产品，采用实际成本法核算。2017年12月初，在产品资料如表2-56所示，该产品于当月末全部完工，当月末投产新产品，该企业单独核算制造费用。

表2-56 2017年12月初在产品资料

月	日	摘要	产量/件	直接材料/元	直接人工/元	制造费用/元	合计/元
12	1	在产品费用	100	500 000	300 000	100 000	900 000

2017年12月，该企业发生与甲产品有关的业务如下。

(1) 本月发出材料100 000元，其中生产产品耗用60 000元，车间管理耗用15 000元，翻建库房耗用25 000元，相应的增值税为4 250元。

(2) 根据上月职工薪酬结算分配汇总表，以银行存款发放职工薪酬400 000元。代扣垫付的职工房租20 000元，代扣代缴个人所得税35 000元。分配职工薪酬460 000元，其中，生产甲产品职工的薪酬为320 000元，车间管理人员的薪酬为40 000元，行政管理人员的薪酬为100 000元。

(3) 因职工操作失误，生产甲产品发生5件不可修复废品，废品实际成本为67 550元，残料估价10 000元，已经验收入库，由责任人赔偿30 000元。

(4) 计提生产设备折旧12 000元，行政管理办公楼折旧15 000元，销售部门运输车辆折旧6 000元，车间管理用设备折旧4 000元。

要求：根据上述资料，在不考虑其他因素的情况下，回答下列问题。

1. 下列各项中，对于业务(1)发出材料的会计处理正确的是（ ）。

A. 固定资产增加25 000元　　B. 制造费用增加15 000元

C. 在建工程增加29 250元　　D. 生产成本增加60 000元

2. 下列各项中，对于业务(2)职工薪酬的会计处理正确的是（ ）。

A. 发放上月职工薪酬：

借：应付职工薪酬　455 000

　贷：银行存款　400 000

　　　其他应收款　20 000

　　　应交税费　35 000

B. 分配行政管理人员薪酬：

借：管理费用　100 000

　贷：应付职工薪酬　100 000

C. 分配生产甲产品职工薪酬：

借：生产成本　　320 000
　贷：应付职工薪酬　　320 000

D. 分配车间管理人员薪酬：

借：管理费用　　40 000
　贷：应付职工薪酬　　40 000

3. 下列各项中，对于业务(3)废品净损失的会计处理正确的是(　　)。

A. 该企业废品净损失是 27 550 元

B. 该企业废品净损失是 37 550 元

C. 相关责任人的赔偿增加了废品损失

D. 废品的净损失最终转入合格品的生产成本中

4. 下列各项中，对于业务(4)折旧费的会计处理正确的是(　　)。

A. 行政管理办公楼折旧 15 000 元计入管理费用

B. 销售部门运输车辆折旧 6 000 元计入销售费用

C. 车间管理用设备折旧 4 000 元计入制造费用

D. 车间管理用设备折旧 4 000 元计入管理费用

项目实训

益达机械制造公司是一个生产机械车床系列产品的制造业企业，有一个基本生产车间和供水、机修两个辅助生产车间，基本生产车间生产甲、乙、丙三种产品。

企业会计处理应按产品品种设置基本生产明细账，按车间设辅助生产明细账，辅助生产车间的制造费用不单独设“制造费用”科目，直接计入辅助生产成本中。

企业在基本生产过程中共同耗用的材料，按原材料定额消耗量比例进行分配，有关资料为：2017 年 6 月，生产甲产品 300 件，单位消耗定额为 4 千克；生产乙产品 200 件，单位消耗定额为 3 千克；生产丙产品 75 件，单位消耗定额为 1 千克。

实训一　材料费用的归集与分配

(一) 实训目的

掌握材料费用的归集与分配的实际操作方法。

(二) 实训资料

2017 年 6 月，益达机械制造公司的领料单如表 2-57～表 2-68 所示。

表 2-57　益达机械制造公司领料单

领料单位：生产车间　　2017 年 6 月 2 日　　发料仓库：

编号	材料名称	规格	计量单位	数量		单价/元	金额/元
				请领	实发		
	A		千克	1 100	1 100	40	44 000
用途	甲产品耗用			备注			

主管：李玲　　审批：刘霞　　领料：褚熙　　制单：张梅

表 2-58　益达机械制造公司领料单

领料单位：生产车间　　2017 年 6 月 2 日　　发料仓库：

编号	材料名称	规格	计量单位	数量		单价/元	金额/元
				请领	实发		
	B		千克	900	900	60	54 000
用途	乙产品耗用			备注			

主管：李玲　　审批：刘霞　　领料：褚熙　　制单：张梅

表 2-59　益达机械制造公司领料单

领料单位：生产车间　　2017 年 6 月 4 日　　发料仓库：

编号	材料名称	规格	计量单位	数量		单价/元	金额/元
				请领	实发		
	C		千克	650	650	20	13 000
用途	丙产品耗用			备注			

主管：李玲　　审批：刘霞　　领料：褚熙　　制单：张梅

表 2-60　益达机械制造公司领料单

领料单位：生产车间　　2017 年 6 月 4 日　　发料仓库：

编号	材料名称	规格	计量单位	数量		单价/元	金额/元
				请领	实发		
	D		千克	1 250	1 250	30	37 500
用途	甲、乙、丙产品共同耗用			备注			

主管：李玲　　审批：刘霞　　领料：褚熙　　制单：张梅

表 2-61　益达机械制造公司领料单

领料单位：机修车间　　2017 年 6 月 5 日　　发料仓库：

编号	材料名称	规格	计量单位	数量		单价/元	金额/元
				请领	实发		
	E		千克	250	250	10	2 500
用途	机物料消耗			备注			

主管：蒋赤　　审批：刘霞　　领料：韩黄　　制单：张梅

表 2-62 益达机械制造公司领料单

领料单位：供水车间　　2017 年 6 月 12 日　　发料仓库：

编号	材料名称	规格	计量单位	数量		单价/元	金额/元
				请领	实发		
	E		千克	100	100	10	1 000
用途	机物料消耗			备注			

主管：赵梅　审批：刘霞　领料：孙竹　制单：张梅

表 2-63 益达机械制造公司领料单

领料单位：生产车间　　2017 年 6 月 18 日　　发料仓库：

编号	材料名称	规格	计量单位	数量		单价/元	金额/元
				请领	实发		
	E		千克	200	200	10	2 000
用途	机物料消耗			备注			

主管：李玲　审批：刘霞　领料：褚熙　制单：张梅

表 2-64 益达机械制造公司领料单

领料单位：供水车间　　2017 年 6 月 19 日　　发料仓库：

编号	材料名称	规格	计量单位	数量		单价/元	金额/元
				请领	实发		
	A		千克	1 100	1 100	40	44 000
用途	生产用			备注			

主管：赵梅　审批：刘霞　领料：孙竹　制单：张梅

表 2-65 益达机械制造公司领料单

领料单位：机修车间　　2017 年 6 月 20 日　　发料仓库：

编号	材料名称	规格	计量单位	数量		单价/元	金额/元
				请领	实发		
	B		千克	50	50	60	3 000
用途	生产耗用			备注			

主管：蒋赤　审批：刘霞　领料：韩黄　制单：张梅

表 2-66 益达机械制造公司领料单

领料单位：机修车间　　2017 年 6 月 21 日　　发料仓库：

编号	材料名称	规格	计量单位	数量		单价/元	金额/元
				请领	实发		
	G		千克	100	100	20	2 000
用途	修理耗用			备注			

主管：蒋赤　　审批：刘霞　　领料：韩黄　　制单：张梅

表 2-67 益达机械制造公司领料单

领料单位：生产车间　　2017 年 6 月 21 日　　发料仓库：

编号	材料名称	规格	计量单位	数量		单价/元	金额/元
				请领	实发		
	G		千克	50	50	20	1 000
用途	修理耗用			备注			

主管：李玲　　审批：刘霞　　领料：褚熙　　制单：张梅

表 2-68 益达机械制造公司领料单

领料单位：管理部门　　2017 年 6 月 25 日　　发料仓库：

编号	材料名称	规格	计量单位	数量		单价/元	金额/元
				请领	实发		
	G		千克	400	400	20	8 000
用途	管理耗用			备注			

主管：李玲　　审批：刘霞　　领料：郑赤　　制单：张梅

（三）实训准备

领料凭证汇总表、材料费用分配表、待摊费用分配表各一张，会计记账凭证若干及相关的明细账。

（四）实训要求

1. 根据领料单，填制领料凭证汇总表。计算结果保留两位小数。

2. 根据领料凭证汇总表，填制材料费用分配表。

3. 填制相关的会计凭证(或会计分录)，进行相应的会计处理（相关账簿的登记）。

（五）实训过程

1. 对表 2-57～表 2-68 所示的领料单进行汇总，填制领料凭证汇总表(见表 2-69)。

表 2-69 领料凭证汇总表

2017 年 6 月　　单位：元

<table>
<tr><th rowspan="2">材料</th><th colspan="2">基本生产车间</th><th colspan="2">辅助生产车间</th><th rowspan="2">管理部门</th><th rowspan="2">合计</th></tr>
<tr><th>产品用</th><th>车间用</th><th>供水</th><th>机修</th></tr>
<tr><td>A</td><td></td><td></td><td></td><td></td><td></td><td></td></tr>
<tr><td>B</td><td></td><td></td><td></td><td></td><td></td><td></td></tr>
<tr><td>C</td><td></td><td></td><td></td><td></td><td></td><td></td></tr>
<tr><td>D</td><td></td><td></td><td></td><td></td><td></td><td></td></tr>
<tr><td>E</td><td></td><td></td><td></td><td></td><td></td><td></td></tr>
<tr><td>G</td><td></td><td></td><td></td><td></td><td></td><td></td></tr>
<tr><td>合计</td><td></td><td></td><td></td><td></td><td></td><td></td></tr>
</table>

2. 根据领料凭证汇总表，对材料费用进行分配，填制材料费用分配表(见表 2-70)。

表 2-70 材料费用分配表

2017 年 6 月　　单位：元

<table>
<tr><th colspan="3">应借账户</th><th rowspan="2">成本费用项目</th><th rowspan="2">直接计入费用</th><th colspan="3">间接计入费用</th><th rowspan="2">合计</th></tr>
<tr><th>总账</th><th>二级账</th><th>明细账</th><th>标准</th><th>分配率</th><th>金额</th></tr>
<tr><td rowspan="4">生产成本</td><td rowspan="4">基本生产成本</td><td>甲产品</td><td>直接材料</td><td></td><td></td><td></td><td></td><td></td></tr>
<tr><td>乙产品</td><td>直接材料</td><td></td><td></td><td></td><td></td><td></td></tr>
<tr><td>丙产品</td><td>直接材料</td><td></td><td></td><td></td><td></td><td></td></tr>
<tr><td colspan="2">小计</td><td></td><td></td><td></td><td></td><td></td></tr>
<tr><td rowspan="5">生产成本</td><td rowspan="5">辅助生产成本</td><td rowspan="2">供水车间</td><td>材料费用</td><td></td><td></td><td></td><td></td><td></td></tr>
<tr><td>制造费用</td><td></td><td></td><td></td><td></td><td></td></tr>
<tr><td rowspan="2">机修车间</td><td>材料费用</td><td></td><td></td><td></td><td></td><td></td></tr>
<tr><td>制造费用</td><td></td><td></td><td></td><td></td><td></td></tr>
<tr><td colspan="2">小计</td><td></td><td></td><td></td><td></td><td></td></tr>
<tr><td rowspan="3">制造费用</td><td rowspan="3">生产车间</td><td></td><td>修理费</td><td></td><td></td><td></td><td></td><td></td></tr>
<tr><td></td><td>物耗费</td><td></td><td></td><td></td><td></td><td></td></tr>
<tr><td colspan="2">小计</td><td></td><td></td><td></td><td></td><td></td></tr>
<tr><td colspan="2">管理费用</td><td></td><td>修理费</td><td></td><td></td><td></td><td></td><td></td></tr>
<tr><td colspan="4">合计</td><td></td><td></td><td></td><td></td><td></td></tr>
</table>

3. 根据材料费用分配表结果，填制记账凭证或做出会计分录，并登记相应的明细账。

实训二　外购动力费用的归集与分配

（一）实训目的

了解外购动力费用会计处理程序，掌握外购动力费用的归集与分配的实际操作方法。

（二）实训资料

公司生产用电按生产工时在甲、乙、丙产品之间进行分配。

企业用电资料如表 2-71 所示。

表 2-71　企业用电汇总表

2017 年 6 月　　计量单位：度

部门	生产车间	供水车间	机修车间	管理部门	合计
生产用电	2 500	1 500	1 200		5 200
其他用电	500	250	240	300	1 290
合计	3 000	1 750	1 440	300	6 490

企业电费付款凭证如表 2-72 所示。

表 2-72　同城委托收款凭证(付款通知)

委托日期 2017 年 6 月 26 日　　第 Q0001573 号

<table>
<tr><td rowspan="3">汇票人</td><td>全　称</td><td>益达机械制造有限公司</td><td rowspan="3">收款人</td><td>全　称</td><td colspan="9">楚都市电力公司</td></tr>
<tr><td>账　号</td><td>4230413870498</td><td>账　号</td><td colspan="9">4223676869619</td></tr>
<tr><td>开户银行</td><td>工商银行楚都分行</td><td>开户银行</td><td colspan="9">工商银行楚都分行二支行</td></tr>
<tr><td rowspan="2">委托金额</td><td colspan="3" rowspan="2">（大写）伍仟壹佰玖拾贰元整</td><td>百</td><td>十</td><td>万</td><td>千</td><td>百</td><td>十</td><td>元</td><td>角</td><td>分</td></tr>
<tr><td></td><td></td><td>¥</td><td>5</td><td>1</td><td>9</td><td>2</td><td>0</td><td>0</td></tr>
<tr><td>款项内容</td><td>电费</td><td>委托收款凭证名称</td><td></td><td colspan="5">附寄单证张数</td><td colspan="4"></td></tr>
<tr><td>备注</td><td colspan="2">公章</td><td colspan="10">付款单位注意：
1. 劳务供应双方签订协议后方能办理；
2. 如无协议，可说明情况，向收款单位办理委托收款，将原款划回。</td></tr>
</table>

单位主管：赵俊　　会计：刘莎　　复核：陈达　　记账：

收到日期：2017 年 6 月 29 日

企业生产工时统计表如表 2-73 所示。

表 2-73　企业生产工时统计表

2017 年 6 月　　计量单位：度

产品名称	甲产品	乙产品	丙产品	合计
生产工时	2 500	1 400	1 225	5 125

（三）实训准备

外购动力费用分配表一张，会计记账凭证若干及相关的明细账。

（四）实训要求

1. 根据公司用电汇总表、付款通知单及工时等资料，填写外购动力费用分配表。

2. 填制相关的会计凭证，进行相应的会计处理。分配率保留四位小数，金额保留两位小数，尾差计入丙产品。

（五）实训过程

1. 根据相应会计事项的资料填制外购动力费用分配表，如表 2-74 所示。

表 2-74　外购动力费用分配表

2017 年 6 月　　　　　　　　　　　　金额单位：元

应借账户			成本费用项目	费用分配率	电力耗用量			金额合计
总账	二级账	明细账			实际工时	分配率	电量	
生产成本	基本生产成本	甲产品	外购动力					
		乙产品	外购动力					
		丙产品	外购动力					
		小计						
生产成本	辅助生产成本	供水车间	外购动力					
			制造费用					
		机修车间	外购动力					
			制造费用					
		小计						
管理费用			电费					
制造费用		生产车间	电费					
合　计								

2. 根据外购动力费用分配表，填制记账凭证或做出会计分录，并登记相应的明细账。

实训三　人工费用的归集与分配

（一）实训目的

掌握人工费用会计处理的基本原理及程序，掌握人工费用的归集与分配的实际操作方法。

（二）实训资料

生产车间人工费用按实际生产工时在三种产品之间进行分配。

企业工资结算汇总资料如表 2-75 所示。

表 2-75　工资结算汇总表　　　　　　单位：元

部门人员		基本工资	奖金	津贴等	加班	应扣工资		应付工资	代扣款项				实发工资
部门	人数					病	事		社保	公积	个税	小计	
生产车间	生产	8 000	1 000	200	…	10	10	9 180	350	250	50	650	8 530
	管理	3 000	500	50	…	10		3 540	50	40	10	100	3 440

续表

部门人员		基本工资	奖金	津贴等	加班	应扣工资		应付工资	代扣款项				实发工资
部门	人数					病	事		社保	公积	个税	小计	
供水车间		3 500	900	60	…	10	10	4 440	75	51	14	140	4 300
机修车间		4 200	900	80	…	20	10	5 150	80	60	20	160	4 990
管理部门		4 000	500	25	…	20		4 505	50	40	10	100	4 405
合计		22 700	3 800	415	…	70	30	26 815	605	441	104	1 150	25 665

3. 企业生产工时统计表可参考表 2-73。

(三) 实训准备

人工费用分配表一张，会计记账凭证若干及相关的明细账。

(四) 实训要求

1. 根据工资结算汇总表和企业生产工时统计表等，编制人工费用(工资)分配表。

2. 根据人工费用(工资)分配表的计算分配结果，填写人工费用(福利)分配表。

3. 根据两个分配表，填制相关的会计凭证(或编写相关的会计分录)，并进行相应的会计处理(相关账簿的登记)。分配率的计算结果保留四位小数，金额保留两位小数。

(五) 实训过程

1. 根据工资结算汇总表填制人工费用分配表(见表 2-76)。

表 2-76　人工费用分配表

年　月　日

单位：元

应借账户			成本费用项目	直接计人工资	间接计人工资			工资合计	福利费
总账	二级账	明细账			工时	分配率	金额		
生产成本	基本生产成本	甲产品	直接人工						
		乙产品	直接人工						
		丙产品	直接人工						
		小计							
生产成本	辅助生产成本	供水车间	人工费						
		机修车间	人工费						
管理费用			工资、福利						
制造费用			工资、福利						
合　计									

2. 根据人工费用分配表，填制记账凭证或做出会计分录，并登记相应的明细账。

实训四　折旧费用的归集与分配

(一) 实训目的

掌握固定资产折旧费用的归集和分配的实际操作方法。

（二）实训资料

企业固定资产的基本情况如表 2-77 所示。

表 2-77 公司固定资产情况一览表

2017 年 6 月

部　门	固定资产类别	原值/元	月折旧率/%
生产车间	机器设备	200 000	1.6
	房屋与建筑物	300 000	0.4
供水车间	机器设备	50 000	1.8
	房屋与建筑物	60 000	0.8
机修车间	机器设备	30 000	1.4
	房屋与建筑物	40 000	0.6
管理部门	机器设备	50 000	1.4
	房屋与建筑物	300 000	0.8
合　计		1 030 000	—

（三）实训准备

固定资产折旧费用分配表一张，会计记账凭证若干及相关的明细账。

（四）实训要求

1. 根据公司固定资产情况一览表，编制固定资产折旧费用分配表。
2. 根据固定资产折旧费用分配表，填制相关的会计凭证并进行相应的会计处理。

（五）实训过程

1. 根据固定资产情况一览表，填制固定资产折旧费用分配表(见表 2-78)。

表 2-78 固定资产折旧费用分配表

2017 年 6 月

会计科目		成本费用项目	固定资产类别	原值/元	月折旧率/%	金额/元	合计/元
制造费用	生产车间	折旧费	机器设备	200 000	1.6		
			房屋与建筑物	300 000	0.4		
辅助生产成本	供水车间	制造费用	机器设备	50 000	1.8		
			房屋与建筑物	60 000	0.8		
	机修车间	制造费用	机器设备	30 000	1.4		
			房屋与建筑物	40 000	0.6		
管理费用	管理部门	折旧费	机器设备	50 000	1.4		
			房屋与建筑物	300 000	0.8		
合　计				1 030 000	—		

2. 根据固定资产折旧费用分配表，填制记账凭证并登记相应的明细账。

实训五　辅助生产费用的归集与分配

（一）实训目的

了解辅助生产费用会计处理的基本原理、归集、分配与核算，掌握辅助生产费用的归集与分配的实际操作方法。

（二）实训资料

企业辅助生产费用的分配一直都采用直接分配法进行，2017 年 7 月，为了更好地适应公司经济管理核算的要求，将辅助生产费用的分配方法由直接分配法改为计划成本分配法。

1. 辅助生产费用的发生情况如下。

材料费用、动力费、职工薪酬费用、折旧费用等费用的发生情况同 2017 年 6 月。

2017 年 6 月，用银行转账方式支付的其他费用(费用单据和银行通知单据略)如下：供水车间发生其他费用共计1 684元；机修车间发生其他费用共计1 857元。

2. 辅助生产车间劳务情况如表 2-79 所示。

表 2-79　辅助车间提供劳务统计表

2017 年 6 月

受益部门	供水车间	机修车间	生产车间		管理部门	合　计
			产品用	一般用		
供水车间劳务供应量/吨	—	500	2 500	500	1 000	4 500
机修车间劳务供应量/小时	200	—	—	2 700	500	3 400

3. 2017 年 7 月，该公司辅助生产车间发生费用及劳务情况如下。

(1) 材料费用。供水车间领用消耗性材料4 000元，辅助材料3 200元；机修车间领用消耗性材料1 500元，修理用备件20 500元。

(2) 职工薪酬。供水车间工资费用5 200元；机修车间工资费用3 500元。同时按工资费用的 14%计提职工福利费用。

(3) 折旧费用。供水车间当月计提折旧额 560 元；机修车间当月计提折旧额 400 元。

(4) 其他费用。供水车间用银行存款支付其他费用 550 元；机修车间用银行存款支付其他费用 720 元。

(5) 劳务供应情况如表 2-80 所示。

表 2-80　辅助车间提供劳务统计表

2017 年 7 月

受益部门	供水车间	机修车间	生产车间		管理部门	合　计
			产品用	一般用		
供水车间劳务供应量/吨	—	600	2 000	500	300	3 400
机修车间劳务供应量/小时	220	—	—	2 530	300	3 050

(6) 计划单位成本：供水车间为 4.7 元/吨；机修车间为 9.6 元/工时。

（三）实训准备

辅助生产明细账页两张，辅助生产费用分配表三张，会计记账凭证若干及其他相关的明细账。

（四）实训要求

1. 直接分配法的实训要求：根据当期有关资料，登记辅助生产明细账。编制辅助生产费用分配表，根据辅助生产费用分配表，填制相关的会计凭证并登记相关会计账簿。

2. 计划分配法的实训要求：根据 7 月有关资料，继续登记辅助生产明细账。编制辅助生产费用分配表，根据辅助生产费用分配表，填制相关的会计凭证并登记相关会计账簿。

3. 交互分配法的实训要求：根据 7 月的辅助生产费用及劳务资料，编制辅助生产费用分配表。

根据辅助生产费用分配表，填制相关的会计凭证并登记相关会计账簿。分配率结果保留四位小数，金额保留两位小数，如果有尾差，则计入"管理费用"。

（五）实训过程

1. 根据当期发生的经济业务填制记账凭证或编写会计分录。

2. 根据本项目实训资料登记供水车间和机修车间的辅助生产明细账（见表 2-80 和表 2-81）。

3. 根据辅助生产明细账归集的当期费用金额和劳务供应，编制辅助生产费用分配表（见表 2-83～表 2-85）。

表 2-81　辅助生产成本明细账（供水车间）

车间：　　　　单位：元

月	日	摘　要	直接材料	直接人工	制造费用	合　计

表 2-82　辅助生产成本明细账（机修车间）

车间：　　　　单位：元

月	日	摘　要	直接材料	直接人工	制造费用	合　计

表 2-83　辅助生产费用分配表(直接分配法)

年　月

项　　目			供水车间		机修车间	
			劳务量/立方米	金额/元	劳务量/小时	金额/元
应分配的费用总额						
提供的应分配劳务总量						
费用分配率						
应借账户	基本生产成本	甲产品				
	制造费用	基本车间				
	管理费用					
分配费用合计						

表 2-84　辅助生产费用分配表(计划成本分配法)

年　月

项　　目			计划分配			
			供水车间		机修车间	
			劳务量/立方米	金额/元	劳务量/小时	金额/元
应分配的费用总额						
提供的应分配劳务总量						
计划单位成本						
应借账户	辅助生产成本	供水车间				
		机修车间				
	基本生产成本	甲产品				
	制造费用	基本车间				
	管理费用					
计划分配费用合计						
交互分配转入计划成本						
辅助生产车间实际成本						
成本差异额(计入“管理费用”)						

表 2-85 辅助生产费用分配表(交互分配法)

年 月 单位：元

<table>
<tr><td colspan="4" rowspan="2">项 目</td><td colspan="3">一次对内交互分配</td><td colspan="3">二次对外直接分配</td></tr>
<tr><td>供水</td><td>机修</td><td>合计</td><td>供水</td><td>机修</td><td>合计</td></tr>
<tr><td colspan="4">应分配的费用总额</td><td></td><td></td><td></td><td></td><td></td><td></td></tr>
<tr><td colspan="4">提供的应分配劳务总量</td><td></td><td></td><td></td><td></td><td></td><td></td></tr>
<tr><td colspan="4">费用分配率</td><td></td><td></td><td></td><td></td><td></td><td></td></tr>
<tr><td rowspan="11">应借账户</td><td rowspan="4">辅助生产成本</td><td rowspan="2">供水车间</td><td>耗用数量</td><td></td><td></td><td></td><td></td><td></td><td></td></tr>
<tr><td>承担费用</td><td></td><td></td><td></td><td></td><td></td><td></td></tr>
<tr><td rowspan="2">机修车间</td><td>耗用数量</td><td></td><td></td><td></td><td></td><td></td><td></td></tr>
<tr><td>承担费用</td><td></td><td></td><td></td><td></td><td></td><td></td></tr>
<tr><td colspan="3">分配费用合计</td><td></td><td></td><td></td><td></td><td></td><td></td></tr>
<tr><td rowspan="2">基本生产成本</td><td rowspan="2">甲产品</td><td>耗用数量</td><td></td><td></td><td></td><td></td><td></td><td></td></tr>
<tr><td>承担费用</td><td></td><td></td><td></td><td></td><td></td><td></td></tr>
<tr><td rowspan="2">制造费用</td><td rowspan="2">二车间</td><td>耗用数量</td><td></td><td></td><td></td><td></td><td></td><td></td></tr>
<tr><td>承担费用</td><td></td><td></td><td></td><td></td><td></td><td></td></tr>
<tr><td rowspan="2" colspan="2">管理费用</td><td>耗用数量</td><td></td><td></td><td></td><td></td><td></td><td></td></tr>
<tr><td>承担费用</td><td></td><td></td><td></td><td></td><td></td><td></td></tr>
<tr><td colspan="4">分配费用合计</td><td></td><td></td><td></td><td></td><td></td><td></td></tr>
</table>

实训六 制造费用的归集与分配

(一) 实训目的

掌握制造费用的归集与分配的实际操作方法。

(二) 实训资料

1. 制造费用的分配采用工时比例法。

2. 制造费用的发生情况如下。

(1) 材料费用、动力费用、职工薪酬费用、折旧费用、辅助生产费用等费用的发生情况，参考本项目实例中实训二～实训六的费用分配表及相关会计资料。

(2) 当月基本生产车间还发生了以下有关制造费用的经济业务：

① 生产车间购置办公用品计1 321.9元，发票和现金支票略。

② 车间为一线生产工人购买劳动保护用品2 240元，发票和转账支票略。

3. 当月产品生产的工时资料参考表 2-73。

(三)实训准备

多栏式制造费用明细账和费用分配表各一张，记账凭证若干。

（四）实训要求

1. 根据当期相关的经济业务编制会计凭证，登记基本生产车间的“制造费用”明细账。

2. 根据明细账金额与产品生产工时资料，编制制造费用分配表。

3. 编制结转制造费用的记账凭证或会计分录，并登记制造费用明细账。

（五）实训过程

1. 对当期发生的经济业务进行分析，编制会计凭证或会计分录。

2. 根据本项目实训各项费用分配表提供的资料及会计凭证或分录、当期费用支出情况，登记制造费用明细账(见表 2-86)。

表 2-86　制造费用明细账

生产车间：　　　　　　　　　年　月　　　　　　　　　产品：

年		凭证号	摘　要	借方项目							合计
月	日			材料	水电	工资	福利	折旧	辅助	其他	

3. 根据明细账归集的制造费用本期发生额和生产车间产品生产的实际工时情况，编制制造费用分配表(见表 2-87)。

表 2-87　制造费用分配表

生产车间：　　　　　　　　　年　月

应借账户			成本费用项目	生产工时/小时	分配率	分配金额/元
总账	二级账	明细账				
合　计						

4. 根据制造费用分配表，填制记账凭证或做出会计分录，结转制造费用并登记制造费用明细账。

实训七　生产损失的处理

某企业在生产甲产品的过程中，产生不可修复废品 5 件，该企业按所耗定额成本计算不可修复废品的生产成本。该产品原材料费用定额为 200 元，5 件废品已完成的定额工时为 300 小时，每小时费用定额分别为：工资及福利费 2.5 元，制造费用 12 元，回收废品残料价值 600 元，应由操作人员赔偿 100 元，废品净损失全部由同种产品成本承担。

要求：计算不可修复废品净损失(见表 2-88)，并做出结转废品损失的会计分录。

表 2-88 废品损失计算表

项 目	直接材料/元	定额工时/小时	直接人工/元	制造费用/元	成本合计/元
费用定额					
废品定额成本					
减：残料价值					
应收赔偿款					
废品净损失					

3 项目三 期末成本分配

知识目标

- 了解生产费用纵向分配的程序及期末成本分配的影响因素。
- 掌握约当产量法下的期末成本分配。
- 掌握定额成本法、定额比例法下完工产品和月末在产品成本的分配方法。

能力目标

- 能够准确核算期末在产品的数量。
- 能够熟练运用约当产量法进行期末成本分配。
- 能够运用定额成本法、定额比例法进行期末成本分配。
- 能够熟练编制产品成本计算单并进行相关实务操作。

项目导入

新兴机械厂是一个单步骤、大批量生产的中型企业，该厂生产的甲产品分三道加工工序完成。已知2017年3月该厂有关甲产品的产量、工时定额、成本费用等资料。

思考：能否运用前面所学习的生产费用分配的知识，对甲产品所发生的生产费用在完工产品和月末在产品之间进行分配？应采取什么方法？

任务一 约当产量法下的期末成本分配

制造业企业在生产过程中发生的各项要素费用，按照“谁受益谁负担”的原则，已经在各受益对象之间进行了横向对象化的费用归集与分配，由各种产品所承担的生产费用集中反映在了“生产成本——基本生产成本”账户及其所属的各种产品成本明细账中，并且按照成本项目进行了分类归集。这些费用是本月生产产品发生的费用，而企业生产的产品投入的全部费用还包括月初在产品的生产成本。为了正确计算产品成本，企业还需根据生产特点采取合理的方法，将某种产品月初在产品的成本加上本月发生的生产费用，在完工产品与月末在产品之间进行分配，从而计算出该种产品的完工产品总成本和单位成本。

月初在产品成本、本月发生的生产费用、本月完工产品成本与月末在产品成本这四项费用之间存在以下关系：

月初在产品数量＋本月投入生产数量＝本月完工产品数量＋月末在产品数量

月初在产品成本＋本月发生的生产费用＝本月完工产品成本＋月末在产品成本

或：

本月完工产品成本＝月初在产品成本＋本月发生生产费用－月末在产品成本

公式中的前两项费用是已知数，因此，在完工产品与月末在产品之间分配费用时，可以将前两项之和按一定比例在完工产品与月末在产品之间进行成本分配，这种方法称为约当产量法。或者企业还可以先确定月末在产品成本，再倒挤计算出完工产品的成本。当然企业还可以根据具体情况适当采用定额成本法、定额比例法等其他方法分配本月完工产品成本和月末在产品成本。但无论采用哪一种方法，要计算本月完工产品成本，就必须要确定月末在产品成本，而要确定月末在产品成本，则必须要首先确定月末在产品数量。

一、在产品数量的核算

（一）在产品的含义

在产品是指制造业企业没有完成全部生产过程的产品，包括狭义在产品和广义在产品。狭义在产品仅指正在各个生产车间处于相关生产步骤进行加工的在制品，不包括本车间或本步骤已完工的半成品。广义在产品是指从投产开始至尚未制成最终产品入库的产品，包括正在加工过程中的在制品、已完成一个或几个生产步骤还需继续加工的半成品、已完工但尚未入库的完工产品、正在返修和等待返修的可修复废品等。应当指出，对外销售的自制半成品应当视同商品产品，不属于在产品。本书所讲的在产品是指狭义在产品。

（二）在产品与完工产品之间的关系

任何产品在生产中都要经历在产品的过程。除了简单的单步骤生产以外，企业在连续生产产品的每一个时点上，都会存在正处于加工过程中的在产品。在产品同样消耗了一定的材料费用、人工费用和要承担相应的制造费用。因此，存在月末在产品的制造企业，所归集的生产费用应当由本期完工产品与月末在产品共同承担。两者之间存在如下关系：

期初在产品数量＋本期投入生产数量＝本期完工产品数量＋期末在产品数量

期初在产品成本＋本期生产费用－期末在产品成本＝本期完工产品成本

上述关系式中的期初在产品成本就是上月期末的在产品成本，是上月归集和分配在“生产成本——基本生产成本”科目及其明细账的借方的数额，是已知数；本期生产费用通过要素费用的分配与归集也可以得到确定。因此，只要确定期末在产品成本，就能计算出本期完工产品成本。要确定期末在产品成本，则必须要先确定期末在产品数量。

（三）在产品数量的核算

在产品数量的核算就是对在产品的收发计量。同其他存货一样，在产品应同时具有账面核算资料和实际盘存资料。在产品数量有两种核算方法：一是在产品收发结存的日常核算，是在各生产车间按产品品种和在产品名称建立在产品收发结存账进行的，也称为在产品台账，一般由车间核算人员和各班组核算人员登记，其格式如表3-1所示；二是通过实地盘点的方式确定月末在产品数量。在实际工作中，往往将两种方法结合使用，通过“在产品收、付、存账簿”反映在产品的理论结存数量，通过实地盘点确定在产品的实际结存数量，两者差额表现为在产品的盘点溢余或短缺的数量。

表 3-1 在产品收发结存账(在产品台账)

在产品名称：　　编号：　　车间名称：　　单位：件

月	日	摘要	转入		转出			结存		备注
			凭证号	数量	凭证号	合格品	废品	完工	未完工	

(四) 在产品清查的核算

为了保证在产品收发结存数量的可靠性，从而保证成本计算的正确性，必须做好在产品的清查工作。在产品清查可以定期或不定期地进行，一般情况下，各车间或各工序应当至少每月月末清查一次，通过实地盘点确定在产品的实际结存数量，与“在产品收、付、存账簿”记录的结存数量进行核对，如有不符，编制在产品账存实存及盘盈盘亏表，表中列明在产品名称、账面数、实存数、盘亏盘盈数等，经有关领导批准后进行账务处理。在产品发生盘点溢缺，原因不明时，先做“待处理财产损溢”处理，待批准后，将在产品盘盈冲减管理费用，在产品盘亏转做“其他应收款”或列入“管理费用”。

(1) 发生在产品盘盈时，应按计划成本或定额成本编制会计分录如下：

借：生产成本——基本生产成本(有关明细)

　贷：待处理财产损溢——待处理流动资产损溢

按规定核销时：

借：待处理财产损溢——待处理流动资产损溢

　贷：管理费用——存货盘盈

(2) 发生在产品盘亏或毁损时，应按计划成本或定额成本编制会计分录如下：

借：待处理财产损溢——待处理流动资产损溢

　贷：生产成本——基本生产成本(有关明细)

对于毁损在产品的残值：

借：原材料或银行存款

　贷：待处理财产损溢——待处理流动资产损溢

经批准予以核销时，应视不同情况分别将损失从“待处理财产损溢”账户的贷方转入有关账户的借方，应由过失人或保险公司赔偿的损失计入“其他应收款”，自然灾害造成的非常损失计入“营业外支出”，无法收回的损失计入“管理费用”，同时贷记“待处理财产损溢——待处理流动资产损溢”。

对于以上在产品盘盈、盘亏和毁损数量，应及时登记调整“在产品收、付、存账簿”的有关数据；在产品盘亏、毁损还要计算应转出的增值税进项税额。

对于库存半成品和辅助生产的在产品的数量和清查的核算，与基本生产基本相同。只是它们清查的结果分别在“自制半成品”和“生产成本——辅助生产成本”科目中核算。

二、期末成本分配的影响因素、程序及方法

（一）期末成本分配的影响因素

在产品数量确定之后，下一步的工作就是将生产费用在完工产品与在产品之间分配。将生产费用在完工产品与月末在产品之间分配，企业应根据生产的特点，考虑月末在产品数量的多少、各月末在产品数量变化的大小、各成本项目所占费用比重的大小，以及企业定额管理水平的高低等方面的因素，选择合理简便的方法进行分配。生产费用在完工产品和月末在产品之间的分配，是成本计算工作中一个重要而复杂的问题。在产品结构复杂，零部件种类和加工工序较多的情况下更是这样。

（二）生产费用在完工产品与月末在产品之间分配的程序

要进行完工产品与月末在产品成本分配，首先应根据月末在产品结存数量，运用一定的计算方法，确定月末在产品成本；再根据“本期完工产品总成本＝期初在产品成本＋本期生产费用－期末在产品成本”的关系式确定本期完工产品总成本，除以完工产品数量，从而计算出完工产品的单位成本。

（三）生产费用在完工产品与月末在产品之间分配的方法

从上述分配程序中可见，确定本期完工产品成本的关键在于正确确定期末在产品成本。由于各个制造企业的生产规模、工艺流程、成本构成、管理水平、核算要求各不相同，月末在产品的数量也有多有少，因此，在产品成本的计算方法也比较多。通常采用的分配方法有约当产量法、定额成本计算法和定额比例计算法，除上述三种方法以外，企业还可以采用不计算在产品成本法、在产品成本按年初固定数计算法、在产品按完工产品成本计算法、在产品按所耗原材料费用计算法等方法计算在产品成本。企业可以根据实际情况选择使用合适的在产品成本计算方法，一经确定，不得随意变更，以保证产品成本资料的一致性和可比性。

三、约当产量法下的期末成本分配

（一）约当产量法的基本内容

▶ 1. 约当产量法的概念及适用范围

约当产量是指月末实际结存的在产品数量，按其完工程度或投料程度折算为相当于完工产品的数量。约当产量法是指将月末在产品的实际数量按其完工程度或投料程度折合为相当于完工产品的数量，并按照完工产品数量和在产品约当产量的比例，在完工产品和月末在产品之间分配生产费用的一种方法。

约当产量法的特点是先把月末在产品数量按投料程度或完工程度折合成完工产品数

量，再将归集到的全部生产费用在月末在产品约当产量和完工产品产量之间进行分配，分别确定其成本。这种方法适用于期末的在产品数量较多，各月月末的在产品数量变化较大，产品成本中各项费用的比重又相差不多的产品。

▶ 2. 约当产量法的计算公式

(1) 计算在产品约当产量：

在产品约当产量＝在产品实际数量×在产品完工程度(投料程度)

(2) 计算费用分配率：

某项费用分配率＝该项费用总金额÷(完工产品数量＋在产品约当产量)

(3) 计算本期完工产品应负担的生产费用：

完工产品应分配的各项费用＝完工产品数量×费用分配率

(4)计算月末在产品应负担的生产费用：

在产品应分配的各项费用＝在产品约当产量×费用分配率

或

在产品应分配的各项费用＝该项费用总额－完工产品应分配该项费用

(5) 计算本期完工产品总成本和单位成本：

本期完工产品总成本＝∑本期完工产品应负担的各项生产费用

本期完工某产品单位成本＝本期完工产品总成本÷完工产品数量

在实际工作中，材料的投入和产品的加工情况千差万别，大多数情况下人工费用和制造费用的发生与产品的生产加工进度同步，而原材料的投料方式主要有生产开始时一次投入全部所需材料、每道工序开始时一次投入该工序所需的全部材料、生产过程中陆续投入所需材料三种情况，针对不同的投料方式，月末在产品约当产量的计算方式也有所区别。由于原材料的投料方式不一定与产品的完工程度同步，因此使用约当产量法计算在产品成本时，要将材料费用与其他生产费用分别加以计算。简言之，当分配材料费时，在产品约当产量的确定取决于产品的投料程度；当分配直接人工费用、燃料动力费用、制造费用等加工费用时，则取决于完工程度。

(二) 约当产量法下，直接人工费用、燃料动力费用、制造费用等加工费用成本项目的在产品约当产量的确定

月末在产品耗用的直接人工费用、燃料动力费用、制造费用等加工费用与其完工程度是成正比例关系的。如果生产是连续均衡进行的，月末在产品在各个工序上的数量分布均匀，并且各个工序上的加工量相差不大，由于后面各工序在产品多加工的程度可以抵补前面工序在产品少加工的程度，为了简化核算，不分工序，全部在产品均可按50%的完工程度计算在产品约当产量。如果生产是非均衡的，月末在产品在各个工序的数量分布不均衡，就需要采取一定的方法来测定各工序的完工程度，并计算确定月末在产品的约当产量。在实际工作中，通常采用定额工时法来测定。计算公式如下：

$$某工序在产品完工程度=\frac{前面各工序工时定额之和+本工序工时定额\times 50\%}{完工产品工时定额}\times 100\%$$

某工序在产品的约当产量＝∑该工序在产品数量×该工序在产品完工率

为了简化完工程度的测算工作，每一工序在产品的完工程度一律按平均50%计算。而在产品从上一道工序转入下一道工序时，因上一道工序已经完工，所以前面各道工序的定

额工时应按100%计算。

【例3-1】 2017年3月，易友机械有限责任公司基本生产车间投产A产品550件，月末完工入库500件，在产品50件。单位产品工时定额为40小时，经过3道工序制成。第一工序工时定额为20小时，第二工序工时定额为10小时，第三工序工时定额为10小时。第一、二、三工序分布的在产品数量分别为10件、20件、20件。

计算各工序的完工程度和在产品约当产量如下：

第一工序完工程度=(20×50%)÷40×100%=25%

第一工序在产品约当产量=10×25%=2.5(件)

第二工序完工程度=(20+10×50%)÷40×100%=62.5%

第二工序在产品约当产量=20×62.5%=12.5(件)

第三工序完工程度=(20+10+10×50%)÷40×100%=87.5%

第三工序在产品约当产量=20×87.5%=17.5(件)

在产品约当总量=2.5+12.5+17.5=32.5(件)

(三) 约当产量法下，直接材料成本项目的在产品约当产量的确定

针对不同的投料方式，月末在产品约当产量的计算方式也有所区别。

▶ 1. 生产开始时一次投入全部材料

产品生产开工时一次投入生产该产品所需的全部材料，月末单位在产品消耗的材料费用与完工产品所消耗材料费用是相等的，这时在产品材料费用的投料程度为100%，即一件月末在产品所耗材料与一件完工产品所耗材料相同，原材料费用应平均分配给月末在产品和完工产品。

【例3-2】 某公司生产的甲产品本月完工产品产量600件，在产品100件，完工程度按平均50%计算。原材料在开始时一次投入，其他费用按约当产量比例分配。甲产品本月月初在产品和本月耗用直接材料费用共计70 700元。直接人工费用39 650元，燃料动力费用85 475元，制造费用29 250元。

甲产品各项费用的分配计算如下：

因为材料是在生产开始时一次投入，原材料的投料程度为100%，在产品直接材料的约当产量为100×100%=100(件)。

(1) 直接材料费的计算：

完工产品承担的直接材料费=70 700÷(600+100)×600=60 600(元)

在产品承担的直接材料费=70 700÷(600+100)×100=10 100(元)

(2) 直接人工费用、燃料动力费用、制造费用均按约当产量进行比例分配，在产品100件折合约当产量50件(100×50%)。

直接人工费用的计算：

完工产品承担的直接人工费用=39 650÷(600+50)×600=36 600(元)

在产品承担的直接人工费用=39 650÷(600+50)×50=3 050(元)

燃料动力费用的计算：

完工产品承担的燃料动力费用=85 475÷(600+50)×600=78 900(元)

在产品承担的燃料动力费用=85 475÷(600+50)×50=6 575(元)

制造费用的计算：

完工产品承担的制造费用＝29 250÷(600＋50)×600＝27 000(元)

在产品承担的制造费用＝29 250÷(600＋50)×50＝2 250(元)

通过以上按约当产量法分配计算的结果，可以汇总甲产品完工产品成本和在产品成本。

甲产品本月完工产品成本＝60 600＋36 600＋78 900＋27 000＝203 100(元)

甲产品月末在产品成本＝10 100＋3 050＋6 575＋2 250＝21 975(元)

根据甲产品完工产品总成本编制完工产品入库的会计分录如下：

借：库存商品——甲产品　　203 100

　贷：生产成本——基本生产成本(甲产品)　　203 100

▶ 2. 每道生产工序开始时一次投入本工序全部材料

产品生产的每道生产工序开始时一次投入本工序所需的全部材料，使每道工序的月末在产品应承担的材料费用为截止该工序的累计投料额，月末在产品可按投料比例折合为完工产品。确定月末在产品约当产量的公式如下：

$$某工序在产品投料程序=\frac{前面各工序原材料消耗定额之和+本工序原材料消耗定额\times 100\%}{完工产品原材料消耗定额}\times 100\%$$

某工序在产品约当产量＝该工序在产品数量×该工序在产品投料程度

【例 3-3】 某企业生产A产品的过程由两道工序组成，原材料分两次在每道工序开始时一次投入。本月完工产品产量690件，在产品580件，完工程度按50％计算。各工序原材料消耗定额为：第一工序250千克，在产品400件；第二工序150千克，在产品180件。月初在产品原材料费用11 250元，本月发生的原材料费用30 015元。

A产品原材料费用的分配计算如下。

因为材料是在每道工序生产开始时一次投入本工序所需原材料，使每道工序的月末在产品应承担的材料费用为截止该工序的累计投料额数。

(1) 计算直接材料费的投料程度：

第一工序的投料程度＝250÷(250＋150)＝62.5％

第一工序的投料程度＝(250＋150)÷(250＋150)＝100％

(2) 计算各工序在产品的约当产量：

第一工序在产品约当产量＝400×62.5％＝250(件)

第一工序在产品约当产量＝180×100％＝180(件)

(3) 计算直接材料费用的分配率：

直接材料费用分配率＝(11 250＋30 015)÷(690＋430)＝36.843 8(元)

(4) 计算月末在产品和完工产品应承担的直接材料费用：

月末在产品应承担的直接材料费用＝430×36.843 8＝15 842.83(元)

完工产品应承担的直接材料费用＝11 250＋30 015－15 842.83＝25 422.17(元)

▶ 3. 原材料按生产进度陆续投入

如果原材料是在生产过程中按生产进度陆续投入，且原材料投入的程度与加工进度完全一致或基本一致，则在产品的投料程度按在产品的完工程度计算，即材料费用的投料程度与直接人工费和制造费用的完工程度相同。

$$某工序在产品投料程度=\frac{前面各工序原材料消耗定额之和+本工序原材料消耗定额\times 50\%}{完工产品原材料消耗定额}\times 100\%$$

某工序在产品约当产量＝该工序在产品数量×该工序在产品投料程度

【例 3-4】 某企业生产的甲产品须经过三道加工工序完成，原材料在生产过程中陆续投料，且原材料投入的程度与加工进度完全一致或基本一致。甲产品单位成品原材料消耗定额为 250 元，其中，各工序投料定额分别为 150 元、75 元、25 元。2017 年 1 月末盘点确定的在产品数量为 350 件，其中，各工序分别为 90 件、130 件、130 件。

每道工序的在产品投料程度及约当产量计算如下。

(1) 各道工序的在产品投料程度：

第一道工序投料程度＝150×50％÷250×100％＝30％

第二道工序投料程度＝(150＋75×50％)÷250×100％＝75％

第三道工序投料程度＝(150＋75＋25×50％)÷250×100％＝95％

(2) 各道工序月末在产品的约当产量：

第一道工序约当产量＝90×30％＝27(件)

第二道工序约当产量＝130×75％＝97.5(件)

第三道工序约当产量＝130×95％＝123.5(件)

案例实训

(一) 实训资料

新兴机械厂生产甲产品分三道加工工序完成。2017 年 3 月有关甲产品的产量、工时定额、成本费用等资料如下：原材料在生产开始时一次投入；当月完成甲产品 500 件；月末各道工序在产品的数量分别为 80 件、100 件和 60 件；各工序的定额工时分别为 50 小时、30 小时和 20 小时；月初在产品成本为原材料9 200元，直接人工1 170元，制造费用1 280元；本月发生费用为：原材料50 000元，直接人工18 000元，制造费用11 500元。

1. 将企业归集的各项费用要素正确地在完工产品与月末在产品之间分配。
2. 编制并审核产品成本计算单。
3. 编制并审核记账凭证。
4. 登记有关成本费用明细账和总账。

(二) 实训分析

采用约当产量法进行期末成本分配时，关键在于确定在产品的约当产量，而在产品约当产量取决于其投料程度和完工程度，分配直接材料费用时适用投料程度，分配直接人工、制造费用等加工费用时适用完工程度。新兴机械厂生产甲产品时，原材料在生产开始时一次投入，故投料程度为 100％，完工程度可按照定额工时计算。

(三) 实训操作

第一步：计算在产品约当产量：

在产品约当产量＝在产品数量×完工率(完工程度)

(1) 计算各道工序的在产品完工程度：

第一道工序完工程度＝(50×50％)÷100×100％＝25％

第二道工序完工程度＝(50＋30×50％)÷100×100％＝65％

第三道工序完工程度＝(50＋30＋20×50％)÷100×100％＝90％

(2) 计算各道工序月末在产品的约当产量：

第一道工序约当产量＝80×25％＝20(件)

第二道工序约当产量＝100×65％＝65(件)

第三道工序约当产量＝60×90％＝54(件)

月末在产品的约当产量＝20＋65＋54＝139(件)

填制甲产品在产品完工程度计算表，如表3-2所示。

表3-2　甲产品在产品完工程度计算表

在产品工序	各工序工时定额	完工程度/%	月末在产品数量/件	月末在产品约当产量/件	完工产品数量/件	产量合计/件
1	50	25	80	20	—	—
2	30	65	100	65	—	—
3	20	90	60	54	—	—
合计	100	—	240	139	500	639

第二步：计算费用分配率(每件完工产品应分配的费用)：

费用分配率＝(期初在产品成本＋本期生产费用)÷(完工产品产量＋期末在产品约当量)

第三步：计算完工产品的成本：

完工产品成本＝完工产品数量×费用分配率

第四步：计算在产品的成本：

月末在产品成本＝月末在产品约当产量×费用分配率

完工产品成本和月末在产品成本的计算分配如下：

原材料费用分配率＝(9 200＋50 000)÷(500＋240)＝80(元/件)

完工产品原材料费用＝500×80＝40 000(元)

月末在产品原材料费用＝240×80＝19 200(元)

直接人工费用分配率＝(1 170＋18 000)÷(500＋139)＝30(元/件)

完工产品直接人工成本＝500×30＝15 000(元)

月末在产品直接人工成本＝139×30＝4 170(元)

制造费用分配率＝(1 280＋11 500)÷(500＋139)＝20(元/件)

完工产品制造费用＝500×20＝10 000(元)

月末在产品制造费用＝139×20＝2 780(元)

第五步：编制产品成本计算单(见表3-3)。

第六步：结转完工产品成本。

制造业企业的完工产品包括产成品、自制半成品、自制材料、自制工具等。完工产品在经过检验入库后，应填制产品入库单作为产品入库的原始凭证。月末，财务部门应根据产品入库单和产品生产成本明细账或产品成本计算单进行相关会计处理。

借：库存商品——甲产品　　65 000

　贷：生产成本——基本生产成本(甲产品)　　65 000

表 3-3 产品成本计算单

产品名称：甲产品　　　　　　　　　　　　　　　　　　　　完工产量：500 件
投料方式：生产开始时一次投入　　　2017 年 6 月　　　　　月末在产品：240 件

摘　要	直接材料	直接人工	制造费用	成本合计
月初在产品成本/元	9 200	1 170	1 280	11 650
本月发生费用/元	50 000	18 000	11 500	79 500
生产费用合计/元	59 200	19 170	12 780	91 150
约当总产量/件	740	639	639	—
分配率(单位成本)	80	30	20	130
本月完工产品成本/元	40 000	15 000	10 000	65 000
月末在产品成本/元	19 200	4 170	2 780	26 150

任务二 其他方法下的期末成本分配

各制造企业可根据生产规模、工艺流程、成本构成、管理水平、核算要求，以及月末在产品的数量等情况，选择约当产量法以外的其他方法，如定额成本法、定额比例法、不计算在产品成本法、在产品成本按年初固定数计算法、在产品按所耗原材料费用计算法、在产品按完工产品成本计算法等，进行期末成本分配。

一、定额成本法

定额成本法，是指依照预先制定的在产品定额成本，根据月末在产品数量和单位定额成本计算月末在产品成本，倒挤出本期完工产品成本的方法。这里所说的定额成本可以理解成生产工艺配方所确定的单位计划成本，也就是生产一件产品按照工艺、配方设计需要多少材料、多少工时等。这种方法适用于定额管理基础较好，各种产品有健全、准确的消耗定额或费用定额指标，且各期月末在产品数量变动不大的产品。

采用定额成本法计算在产品成本的计算公式如下：

月末在产品定额成本＝月末在产品数量×在产品单位定额成本

本期完工产品总成本＝月初在产品定额成本＋本期生产费用－月末在产品定额成本

本期完工产品单位成本＝本期完工产品总成本÷本期完工产品数量

定额成本法的关键是确定月末在产品的定额成本。月末在产品的单位定额成本通常是按产品成本项目计算的，因此在实际工作中，在具体计算月末在产品定额成本时，要按不同的定额标准分别计算月末在产品各个成本项目的定额成本，再加总确定月末在产品定额成本。其特点是在产品只按定额成本计算，月末在产品的实际成本与定额成本之间的差额由本期完工产品承担。

【例 3-5】某企业生产乙产品，采用定额成本法分配完工产品和在产品费用。本月所耗原材料费用45 000元，工资及福利费21 000元，制造费用18 000元。完工产品数量为400件，月末在产品200件。原材料在生产开始时一次性投入。相关的定额资料如下：原材料消耗定额60千克，计划单价为1元/千克，月末在产品工时定额20小时，计划小时工资率为1.5元/小时，计划小时费用率为1元/小时。

分配完工产品和月末在产品成本的计算过程如下：

在产品原材料定额成本＝200×60×1＝12 000(元)

在产品工资及福利费定额成本＝200×20×1.5＝6 000(元)

在产品制造费用定额成本＝200×20×1＝4 000(元)

月末在产品定额成本＝12 000＋6 000＋4 000＝22 000(元)

本月完工产品总成本＝45 000＋21 000＋18 000－22 000＝62 000(元)

二、定额比例法

定额比例法是指产品的生产费用按完工产品和月末在产品的定额消耗量或定额费用的比例，分别确定月末在产品与本期完工产品实际成本的方法。其中，原材料费用按照原材料消耗量或原材料定额费用的比例分配；人工费用、制造费用等各项加工费用可以按照工时的比例分配，也可以按定额费用的比例分配。

定额比例法是按照生产费用占月末在产品和本期完工产品的定额成本的比例进行分配后，确定各自应承担的生产费用。这种方法适用于定额管理水平较高、基础较好，有比较准确的各种产品成本定额标准，各项消耗定额比较稳定，各月月末在产品数量变动较大的产品。该方法克服了定额成本法中将在产品实际成本与定额成本之间的差额计入完工产品成本的缺点。

1. 按定额消耗量比例分配

按定额消耗量比例分配是指原材料费用按照原材料的定额消耗量比例分配，加工费用按照定额工时比例分配。

(1) 直接材料费用的分配：

$$材料费用分配率=\frac{月初在产品原材料费用+本月发生原材料费用}{完工产品定额消耗量+月末在产品定额消耗量}$$

在产品应分配的材料费用＝月末在产品原材料定额耗用量×材料费用分配率

完工产品应分配材料费用＝完工产品原材料定额耗用量×材料费用分配率

(2) 加工成本的分配：

$$直接人工费用分配率=\frac{月初在产品直接人工费用+本月发生直接人工费用}{完工产品定额工时+月末在产品定额工时}$$

$$制造费用分配率=\frac{月初在产品制造费用+本月发生制造费用}{完工产品定额工时+月末在产品定额工时}$$

完工产品应分配的加工成本＝完工产品定额工时×(直接人工分配率＋制造费用分配率)

在产品应分配加工成本＝月末在产品定额工时×(直接人工分配率＋制造费用分配率)

(3) 为了更好地进行成本分析和考核，还要将实际耗用的材料数量和工时在完工产品和在产品之间进行分配。计算公式如下：

$$材料消耗量分配率=\frac{月初在产品材料消耗量+本月投入材料消耗量}{完工产品定额消耗量+月末在产品定额消耗量}$$

$$工时分配率=\frac{月初在产品工时+本月投入工时}{完工产品定额工时+月末在产品定额工时}$$

【例 3-6】广丰公司生产加工乙产品，2017 年 6 月有关费用及定额资料如表 3-4 所示。

表 3-4 乙产品有关费用及定额资料

项目 内容	直接材料	直接人工	制造费用	合计
月初在产品成本/元	5 600	2 600	1 400	9 600
本月生产费用/元	44 800	19 000	16 840	80 640
单位完工产品定额	60 千克	40 小时	40 小时	
月末在产品定额	60 千克	20 小时	20 小时	
完工产品产量/件				500
月末在产品产量/件				200

根据表 3-4，采用定额比例法，计算本月完工产品成本和期末在产品成本。计算过程如表 3-5 所示。

表 3-5 乙产品成本计算单

产品名称：乙产品 2017 年 6 月 单位：元

成本项目			直接材料	直接人工	制造费用	合计
月初在产品成本		①	5 600	2 600	1 400	9 600
本月生产费用		②	44 800	19 000	16 840	80 640
生产费用合计		③=①+②	50 400	21 600	18 240	90 240
分配率		④=③÷(⑤+⑦)	1.2	0.9	0.76	
本月完工产品	定额耗用量或工时	⑤	30 000	20 000	20 000	
	实际费用	⑥=④×⑤	36 000	18 000	15 200	69 200
月末在产品	定额耗用量或工时	⑦	12 000	4 000	4 000	
	实际费用	⑧=④×⑦	14 400	3 600	3 040	21 040

表 3-5 中，完工产品定额耗用量或工时及月末在产品定额耗用量或工时的计算如下：

完工产品直接材料定额耗用量=60×500=30 000(千克)

月末在产品直接材料定额耗用量=60×200=12 000(千克)

完工产品直接人工(制造费用)定额工时=40×500=20 000(小时)

▶ 2. 按定额费用比例分配

按照定额消耗量比例进行分配，既可以提供完工产品和在产品的实际费用资料，又可以提供它们的实际消耗量资料，便于企业分析和考核定额的执行情况，但核算工作量较大，特别是消耗原材料种类较多的情况下更是如此，为了简化核算工作，可以直接按完工产品和在产品的定额费用计算分配率。

【例 3-7】承例 3-6，按定额费用比例分配的有关计算公式如下：

(1) 直接材料费用分配：

材料费用分配率＝50 400÷(30 000＋12 000)＝1.2(元/千克)

在产品应分配的材料费用＝12 000×1.2＝14 400(元)

完工产品应分配材料费用＝30 000×1.2＝36 000(元)

(2) 加工成本分配：

直接人工费用分配率＝21 600÷(20 000＋4 000)＝0.9(元/工时)

制造费用分配率＝18 240÷(20 000＋4 000)＝0.76(元/工时)

月末在产品应分配加工成本＝4 000×(0.9＋0.76)＝6 640(元)

完工产品应分配的加工成本＝20 000×(0.9＋0.76)＝33 200(元)

月末在产品总成本＝14 400＋6 640＝21 040(元)

完工产品总成本＝36 000＋33 200＝69 200(元)

三、不计算在产品成本法

不计算在产品成本法，是指将本月生产费用全部计入完工产品的计算方法，即对月末在产品成本忽略不计的一种方法。这种方法适用于月末在产品数量很小的情况，采用这种方法是因为月初在产品费用很小，月初在产品费用与月末在产品费用差额更小，是否计算在产品成本对完工产品成本影响不大，为了简化核算工作，可以不计算在产品成本，即在产品成本是零，其结果就是本月发生的全部生产费用就是本月完工产品的成本。

不计算在产品成本法的特点是有月末在产品，但不计算其应承担的生产费用。采用这种方法的条件是月末在产品数量很少，是否计算其成本，对完工产品成本影响很小。例如，自来水企业、采掘企业等生产的产品可以采用此方法。其公式为：

本期某完工产品总成本＝该产品本期归集的全部生产费用

四、在产品成本按年初固定数计算法

在产品成本按年初固定数计算法，是指各月月末在产品成本均固定地按年初数计算的一种方法。这种方法适用于各月月末在产品数量较小，或者在产品数量虽大但各月之间在产品数量变动不大，月初、月末在产品成本的差额对完工产品成本影响不大的情况。为简化核算工作，各月在产品成本可以固定按年初数计算。采用这种方法，某种产品本月发生的生产费用就是本月完工产品的成本。年终时，根据实地盘存的在产品数量，重新调整计算在产品成本，以保证各月末在产品成本尽量符合实际，避免在产品成本与实际出入过大，影响成本计算的正确性。

采用这种方法的条件是各月的在产品数量是基本均衡的，而且单位产品成本变化很小，按固定成本作为月末在产品成本对完工产品成本计算的正确性影响不大。一般来说，炼铁企业和化工企业的产品，由于高炉和化学反应装置的容积固定，其在产品成本可采用这种方法。

五、在产品按所耗原材料费用计算法

在产品按所耗原材料费用计算法，是指在确定月末在产品成本时，只计算在产品所消耗的材料费用，人工费用与制造费用全部由当期完工产品承担的方法。这种方法适合在原材料费用在产品成本中所占比重较大，而且原材料是在生产开始时就一次全部投入的情况下使用。为了简化核算工作，月末在产品可以只计算原材料费用，其他费用全部由完工产品承担。

采用这种方法的条件是在产品的成本构成中，材料费用占绝大比重，不计算在产品应承担的人工费用与制造费用，对正确计算完工产品成本影响不大。

不同企业的投料方式、投料时间不一致，因此在计算月末在产品所消耗的材料费用时所采用的方法也不同，可以比照约当产量法进行处理。以生产开始时材料一次投入为例说明如下：

某产品单位材料成本＝该产品所耗材料费用÷(完工产品数量＋在产品数量)

月末在产品成本＝月末在产品数量×该产品单位材料成本

本期完工产品总成本＝月初在产品成本＋本期生产费用－月末在产品成本

采用此种方法，使当月完工产品总成本中包含月末在产品的人工费用与制造费用。在实际工作中，纺织、造纸和酿酒等工业企业的产品，原材料费用比重较大，可以采用这种方法计算。

六、在产品按完工产品成本计算法

在产品按完工产品成本计算法，是指月末在产品视同完工产品，同完工产品一样，按照完工产品和在产品的数量分配生产费用的计算方法。这种方法是事先经过调查研究、技术测定或按定额资料，对各个加工阶段的在产品，直接确定一个定额单位成本，月终根据在产品数量，分别乘以各项定额单位成本，即可计算出月末在产品的定额成本。将月初在产品成本加上本月发生费用，减去月末在产品的定额成本，就可算出产成品的总成本了。产成品总成本除以产成品产量，即为产成品单位成本。这种方法的计算公式如下：

月末在产品成本＝月末在产品数量×在产品定额单位成本

产成品总成本＝(月初在产品成本＋本月发生费用)－月末在产品成本

产成品单位成本＝产成品总成本÷产成品产量

在产品按完工产品成本计算法适用于月末在产品已接近完工，或者已加工完毕只是尚未包装入库的产品，此时可按完工产品与月末在产品数量的比例分配生产费用。

【例 3-8】 2017 年 2 月，红星机械有限公司基本生产车间生产甲产品 880 件，经检验合格验收入库 800 件，月末在产品 80 件已完工，尚未验收入库，可以视同完工产品分配材料费用。甲产品月初在产品费用分别为：原材料费44 000元，燃料及动力5 600元，职工薪酬4 400元，制造费用18 000元，合计72 000元。本月生产费用为：原材料费717 221.60元，燃料及动力 117 040 元，职工薪酬 148 854 元，制造费用 265 760 元，合计1 248 830.60元。

1. 编制甲产品成本计算单(见表 3-6)。

表 3-6 甲产品成本计算单

完工产品产量：800 件

产品名称：甲产品　　2017 年 2 月 28 日　　在产品产量：80 件

成本项目	月初在产品费用/元	本月生产费用/元	生产费用合计/元	费用分配率	完工产品成本(800 件)/元	月末在产品成本(80 件)/元
直接材料	44 000	717 221.6	761 221.6	865.02	692 019.64	69 201.96
燃料及动力	5 600	117 040	122 640	139.36	111 490.91	11 149.09
直接人工	4 400	148 854	153 254	174.15	139 321.82	13 932.18
制造费用	18 000	265 760	283 760	322.45	257 963.64	25 796.36
合计	72 000	1 248 875.6	1 320 875.6	1 500	1 200 796.01	120 079.59

2. 根据甲产品成本计算单编制完工产品入库的会计分录如下：

借：库存商品——甲产品　　1 200 796.01

　贷：生产成本——基本生产成本(甲产品)——直接材料　　692 019.64

　　　　　　　　　　　　　　　　　——燃料及动力　　111 490.91

　　　　　　　　　　　　　　　　　——直接人工　　139 321.82

　　　　　　　　　　　　　　　　　——制造费用　　257 963.64

综上所述，生产费用在完工产品与期末在产品之间分配，可以根据在产品数量及其稳定程度、费用结构等因素，相应地采用既合理又简单的方法，来计算确定月末在产品和完工产品的实际成本，并在月末将完工产品验收入库。到此，企业成本会计的核算流程即可完成，企业因为考虑到生产组织方式、生产工艺流程和成本管理要求等方面的要求，在成本计算中会采取品种法、分批法、分步法等不同的成本计算方法，这些方法的综合运用将在项目四～项目六中进行详细的阐述。

项目小结

基于受月末在产品数量及其变化、产品成本项目比重、费用金额、定额管理水平等因素的影响，制造业企业在进行完工产品与在产品的期末成本纵向分配时可采用约当产量法、定额成本法、定额比例法、不计算在产品成本法、在产品成本按年初固定数计算法、在产品按所耗原材料费用计算法、在产品按完工产品成本计算法等。其中，约当产量法是期末成本分配的最主要方法。约当产量法的关键在于在产品约当产量的确定，而在产品约当产量又取决于在产品的完工程度和投料程度。当分配直接材料费用时，考虑投料程度；当分配直接人工费用、直接燃料动力费用、制造费用等加工费用时，考虑完工程度。根据不同的投料方式和完工程度，企业期末成本分配的结果会有所不同。定额成本法、定额比例法等其他方法的计算相对简单。

教学做一体化训练

一、单项选择题

1. 如果企业定额管理基础好，各月末在产品数量变动较大，则该企业适合采用的完工产品和在产品成本分配方法是(　　)。

A. 定额成本法　　　　B. 约当产量法

C. 定额比例法　　　　D. 在产品按所耗原材料费用计算法

2. 如果某种产品所耗原材料费用在产品成本中所占比重很大，在产品成本的确定可使用的方法是(　　)。

A. 约当产量法

B. 在产品成本按年初固定数计算法

C. 在产品按所耗原材料费用计算法

D. 在产品按完工产品成本计算法

3. 运用约当产量法分配完工产品与月末在产品的材料费用时，最关键的是根据在产品的(　　)确定在产品的约当量。

A. 在产品的数量　　　　B. 在产品的投料程度

C. 在产品的完工程度　　　　D. 完工产品的数量

4. 运用约当产量法分配完工产品与月末在产品的加工费用时，最关键的是根据(　　)确定在产品的约当量。

A. 在产品的数量　　　　B. 在产品的投料程度

C. 在产品的完工程度　　　　D. 完工产品的数量

二、多项选择题

1. 影响期末成本分配的因素有(　　)。

A. 月末在产品的数量

B. 各月末在产品的数量变化

C. 产品成本中各项费用的比重

D. 定额管理基础的好坏，能否制定比较准确稳定的消耗定额等

2. 采用在产品按固定成本计价时应具备的条件是(　　)。

A. 月末在产品数量大，但较稳定　　　　B. 月末在产品数量大且不稳定

C. 月末在产品数量较小　　　　D. 月末在产品数量大

3. 完工产品与月末在产品之间分配费用的约当产量法可以用来分配(　　)。

A. 直接材料费用　　　　B. 直接人工费用

C. 制造费用　　　　D. 管理费用

4. 泰达公司甲产品经过三道工序制成，甲产品单位工时定额为 25 小时，其中第一道工序 6 小时；第二道工序 10 小时；第三道工序 9 小时。每道工序按本工序工时定额的 50%计算。2017 年 5 月甲产品完工 334 件，在产品数量分别是：第一道工序 300 件；第二道工序 150 件；第三道工序 200 件。

A. 第一道工序在产品完工程度为 24%

B. 第二道工序在产品完工程度为 44%

C. 第三道工序在产品完工程度为 82%

D. 分配加工费时在产品约当总产量为 266 件

5. 益达公司丙产品经过三道工序制成，原材料随加工程度陆续投入，其投入程度与工时进度并不一致。丙产品的原材料消耗定额为 500 千克，各工序依次为 140 千克、200 千克、160 千克。各工序月末在产品依次为 450 件、350 件、500 件。

A. 第一道工序在产品投料程度为 14%

B. 第二道工序在产品投料程度为 44%

C. 第三道工序在产品投料程度为 84%

D. 分配材料时在产品约当总产量为 650 件

三、判断题

1. 用约当产量比例法分配原材料费用与分配加工费用所用的完工率都是一致的。 （　）

2. 完工产品成本和在产品成本之间的关系是：某种完工产品成本＝某种产品期初在产品成本＋某种产品本月发生的生产费用－期末在产品成本。 （　）

3. 广义的在产品不包括其他车间的在产品。 （　）

4. 分配原材料费用时，若原材料陆续投入，则不管分不分工序，投料程度都是 50%。 （　）

5. 在产品与完工产品分配人工费用和制造费用时的标准是相同的。 （　）

四、初级会计师训练题

2017 年 12 月初，M 产品的在产品产量为2 000件，其成本包括直接材料 150 万元，原材料随加工程度陆续投入，直接人工费用 100 万元，制造费用 50 万元，无产成品。2017 年 12 月，该企业发生以下经济业务：

(1) 10 日，生产 M 产品的机器发生不符合资本化条件的维修支出 10 万元。

(2) 31 日，本月生产 M 产品发生直接材料费用 30 万元，直接人工费用 20 万元，制造费用 10 万元，月末 M 产品完工入库1 200件，未完工在产品 800 件，在产品平均完工率为 50%，该企业采用约当产量法分配完工产品和在产品成本。

(3) 31 日，销售 M 产品1 000件，每件售价 0.3 万元，开出增值税专用发票，注明价款 300 万元，增值税 51 万元，以银行存款为客户垫付运杂费 5 万元。客户以商业汇票结算全部款项，企业已收到票据。

(4) 31 日，以企业生产的 M 产品 10 件作为福利发放给销售人员，每件市场价格 0.3 万元，与计税价格一致。

1. 下列各项中，关于业务(1)的表述正确的是（　）。

A. 机器维修支出 10 万元计入制造费用　　B. 机器维修支出 10 万元计入管理费用

C. 期初在产品单位成本 0.15 万元　　D. 期初在产品成本总额为 300 万元

2. 下列各项中，业务(2)M 产品完工产品成本计算结果正确的是（　）。

A. M 产品完工产品成本是 270 万元　　B. M 产品完工产品成本是 277.5 万元

C. M 产品期末在产品成本是 90 万元　　D. M 产品期末在产品成本是 92.5 万元

3. 下列各项中，业务(2)采用约当产量法分配生产费用计算结果正确的是（　）。

A. 本月发生生产费用 60 万元

B. 期末 M 在产品成本总额是 90 万元

C. M 在产品约当产量为 400 件

D. 期末 M 完工产品成本总额为 270 万元

4. 下列各项中，根据业务(4)所得结果正确的是(　　)。

A. 发放 M 产品福利时：

借：应付职工薪酬　　35 100

　贷：库存商品　　35 100

B. 结转销售成本时：

借：主营业务成本　　22 500

　贷：库存商品　　22 500

C. 确认非货币性职工薪酬时：

借：销售费用　　35 100

　贷：应付职工薪酬　　35 100

D. 发放 M 产品确认收入时：

借：应付职工薪酬　　35 100

　贷：主营业务收入　　30 000

　　　应交税费——应交增值税(销项税额)　　5 100

项目实训

实训一　约当产量法的应用

(一) 实训资料

益达制造有限公司有两个基本生产车间，第一车间生产 M 产品，第二车间生产 P 产品。第一车间生产的 M 产品由三道工序加工制成，原材料在生产开始时一次投入；第二车间生产的 P 产品经两道工序加工制作完成，原材料在每道工序开始时一次投入。2017 年 9 月生产两种产品相关的产量、定额、工时和成本费用资料如下。

1. 工时、消耗定额资料

第一车间的 M 产品单位产品工时定额为 40 小时，其中，第一道工序工时定额为 8 小时，第二道工序工时定额为 16 小时，第三道工序工时定额为 16 小时，各道工序的产品加工程度均按 50%计算。

第二车间的 P 产品原材料单位消耗定额为第一道工序 20 千克，第二道工序 30 千克；完工产品工时定额为 50 小时，其中，第一道工序为 20 小时，第二道工序为 30 小时。每道工序的产品工时定额(本工序部分)按本工序工时定额的 50%计算。

2. 产品产量资料

第一车间的 M 产品：本月完工产品数量为 200 件；月末在产品数量为第一道工序 20 件；第二道工序 40 件；第三道工序 60 件。

第二车间的 P 产品：当月完工产品数量为 500 件；月末在产品数量为第一道工序 200 件，第二道工序 100 件。

3. 成本费用资料

M 产品、P 产品月初在产品及本月生产费用资料分别如表 3-7 和表 3-8 所示。

表 3-7　M 产品月初及本月生产费用表

2017 年 9 月

项　　目	直接材料	直接人工	制造费用	合　计
月初在产品成本	6 000	2 980	3 000	11 980
本月发生生产费用	10 000	5 000	5 512	20 512
生产费用合计	16 000	7 980	8 512	32 492

表 3-8　P 产品月初及本月生产费用表

2017 年 9 月

单位：元

项　　目	直接材料	直接人工	制造费用	合　计
月初在产品成本	36 000	1 150	2 200	39 350
本月发生生产费用	100 000	8 000	10 000	118 000

（二）实训要求

1. 按照消耗定额和工时定额计算两种产品的各成本项目在各工序的在产品完工率和产品约当产量。

2. 对两种产品进行期末成本分配并进行相应的会计处理。

（三）实训准备

准备好相关的约当产量计算表、产品成本计算单和会计记账凭证等。

（四）实训过程

1. 运用工时定额和材料消耗定额计算 M 产品和 P 产品的完工程度(见表 3-9 和表 3-10)。

表 3-9　M 产品在产品约当产量计算表

在产品所在工序	各工序工时定额/小时	完工程度/%	月末在产品数量/件	月末在产品约当产量/件
第一道工序				
第二道工序				
第三道工序				
合　计				

表 3-10　P 产品在产品约当产量计算表

项目	工序(每工序开始时一次投料)	材料(工时)定额	在产品数量/件	投料率或完工率/%	约当产量/件
原材料	第一道工序				
	第二道工序				
	合计				
加工费用	第一道工序				
	第二道工序				
	合计				

2. 根据各产品的完工程度和在产品约当产量，填制产品成本计算单(见表 3-11 和表 3-12)。

表 3-11 M 产品成本计算单

2017 年 9 月

项　　目	直接材料	直接人工	制造费用	合　计
月初在产品成本/元	6 000	2 980	3 000	11 980
本月发生生产费用/元	10 000	5 000	5 512	20 512
生产费用合计/元	16 000	7 980	8 512	32 492
完工产品数量/件				
在产品约当产量/件				
约当总产量/件				
费用分配率/(元/件)				
完工产品总成本/元				
月末在产品成本/元				

表 3-12 P 产品成本计算单

2017 年 9 月

项　　目	直接材料	直接人工	制造费用	合　计
月初在产品成本/元				
本月发生生产费用/元				
生产费用合计/元				
完工产品数量/件				
在产品约当产量/件				
约当总产量/件				
费用分配率/(元/件)				
完工产品总成本/元				
月末在产品成本/元				

3. 计算确定 M 产品和 P 产品的各成本项目的费用分配率，计算当月完工产品的总成本和单位成本，编制 M、P 两种产品完工入库的会计分录。

实训二 定额成本法的应用

(一) 实训资料

泰达公司生产 W 产品，有关资料如下。

1. W 产品成本费用资料如表 3-13 所示。

表 3-13　W 产品成本费用资料　　单位：元

项　目	直接材料	直接人工	制造费用	合　计
月初在产品成本	16 040	1 500	4 000	21 540
本月发生生产成本	80 000	29 000	30 000	139 000
本月生产成本合计	96 040	30 500	34 000	160 540

2. 生产情况资料：原材料在生产开始时一次投入，其他费用在生产过程中均衡发生，本月完工产品数量为 700 件，月末在产品数量为 300 件。

3. 定额及相关资料：直接材料计划单价 2 元/千克，每件产品材料定额为 46 千克。单位产品工时定额 3 小时，计划每工时费用分配率为直接人工 4.5 元/小时，制造费用 9 元/小时。

（二）实训要求

1. 计算 W 产品月末在产品定额成本。

2. 采用定额成本法分别计算本月完工产品成本和月末在产品成本。

（三）实训过程

1. 计算月末 W 产品在产品各成本项目的成本和定额总成本，如表 3-14 所示。

表 3-14　月末在产品定额成本计算单

材料费用项目		加工费用项目			定额成本合计/元
在产品数量/件	原材料费用/元	定额工时/小时	直接人工/元	制造费用/元	

2. 填制产品成本计算单，计算当月完工产品和月末在产品的成本，如表 3-15 所示。

表 3-15　产品成本计算单　　单位：元

项　目	直接材料	直接人工	制造费用	合　计
月初在产品成本				
本月发生生产成本				
本月生产成本合计				
月末在产品定额成本				
本月完工产品成本				

3. 编制结转完工产品会计分录。

实训三　定额比例法的应用

（一）实训资料

华美公司第一车间生产丙产品采用定额比例法分配费用，原材料费用按定额费用比例分配，其他费用按定额工时比例分配。2017 年 8 月，该公司丙产品月初及本月生产费用与定额等资料如表 3-16 所示。

表 3-16 月初及本月生产费用与定额

成本项目	月初在产品费用		本月生产费用	
	定额	实际/元	定额	实际/元
直接材料	3 000元	3 500	7 000元	7 500
直接人工	2 000工时	2 500	3 000工时	3 500
制造费用		1 500		2 500
合计		7 500		13 500

本月丙产品完工 100 件。单位产品原材料定额成本为 80 元，单位产品工时消耗定额为 40 小时。

（二）实训要求

1. 计算丙产品的完工产品、月末在产品的定额原材料费用和定额工时。

2. 登记产品成本明细账，分别计算丙产品完工产品总成本及月末在产品成本。

（三）实训过程

1. 计算完工产品的定额原材料费用、定额工时。

完工产品定额原材料费用＝

完工产品定额工时＝

月末在产品定额原材料费用＝

月末在产品定额工时＝

2. 确定各成本项目的费用分配率，计算期末完工产品总成本和在产品成本，如表3-17所示。

表 3-17 丙产品成本计算单

2017 年 8 月 产量 100 件 金额单位：元

成本项目		直接材料	直接人工	制造费用	合计
月初在产品成本	定额				
	实际				
本月生产费用	定额				
	实际				
生产费用合计	定额				
	实际				
费用分配率					
完工产品	定额				
	实际				
月末在产品	定额				
	实际				

3. 登记产品成本明细账。

4 项目四 运用品种法进行成本计算

知识目标

- 了解产品成本计算方法及其影响因素。
- 掌握品种法的特点、适用范围，以及品种法的成本核算程序和账务处理。
- 能够运用品种法进行成本计算。

能力目标

- 能够根据企业的生产类型、管理要求等因素选择合适的成本计算方法。
- 能够熟练、正确地运用品种法进行实务操作处理。

项目导入

奥宝机械厂是一个单步骤、大批量生产的中型企业，设有一个基本生产车间和供电、供气两个辅助生产车间，大量生产甲、乙两种产品。根据该企业生产特点和管理要求，采用品种法计算产品成本。

思考：如何采用品种法对该企业的成本费用进行计算？品种法的核算程序是怎样的？

企业在经济业务发生后，根据生产类型、生产工艺流程、企业成本管理要求的不同，选择不同的成本计算方法，才能正确地计算产品成本。

任务一 产品成本计算方法概述

产品成本计算方法，是指将一定时期所发生的生产费用按照一定的成本计算对象进行归集和分配，以求得产品总成本和单位成本的方法。产品成本的确定是成本计算的重要前提条件，影响产品成本计算方法的因素有两个：一是企业生产类型的特点；二是企业管理的要求。

一、企业的生产类型

按照不同的分类标准，可以把企业生产分为不同的生产类型。

▶ 1. 按照企业生产工艺流程的分类

按照生产工艺流程进行分类，可分为单步骤生产和多步骤生产。

单步骤生产，是指生产过程在工艺上不间断，或者不便于分散在不同的地点进行产品生产，如发电、铸件、采掘、燃气燃料生产等。单步骤生产的生产工艺相对简单，生产周期短，生产过程中间没有自制半产品产出。

多步骤生产，是指生产过程在工艺上可以间断，可以分散在不同的地点、不同的时间进行产品生产。多步骤生产有两种生产形式，即连续加工式和平行加工式生产。

连续加工式生产，是指原材料投入按照一定顺序，经过若干步骤的逐步加工制成产成品的生产。该种生产方式在各个步骤(除最后一步)加工完成后多数为企业的自制半成品，这些半成品主要用于下一步骤继续加工，也可以半成品的形式对外出售。例如，棉纺企业在生产过程中，先将皮棉进行清花、梳棉、并条、粗纺、细纺和落桶加工成棉纱，然后对棉纱经过整经、浆纱、穿经、织造和整理等步骤制成坯布，棉条、粗纱、细纱都是企业的自制半成品，可以对外出售。

平行加工式生产又称装配式生产，是指各种原材料投入不同的加工部门(同一个企业不同的车间或分厂或不同的企业)制成完工产品所需的各种零部件，再将零部件装配成完工产品的生产。机械制造业大多数属于这种多步骤生产类型企业。例如，自行车生产企业就是将原材料分别加工制成车架、车把、前叉、钢圈、轮胎和车链等部件，然后组装成自行车。汽车等制造业也是如此。

▶ 2. 按照企业生产组织方式进行分类

按照生产组织方式进行分类，可以分为大量生产、成批生产和单件生产。

大量生产，是指不断地大量重复生产相同产品的生产。它的特点是陆续投入、陆续产出，产品品种少、稳定且产量较大，如纺织、面粉加工、酿造、冶金等生产企业。

成批生产，是指按照事先规定的产品批别和数量进行的生产。它的特点是产品品种较多、产量较大，生产具有重复性，如服装、机械的生产。该种生产方式又可分为大批生产和小批生产。大批生产，产品批量较大，往往重复生产，性质上接近大量生产；小批生产，产品批量较小，一批产品一般可同时完工，性质上接近单件生产。

单件生产，是指根据订货单位的要求，生产个别的、性质特殊的产品的生产，如船舶、飞机、新产品试制等。

综上所述，将企业生产工艺流程的特点和企业生产组织方式的特点相结合，可形成四种生产类型，如图 4-1 所示。

二、产品成本计算方法的影响因素

(一) 企业生产类型的特点对产品成本计算方法的影响

企业生产类型的特点对成本计算方法的影响主要表现在成本计算对象上，同时对成本

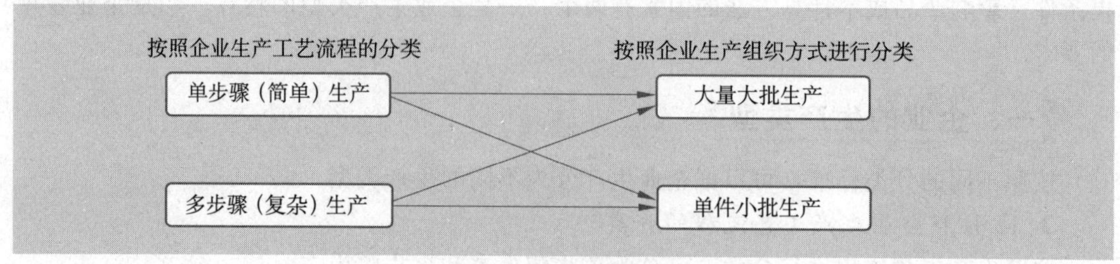

图 4-1　生产类型的分类

计算期及生产费用在完工产品和在产品之间的分配方面也有一定的影响。

▶ 1. 对成本计算对象的影响

成本计算对象，是指为计算产品成本而确定的归集生产费用的各个对象，也就是成本的承担者。

从生产工艺流程特点来看，单步骤生产的生产工艺不可间断，必须以产品品种为成本计算对象；多步骤连续加工式生产应以生产步骤为成本计算对象，既按步骤又按品种计算各步骤半成品和产成品成本；多步骤装配式生产，若零部件有其独立意义则按步骤(或零部件)为成本核算对象，若零部件无独立核算意义，不须按步骤计算半成品成本，而以产品品种为成本计算对象。

从产品生产组织特点来看，大量、连续不断地生产相同产品，只能以产品品种为成本计算对象；大批生产，可视具体情况，按产品品种或产品批别计算产品成本；单件、小批生产，一批产品一般可同时完工，可按产品批别计算产品成本。

▶ 2. 对成本计算期的影响

成本计算期是指生产费用计入产品成本的起止时期。对于大量、大批生产，成本计算定期于月末进行，与生产周期不一致，与会计期间一致。对于单件、小批生产，产品成本只能在某批、某件产品完工后计算，故成本计算不定期，与生产周期一致，而与会计期间不一致。

▶ 3. 对完工产品与在产品之间费用分配的影响

单步骤大量、大批生产，生产过程不能间断，生产周期短，在产品很少或没有，故不必计算月末在产品成本。

多步骤大量、大批生产，经常有在产品，需要将生产费用在完工产品与在产品之间进行分配。

多步骤单件、小批生产，成本计算期通常与生产周期一致，在每批、每件产品完工前，产品成本的月末余额就是月末在产品的成本，完工后，产品成本所归集的费用就是完工产品的成本。

(二) 企业管理的要求对产品成本计算方法的影响

成本计算方法主要受企业生产特点的制约，但并不是完全服从于生产特点。企业对成本管理的不同要求，对成本计算方法(主要是成本计算对象)的确定也会产生不同的影响。单步骤生产或管理上不要求分步骤计算成本的多步骤生产，以品种或批别为成本计算对象，采用品种法或分批法。管理上要求分步骤计算成本的多步骤生产，以生产步骤为成本计算对象，采用分步法。产品品种、规格繁多的企业，管理上要求尽快提供成本资料，简化成本计算工作，可采用分类法计算产品成本。定额管理基础较好的企业，为加强定额管理工作，可采用定额法。

三、产品成本计算的主要方法

成本计算，是指按照成本计算对象分配和归集生产费用并计算其总成本和单位成本的过程。成本计算方法的确定，主要是为了适应企业的生产特点和管理要求，正确提供产品成本资料，为成本管理服务。

(一) 产品成本计算的基本方法

产品成本计算方法受企业生产类型、特点和管理要求的影响。具体而言，生产类型的不同特点和不同的管理要求决定着产品成本的计算对象、成本计算期和生产费用在完工产品与在产品之间的分配方法，即决定产品成本计算的不同方法，而成本计算对象是区别不同产品成本计算方法的主要标志。从上述内容可以看出，产品成本的计算对象一般为产品品种、产品批别和产品生产步骤三种，因此，产品成本计算的基本方法也有品种法、分批法和分步法三种。

品种法是以产品品种为成本计算对象的产品成本计算方法。该方法一般适用于单步骤的大量大批生产，如发电等；也可用于管理上不需分步骤计算成本的多步骤的大量大批生产，如水泥生产、酿造、铸件等。

分批法是以产品批别为成本计算对象的产品成本计算方法。该方法一般适用于单件、小批生产，如重型机械制造、船舶制造等。

分步法是以产品生产步骤为成本计算对象的产品成本计算方法。该方法一般适用于大量大批且管理上要求分步骤计算成本的生产，如纺织、一般机械制造等。

(二) 三种基本方法的影响因素及影响内容分析

品种法、分批法和分步法三种基本方法因企业生产类型、生产工艺、成本管理要求的不同，而有不同的适用范围，影响的成本核算内容也有所不同，如表 4-1 所示。

表 4-1　三种基本方法的基本特点比较

<table>
<tr><th rowspan="2">成本计算方法</th><th colspan="3">成本计算方法的影响内容</th><th colspan="3">成本计算方法的影响因素</th></tr>
<tr><th>成本计算对象</th><th>成本计算期</th><th>期末在产品的计算</th><th>生产特点</th><th>生产工艺流程</th><th>成本管理要求</th></tr>
<tr><td rowspan="2">品种法</td><td rowspan="2">产品品种</td><td rowspan="2">按月计算，与会计报告期一致</td><td>一般不需计算</td><td rowspan="2">大批大量生产</td><td>单步骤</td><td>要求按品种法计算</td></tr>
<tr><td>一般需计算</td><td>多步骤</td><td>管理上不要求分步计算产品成本</td></tr>
<tr><td>分批法</td><td>产品批别</td><td>不定期计算，与产品生产周期一致</td><td>一般不需计算</td><td>单件小批生产</td><td>单步骤或多步骤</td><td>管理上只要求按批别计算，不要求分步计算产品成本</td></tr>
<tr><td>分步法</td><td>产品品种及其所经过的生产步骤</td><td>按月计算，与会计报告期一致</td><td>需要计算</td><td>大批大量生产</td><td>多步骤</td><td>管理上要求分步计算产品成本</td></tr>
</table>

四、成本计算的辅助方法

在产品成本计算的实际工作中，产品的生产情况多种多样，为了减少产品成本核算的工作量，更好地利用企业管理条件和管理经验，在产品成本计算上还有其他的一些方法，如分类法、定额法等。

分类法是以产品类别归集生产费用，再按一定标准在类内各产品之间进行分配，计算产品成本的方法。该方法一般适用于产品品种、规格繁多，但每类产品的结构、所用原材料、生产工艺过程都基本相同的企业，如灯泡厂、钉厂、鞋厂等，可简化成本计算。

定额法是在定额管理基础较好的企业采取的一种方法。该方法的特点是以产品的定额成本为基础，加、减脱离定额差异和定额变动差异，进而计算产品的实际成本，目的在于加强成本管理，进行成本控制。定额法主要适用于企业管理比较健全、定额管理基础工作较好、产品生产定型和消耗定额合理且稳定的企业。

分类法和定额法是产品成本计算的辅助方法，必须结合基本方法使用。

五、各种成本计算方法的综合应用

尽管我们介绍的产品成本计算的方法都有其各自的适用范围，但在实际工作中，企业的产品较多，各个产品生产特点也不一样，企业实际采用的产品成本计算的方法往往不是其中的某一种方法，而是分别采用几种不同的方法或者把几种不同的成本计算方法结合起来加以综合应用。例如，有的企业的某种产品是大批大量多步骤生产，在每一步骤的半成品都可以对外销售，这种产品成本计算要采用分步法；而企业的另外产品是单步骤或批量生产，则可以采用品种法或分批法，这样的企业就是属于同一个企业的不同产品采用不同的产品成本计算方法。分类法和定额法实际上必须和其他方法结合起来综合运用。

任务二 品种法的成本计算

一、品种法的概念

品种法是指以产品的品种作为成本计算对象用以归集生产费用并计算产品成本的一种方法。品种法是最基本的产品成本计算方法。采用这种方法，既不要求按照产品批别计算成本，也不要求按照产品生产步骤计算成本，而只要求按照产品的品种计算产品成本。

在品种法下，以产品的品种作为成本计算对象，开设成本计算单。如果企业只生产一种产品，只需要设置一张成本计算单，按成本项目分设专栏，所发生的一切生产费用都是直接费用，可直接归集计入该产品成本计算单；如果企业生产多种产品，就需要按照每种产品分别设置成本计算单，发生的直接费用要直接计入各有关成本计算单，间接费用则另行归集，然后采用适当的方法分配计入各成本计算单的有关项目。

二、品种法的适用范围

品种法主要适用于大量大批单步骤生产的企业，如发电、供水等企业。在大量大批多步骤生产的企业中，如果企业生产规模较小，而且成本管理上又不要求提供各步骤的成本资料，也可以采用品种法计算产品成本，如小型水泥厂、造纸厂等。另外，企业的辅助生产车间(如供水、供电等)也可以采用品种法计算其劳务成本。

三、品种法的特点

品种法具有以下特点。

(一) 成本计算对象是产品品种

品种法以产品品种作为成本计算对象，并据以设置产品成本明细账归集生产费用和计算产品成本。如果企业生产的产品不止一种，就需要以每一种产品作为成本计算对象，分别设置产品成本明细账。

(二) 成本计算期与会计报告期一致

由于大量大批的生产是不间断的连续生产，无法按照产品的生产周期来归集生产费用、计算产品成本，因此只能定期按月计算产品成本，从而将本月的销售收入与产品生产成本配比，计算本期损益。即产品成本是定期按月计算的，与报告期一致，与产品生产周期不一致。

(三) 月末需要根据生产特点将成本在完工产品和在产品之间分配或不分配

如果是大量大批的单步骤生产采用品种法计算产品成本，由于简单生产是一个生产步骤就完成了整个生产过程，所以月末一般没有在产品，因此计算产品成本时不需要将生产费用在完工产品和在产品之间进行分配；如果是管理上不要求分步骤计算产品成本的大量大批的复杂生产采用品种法计算产品成本，由于复杂生产是需要经过多个生产步骤的生产，所以月末一般生产线上都会有在产品，因此计算产品成本时就需要将生产费用在完工产品和在产品之间进行分配。

在品种法下，成本计算每月定期进行。月末，如果没有在产品，或者在产品数量极少，可以不计算在产品成本，成本计算单中归集的所有费用就是完工产品的总成本；如果在产品数量较多，则需要将成本计算单中归集的产品费用采用一定的方法在完工产品和月末在产品之间进行分配，以确定完工产品的总成本、单位成本和在产品成本。

四、品种法的成本计算程序

采用品种法计算产品成本时，可按以下几个步骤进行。

(一) 开设成本明细账

按产品品种设置产品成本明细账或成本计算单、辅助生产成本明细账、制造费用明细账，并按成本项目或费用项目设置专栏。

(二) 分配各种费用要素

根据各项费用的原始凭证和其他有关资料，编制各种费用分配表，分配各种费用要素，并登记各种产品成本明细账和有关成本费用明细账。费用要素的具体内容及对各项费用要素的分配方法在前面章节已经详细讲解，此处不再赘述。

(三) 分配辅助生产费用

根据各种费用分配表和其他有关资料登记的辅助生产成本明细账上归集的生产费用，采用适当的方法(如直接分配法、交互分配法、代数分配法、计划成本分配法)，编制辅助生产费用分配表，分配辅助生产费用，并据以登记有关明细账。

(四) 分配基本生产车间制造费用

根据各种费用分配表和其他有关资料登记的基本生产车间制造费用明细账上归集的生产费用，采用一定的方法(如生产工人工时比例法、生产工人工资比例法、机器工时比例法、年度计划分配率法等)在各种产品之间进行分配，编制制造费用分配表，并将分配结果登记在基本生产成本明细账或成本计算单上。

(五) 分配计算各种完工产品成本和在产品成本

月末，根据各种费用分配表和其他有关资料登记的基本生产成本明细账和成本计算单上归集的生产费用，采用适当的方法(如约当产量法、定额成本法、定额比例法、不计算在产品成本法、在产品成本按年初固定数计算法、在产品按所耗原材料费用计算法、在产品按完工产品成本计算法)分配计算各种完工产品成本和在产品成本。如果月末没有在产品，则本月发生的生产费用就全都是完工产品成本。

(六) 结转产成品生产成本

根据各成本计算单中计算出来的本月完工产品成本，汇总编制完工产品成本汇总表，计算完工产品总成本和单位成本，并进行结转。

简单品种法的计算程序如图 4-2 所示。

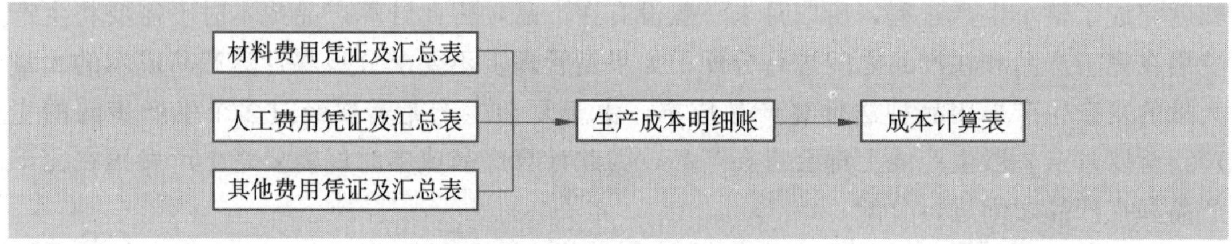

图 4-2　简单品种法的计算程序

典型品种法的计算程序如图 4-3 所示。

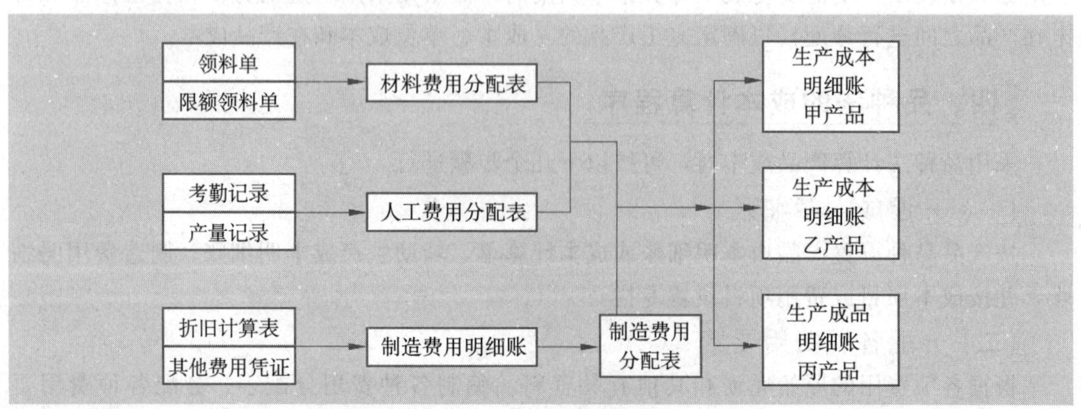

图 4-3　典型品种法的计算程序

五、品种法的应用说明

品种法是成本计算时最基本的方法。学习使用品种法进行成本计算，能够使学生熟悉产品成本计算的基本原理和一般程序。掌握产品成本核算的品种法，能够担任中小型企业成本核算岗位的会计工作。

案例实训

（一）实训资料

奥宝机械厂是一个单步骤、大批量生产的中型企业，设有一个基本生产车间和供电、供气两个辅助生产车间，大量生产甲、乙两种产品，根据生产特点和管理要求，采用品种法计算产品成本。

该厂 2017 年 9 月有关成本计算资料如下：

1. 月初在产品成本。甲产品月初在产品成本为40 008元，其中，直接材料成本为20 400元，直接人工成本为12 320元，制造费用为7 288元；乙产品没有月初在产品。

2. 本月生产数量。基本生产车间甲产品本月实际生产工时为40 500小时，本月完工800 件，月末在产品有 400 件，在产品原材料已全部投入，加工程度为50%。乙产品本月实际生产工时为27 000小时，本月完工 500 件，月末没有在产品。

供电车间本月供电306 000度，其中，供气车间消耗了30 000度，基本生产车间产品生产消耗了200 000度，基本生产车间一般消耗为10 000度，厂部管理部门消耗了66 000度。

供气车间本月供应水蒸气14 500立方米，其中，供电车间消耗了1 000立方米，基本生产车间消耗了10 000立方米，厂部管理部门消耗了3 500立方米。

3. 本月发生以下业务。

(1) 本月发出材料汇总表如表 4-2 所示。

表 4-2 发出材料汇总表

材料类别：原材料　　　　2017 年 9 月　　　　单位：元

领料用途	直接领用	共同耗用	耗料合计
产品生产直接耗用	300 000	60 000	360 000
甲产品	200 000		
乙产品	100 000		
基本生产车间一般消耗	4 000		4 000
供电车间耗用	62 000		62 000
供气车间耗用	10 000		10 000
厂部管理部门耗用	6 000		6 000
合　　计	382 000	60 000	442 000

(2) 本月应付工资及计提福利费汇总表如表 4-3 所示。

表 4-3　应付工资及计提福利费汇总表

2017 年 9 月　　　　单位：元

人员类别	应付工资总额	计提福利费
产品生产工人	270 000	37 800
供电车间人员	10 000	1 400
供气车间人员	12 000	1 680
基本生产车间管理人员	8 000	1 120
厂部管理人员	30 000	4 200
合　计	330 000	46 200

(3) 本月应提折旧费 49 000 元，其中，基本生产车间为 30 000 元，供电车间为 6 000 元，供气车间为 5 000 元，厂部管理部门为 8 000 元。

(4) 当月发生修理费 5 000 元，其中，基本生产车间为 2 000 元，供电车间为 1 200 元，供气车间为 800 元，厂部管理部门为 1 000 元。

(5) 本月以现金支付的费用为 6 000 元，其中，基本生产车间办公费为 1 400 元，供电车间办公费为 400 元，供气车间办公费为 200 元，修理费为 800 元，厂部管理部门办公费为 600 元，差旅费为 2 600 元。原始凭证如表 4-4～表 4-7 所示。

表 4-4　海州市友谊商场零售统一发票

发票联

客户名称：奥宝机械厂　　　　2017 年 9 月 15 日

货号	品名及规格	计量单位	数量	单价	金额(元)							
					十	万	千	百	十	元	角	分
	信纸	本	18	5					9	0	0	0
	档案袋	个	325	2				6	5	0	0	0
	钢笔	支	30	60			1	8	6	0	0	0
合计人民币大写：贰仟陆佰元整(现金付讫章)						¥	2	6	0	0	0	0

企业盖章：财务专用章　　　收款人：　　　开票人：

表 4-5　办公用品领用表

2017 年 9 月 16 日

领用车间和部门	领发数量			金额/元
	信纸/本	档案袋/个	钢笔/支	
基本生产车间	4	90	20	1 400
供电车间	4	100	3	400
供气车间	2	35	2	200
厂部管理部门	8	100	6	600
合　计	18	325	30	2 600

审核　　　制表

表 4-6 差旅费报销单

2017 年 9 月 17 日填报　　第 8 页 共 10 页

姓名		孙军 王志				出差事由		采购						
起止时间及地址						车船费	通乘	在途补助		住勤补助		住宿费	其他	
月	日	起点	月	日	终点	金额	金额	天数	金额	天数	金额	金额	摘要	金额
8	24	海州	8	25	上海	600		3	90	4	80			
8	30	上海	9	1	海州	600								
												800		430
小　计						1 200			90		80	800		430
合计人民币(大写)：贰仟陆佰元整								预支2 600 核销2 600 退 0						

主营：　　会计：　　出纳：　　审核：　　出差人：孙军 王志

表 4-7 收 款 收 据

2017 年 9 月 18 日

今收到：奥宝机械厂	
人民币(大写)：捌佰元整	￥800.00
系付：供气车间设备维修费	
备注：现金收讫	

收款单位：　　收款人：

(6) 本月以银行存款支付的费用为 71 000 元，其中，基本生产车间水费为 2 000 元，办公费 1 000 元，供电车间外购电力费和水费为 40 000 元，供气车间水费为 20 000 元，办公费为 800 元，修理费为 1 200 元，厂部管理部门办公费为 1 800 元，广告费为 4 000 元，招待费为 200 元。原始凭证如表 4-8～表 4-19 所示。

表 4-8 自来水厂水费发票（第二联，发票）

2017 年 9 月 19 日

用户名称：奥宝机械厂				
水表	本月号码		49 800	
	上月号码		25 000	
	实用吨数		24 800	
	每吨单价/元	2.50	金额/元	62 000
金额大写：陆万贰仟元整				

收款单位：自来水公司　　开票：××

表 4-9　用水量记录

2017 年 9 月 19 日

使用部门	水费/元	用水量/吨
基本生产车间		800
供电车间		16 000
供气车间		8 000
合　　计	62 000.00	24 800

表 4-10　中国工商银行转账支票存根

支票号码：2 288 686

科　　目：

对方科目：

签发日期：2017 年 9 月 20 日

收款人：海州市第二水厂
金额：￥62 000元
用途或预算科目或 现金出纳计划项目：　　付水费
备注：

单位主管：　会计：　复核：　记账：

表 4-11　收款收据(第二联 交款单位)

2017 年 9 月 20 日　　字第　号

今收到 人民币(大写)壹仟贰佰元整　　￥1 200.00 系付：
备注：转账收讫

出纳：　　制单：　　单位盖章：

表 4-12　中国工商银行转账支票存根

支票号码：2288687

科　　目：

对方科目：

签发日期：2017 年 9 月 20 日

收款单位(或收款人)名称：海州市振兴修理公司
金　　额：￥1 200.00
用途或预算科目或 现金出纳计划项目：　　付修理费
备注：

单位主管：　会计：　复核：　记账：

表 4-13　中国工商银行转账支票存根

支票号码：2288688
科　　目：
对方科目：
签发日期：2017 年 9 月 22 日

收款单位(或收款人)名称：海州市明月酒店
金　　额：¥200.00
用途或预算科目或 现金出纳计划项目：　　付招待费
备 注：

单位主管：　　会计：　　复核：　　记账：

表 4-14　收款收据(第二联 交款单位)

2017 年 9 月 22 日　　　　字第　号

今收到 人民币(大写)贰佰元整　　¥200.00 系付：　　招待费
备注：转账收讫

出纳：　　　　制单：　　　　单位盖章：

表 4-15　中国工商银行转账支票存根

支票号码：5163629
科目：
对方科目：
签发日期：2017 年 9 月 24 日

收款单位或收款人名称：海州市广告实业公司
金 额：¥4 000.00
用途或预算科目或 现金出纳计划项目：　　付广告费
备注：

单位主管：　　会计：　　复核：　　记账：

表 4-16　海东市广告业统一发票(发票联)

客户名称及地址：海州市奥宝机械厂　　　2017 年 9 月 24 日

项　目	领发数量			金额/元						
	单位	数量	单价/元	万	千	百	十	元	角	分
广告牌	平方米	20	200	¥	4	0	0	0	0	0
合计人民币大写：肆仟元整				¥	4	0	0	0	0	0

填票人：　　　收款人：　　　单位名称：(盖章)

表 4-17　海州市百货公司零售业统一发票(发票联)

客户名称：奥宝机械厂　　　　2017 年 9 月 26 日

货号	品名及规格	计量单位	数量	单价	金额/元							
					十	万	千	百	十	元	角	分
	夏普计算器	个	12	120			1	4	4	0	0	0
	水壶	个	5	35				1	7	5	0	0
	办公桌	张	6	200			1	2	0	0	0	0
	稿纸	本	157	5				7	8	5	0	0
合计人民币大写：叁仟陆佰元整						¥	3	6	0	0	0	0
付款方式：转账支票		开户银行及账号			解放路办事处 签发人账号 286-54024-058							

企业盖章：财务专用章　　　　收款人：　　　开票人：

表 4-18　办公用品领用表

2017 年 9 月 26 日

领用车间和部门	领发数量				金额/元
	计算器/个	水壶/个	办公桌/张	稿纸/本	
基本生产车间	4	2	1	50	1 000
供气车间	3	1	1	41	800
厂部管理部门	5	2	4	66	1 800
合　计	12	5	6	157	3 600

审核：　　　　　　制表：

表 4-19　中国工商银行转账支票

出票日期：贰零壹柒年玖月贰拾陆日　　　　票　　码：2288689

收款人：海州市百货用品公司　　　　开户行名称：解放路办事处

签发人账号：286-54024-058

人民币大写：叁仟陆佰元整	金额/元							
	十	万	千	百	十	元	角	分
		¥	3	6	0	0	0	0
用途：购办公用品 上述款项请从我账户内支付（签发人盖章）	科目(付)： 对方科目(收)： 转账日期　　年　　月　　日 复核：　　　　记账：							

该厂甲、乙两种产品根据直接耗用原材料的比例分配共同用料，根据实际生产工时分配产品生产工人工资和福利费。企业采用计划成本分配法分配辅助生产费用，采用生产工

时分配法编制产品生产用电分配表，辅助生产车间计划单位成本每度电为0.4元，水蒸气每立方米费用为4.6元，成本差异计入管理费用，产品生产用电计入“直接材料”成本项目。采用生产工时分配法分配基本生产车间制造费用。采用约当产量法计算分配期末产品成本。

运用品种法进行成本计算，完成下列工作任务：

1. 分配各种要素费用、辅助生产费用、基本生产车间制造费用，分配计算各种完工产品成本和在产品成本；

2. 编制并审核各要素费用分配表、辅助生产费用分配表、制造费用分配表、产品成本计算表；

3. 编制并审核记账凭证；

4. 登记有关成本费用总账和明细账。

（二）实训分析

运用品种法进行成本计算是一种综合性的岗位实训。品种法涉及的成本会计核算岗位可以分解为材料岗位、工资岗位、固定资产岗位、其他费用岗位、辅助生产费用岗位、制造费用岗位、管理费用岗位、期末成本分配岗位、成本会计主管岗位共九个岗位。每个岗位的工作任务均可以分解为以下四个细分任务：①根据原始凭证计算整理各项费用数据；②编制各项要素费用分配表；③根据各项费用分配表编制相关业务的记账凭证；④根据记账凭证登记相应的成本费用明细账。分岗模拟后，可在各岗位间进行混岗模拟实训，综合掌握品种法的业务处理，还可以分组依次在各岗位之间轮岗模拟。

运用品种法进行成本计算时，按制造业企业成本核算的业务流程，采取以下步骤进行成本计算：①按产品品种设置产品成本明细账或成本计算单，并按成本项目设置专栏；②归集分配核算各种要素费用，包括材料费用、人工费用、动力费用、折旧费用、其他费用、辅助费用、制造费用，根据原始凭证编制各种要素费用的分配表，据以登记记账凭证，再登记成本明细账；③对要素费用对象化的基础上，编制产品成本计算单，期末将月初在产品成本与本期发生的生产费用的合计金额，采用约当产量法、定额成本法等方法在完工产品与月末在产品之间进行成本分配；④填制入库单，完工产品验收入库，结转完工产品成本。

（三）实训操作

第一步：设置有关成本费用明细账和成本计算单。

按产品品种开设基本生产明细账，按成本项目设专栏：按品种法进行成本核算处理程序的第一步就是根据产品品种开设基本生产成本明细账或成本计算单，设立成本项目，登记期初余额，便于对各种产品的生产成本进行归集分配核算；根据辅助车间开设辅助生产成本明细，便于对辅助费用进行归集分配核算；开设制造费用明细账，便于对制造费用进行归集分配核算；开设管理费用等明细账，便于对其他费用进行核算。以上相关明细账由企业相关成本会计人员开设。

根据资料，开设下列明细账或成本计算单：甲、乙产品成本计算单，供电车间、供气车间生产成本明细账，基本生产车间制造费用明细账和管理费用明细账，其他总账和明细账略。供电车间和供气车间发生的制造费用，不通过制造费用账户。

第二步：归集分配各种要素费用，编制要素费用的分配表，并做出记账凭证。

1. 材料岗位任务：根据甲、乙两种产品直接耗用原材料的比例分配共同用料（见表 4-20），根据发出材料汇总表（见表 4-2）和材料费用分配结果（见表 4-20），编制原材料费用分配汇总表（见表 4-21）并记账。

表 4-20　直接材料费用分配表

2017 年 9 月　　单位：元

产　品	直接材料	分配率	分配共同用料	耗料合计
甲产品	200 000		40 000	240 000
乙产品	100 000		20 000	120 000
合　计	300 000	0.2	60 000	360 000

表 4-21　原材料费用分配汇总表

2017 年 9 月 30 日　　金额单位：元

<table>
<tr><th colspan="3">应借账户</th><th rowspan="2">成本费用项目</th><th rowspan="2">直接计入费用</th><th colspan="3">间接计入费用</th><th rowspan="2">合　计</th></tr>
<tr><th>总账</th><th>二级账</th><th>明细账</th><th>标准</th><th>分配率</th><th>金额</th></tr>
<tr><td rowspan="3">生产成本</td><td rowspan="3">基本生产成本</td><td>甲产品</td><td>直接材料</td><td>200 000</td><td>200 000</td><td></td><td>40 000</td><td>240 000</td></tr>
<tr><td>乙产品</td><td>直接材料</td><td>100 000</td><td>100 000</td><td></td><td>20 000</td><td>120 000</td></tr>
<tr><td colspan="2">小计</td><td>300 000</td><td>300 000</td><td>0.2</td><td>60 000</td><td>360 000</td></tr>
<tr><td rowspan="3">生产成本</td><td rowspan="3">辅助生产成本</td><td>供电车间</td><td>材料费</td><td>62 000</td><td></td><td></td><td></td><td>62 000</td></tr>
<tr><td>供气车间</td><td>材料费</td><td>10 000</td><td></td><td></td><td></td><td>10 000</td></tr>
<tr><td colspan="2">小计</td><td>72 000</td><td></td><td></td><td></td><td>72 000</td></tr>
<tr><td colspan="2">管理费用</td><td></td><td></td><td>6 000</td><td></td><td></td><td></td><td>6 000</td></tr>
<tr><td colspan="2">制造费用</td><td>基本车间</td><td>修理费</td><td>4 000</td><td></td><td></td><td></td><td>4 000</td></tr>
<tr><td colspan="4">合　计</td><td>382 000</td><td></td><td></td><td>60 000</td><td>442 000</td></tr>
</table>

主管：冯东　　审批：陈楠　　制单：吴晓明

根据发出材料汇总表和原材料费用分配汇总表编制会计分录，并填制记账凭证（见表 4-22）。

借：生产成本——基本生产成本（甲产品）——直接材料　　240 000
　　　　　——基本生产成本（乙产品）——直接材料　　120 000
　　　　　——辅助生产成本（供电车间）——材料费　　62 000
　　　　　——辅助生产成本（供气车间）——材料费　　10 000
　　制造费用——材料费　　4 000
　　管理费用——材料费　　6 000
　贷：原材料　　442 000

表 4-22 记 账 凭 证

2017 年 9 月 30 日　　　　记字第 1 号

摘要	总账科目	明细科目	借方金额	贷方金额	记账
领用材料	生产成本	基本生产成本(甲产品)	240 000		
		基本生产成本(乙产品)	120 000		
		辅助生产成本(供电车间)	62 000		
		辅助生产成本(供气车间)	10 000		
	制造费用	基本车间	4 000		
	管理费用		6 000		
	原材料			442 000	
合　计			¥442 000	¥442 000	

财务主管：　　记账：王莉　　出纳：　　审核：季可　　制单：洪艳

2. 工资岗位任务：根据甲、乙两种产品的实际生产工时分配产品生产工人工资和福利费(见表 4-23)，根据应付工资及计提福利费汇总表(见表 4-3)和直接人工费用分配表(见表 4-23)编制人工费用分配表(见表 4-24)，并计入有关账户。

表 4-23 直接人工费用分配表

2017 年 9 月　　　　单位：元

产品	生产工时/小时	工资分配		福利费分配		人工费合计
		分配率	分配金额	分配率	分配金额	
甲产品	40 500		162 000		22 680	184 680
乙产品	27 000		108 000		15 120	123 120
合　计	67 500	4	270 000	0.56	37 800	307 800

表 4-24 人工费用分配表

2017 年 9 月 30 日　　　　单位：元

应借账户			成本费用项目	直接计入费用	间接计入费用			福利费	合　计
总账	二级账	明细账			标准	分配率	金额		
生产成本	基本生产成本	甲产品	直接人工		40 500		162 000	22 680	184 680
		乙产品	直接人工		27 000		108 000	15 120	123 120
		小计			67 500	4	270 000	37 800	307 800
生产成本	辅助生产成本	供电车间	人工费	10 000				1 400	11 400
		供气车间	人工费	12 000				1 680	13 680
管理费用			工资、福利	30 000				4 200	34 200
制造费用			工资、福利	8 000				1 120	9 120
合　计				60 000			270 000	46 200	376 200

主管：冯东　　审批：陈楠　　制单：王明

根据应付工资及计提福利费汇总表和人工费用分配表编制会计分录，并填制记账凭证(见表4-25)。

借：生产成本——基本生产成本(甲产品)——直接人工　　184 680
　　　　　　——基本生产成本(乙产品)——直接人工　　123 120
　　　　　　——辅助生产成本(供电车间)——人工费　　11 400
　　　　　　——辅助生产成本(供气车间)——人工费　　13 680
　　制造费用——人工费　　9 120
　　管理费用——人工费　　34 200
　贷：应付职工薪酬——工资　　330 000
　　　　　　　　——福利费　　46 200

表4-25 记账凭证

2017年9月30日　　记字第2号

摘要	总账科目	明细科目	借方金额	贷方金额	记账
人工费	生产成本	基本生产成本(甲产品)	184 680		
		基本生产成本(乙产品)	123 120		
		辅助生产成本(供电车间)	11 400		
		辅助生产成本(供气车间)	13 680		
	制造费用	基本车间	9 120		
	管理费用		34 200		
	应付职工薪酬	工资		330 000	
		福利费		46 200	
合计			¥376 200	¥376 200	

财务主管：　　记账：王莉　　出纳：　　审核：季可　　制单：洪艳

3. 固定资产岗位任务：根据业务(3)编制计提本月折旧的会计分录并计入有关账户。根据业务(3)计提折旧费编制会计分录，并填制记账凭证(见表4-26)：

借：制造费用——折旧　　30 000
　　生产成本——辅助生产成本(供电车间)——折旧　　6 000
　　　　　　——辅助生产成本(供气车间)——折旧　　5 000
　　管理费用——折旧　　8 000
　贷：累计折旧　　49 000

表4-26 记账凭证

2017年9月30日　　记字第3号

摘要	总账科目	明细科目	借方金额	贷方金额	记账
折旧费	生产成本	辅助生产成本(供电车间)	6 000		
		辅助生产成本(供气车间)	5 000		
	制造费用	基本车间	30 000		
	管理费用		8 000		
	累计折旧			49 000	
合计			¥49 000	¥49 000	

财务主管：　　记账：王莉　　出纳：　　审核：季可　　制单：洪艳

4. 其他费用岗位任务：根据业务(4)编制本月分摊待摊费用的会计分录并计入有关账户，根据业务(5)编制本月以现金支付费用的会计分录并计入有关账户，根据业务(6)编制本月以银行存款支付费用的会计分录并计入有关账户。

根据业务(4)核算修理费编制会计分录，并填制记账凭证(见表 4-27)。

借：制造费用——修理费　　2 000
　　生产成本——辅助生产成本(供电车间)——修理费　　1 200
　　　　　　——辅助生产成本(供气车间)——修理费　　800
　　管理费用——修理费　　1 000
　贷：长期待摊费用　　5 000

表 4-27 记账凭证

2017 年 9 月 30 日　　记字第 4 号

摘要	总账科目	明细科目	借方金额	贷方金额	记账
修理费	生产成本	辅助生产成本(供电车间)	1 200		
		辅助生产成本(供气车间)	800		
	制造费用	基本车间	2 000		
	管理费用		1 000		
	长期待摊费用			5 000	
合计			¥5 000	¥5 000	

财务主管：　记账：王莉　出纳：　审核：季可　制单：洪艳

根据原始凭证表 4-4～表 4-7 核算业务(5)编制会计分录，并填制记账凭证(见表 4-28)。

表 4-28 记账凭证

2017 年 9 月 30 日　　记字第 5 号

摘要	总账科目	明细科目	借方金额	贷方金额	记账
办公费	生产成本	辅助生产成本(供电车间)	400		
	生产成本	辅助生产成本(供气车间)	200		
修理费	生产成本	辅助生产成本(供气车间)	800		
办公费	制造费用	基本车间	1 400		
办公费	管理费用		600		
差旅费	管理费用		2 600		
	现金			6 000	
合计			¥6 000	¥6 000	

财务主管：　记账：王莉　出纳：　审核：季可　制单：洪艳

借：制造费用——办公费　　1 400
　　生产成本——辅助生产成本(供电车间)——办公费　　400
　　　　　　——辅助生产成本(供气车间)——办公费　　200

——辅助生产成本(供气车间)——修理费 800

管理费用——办公费 600

——差旅费 2 600

贷：现金 6 000

根据原始凭证表 4-8～表 4-19 核算业务（6)编制会计分录，并填制记账凭证(见表 4-29)。

借：制造费用——水费 2 000

——办公费 1 000

生产成本——辅助生产成本(供电车间)——水电费 40 000

——辅助生产成本(供气车间)——水费 20 000

——辅助生产成本(供气车间)——办公费 800

——辅助生产成本(供气车间)——修理费 1 200

管理费用——办公费 1 800

——招待费 200

销售费用——广告费 4 000

贷：银行存款 71 000

表 4-29 记账凭证

2017 年 9 月 30 日

记字第 6 号

摘要	总账科目	明 细 科 目	借方金额	贷方金额	记账
水电费	生产成本	辅助生产成本(供电车间)	40 000		
水费	生产成本	辅助生产成本(供气车间)	20 000		
办公费	生产成本	辅助生产成本(供气车间)	800		
修理费	生产成本	辅助生产成本(供气车间)	1 200		
水费	制造费用	基本车间	2 000		
办公费	制造费用	基本车间	1 000		
办公费	管理费用		1 800		
招待费	管理费用		200		
广告费	销售费用		4 000		
付款	银行存款			71 000	
合计			¥71 000	¥71 000	

财务主管： 记账：王莉 出纳： 审核：季可 制单：洪艳

5. 辅助生产费用岗位任务：填制辅助生产成本明细账(见表 4-30 和表 4-31)，采用计划成本分配法编制辅助生产费用分配表和按生产工时比例编制产品生产用电分配表(见表 4-32 和表 4-33)；辅助车间计划单位成本每度电为 0.4 元，水蒸气每立方米为 4.6 元，成本差异计入管理费用；根据辅助生产费用分配表和产品生产用电分配表编制会计分录并记账（产品生产用电计入“直接材料”成本项目)。

表 4-30 辅助生产成本明细账(供电车间)

车间：供电车间　　　　　　　　　　　　　　　　　　单位：元

月	日	凭证号	摘　　要	直接材料	直接人工	制造费用	合　计
9		记 1	材料费	62 000			62 000
		记 2	工资		10 000		10 000
		记 2	福利费		1 400		1 400
		记 3	折旧费			6 000	6 000
		记 4	修理费			1 200	1 200
		记 5	办公费			400	400
		记 6	水电费	40 000			40 000
		记 7	供气转入			4 600	4 600
9	30		本月合计	102 000	11 400	12 200	125 600
9	30	记 7、8	分配结转	102 000	11 400	12 200	125 600

表 4-31 辅助生产成本明细账(供气车间)

车间：供气车间　　　　　　　　　　　　　　　　　　单位：元

月	日	凭证号	摘　　要	直接材料	直接人工	制造费用	合　计
9		记 1	材料费	10 000			10 000
		记 2	工资		12 000		12 000
		记 2	福利费		1 680		1 680
		记 3	折旧费			5 000	5 000
		记 4	修理费			800	800
		记 5	办公费			200	200
		记 5	修理费			800	800
		记 6	水费、修理	20 000		1 200	21 200
		记 6	办公费			800	800
		记 7	供电转入			12 000	12 000
	30		本月合计	30 000	13 680	20 800	64 480
	30	记 7、8	分配结转	30 000	13 680	20 800	64 480

表 4-32　辅助生产费用分配表(计划成本分配法)

2017 年 9 月　　　　单位：元

项目			计划分配			
			供电车间		供气车间	
			劳务量/度	金额	劳务量/立方米	金额
应分配的费用总额				121 000		52 480
提供的应分配劳务总量			306 000		14 500	
计划单位成本				0.4		4.6
应借账户	辅助生产成本	供电车间	—	—	1 000	4 600
		供气车间	30 000	12 000	—	—
	基本生产成本	甲产品	120 000	48 000	—	—
		乙产品	80 000	32 000	—	—
	制造费用	基本车间	10 000	4 000	10 000	46 000
	管理费用		66 000	26 400	3 500	16 100
计划分配费用合计				122 400		66 700
交互分配转入计划成本				4 600		12 000
辅助生产车间实际成本				125 600		64 480
成本差异额(计入“管理费用”)				3 200		−2 220

表 4-33　产品生产用电分配表

2017 年 9 月

产　　品	生产工时/小时	分配率	分配金额/元	电量/度
甲产品	40 500	—	48 000	120 000
乙产品	27 000	—	32 000	80 000
合　　计	67 500	1.185	80 000	200 000

根据辅助生产费用分配表和产品生产用电分配表核算业务(7)，分配辅助生产费用编制会计分录，并填制记账凭证(见表 4-34 和表 4-35)。

第一步计划分配：

借：生产成本——辅助生产成本(供电车间)　　4 600

　　　　　——辅助生产成本(供气车间)　　12 000

　　　　　——基本生产成本(甲产品)——直接材料　　48 000

　　　　　——基本生产成本(乙产品)——直接材料　　32 000

　　制造费用——电费　　50 000

　　管理费用——电费　　42 500

贷：生产成本——辅助生产成本(供电车间) 122 400
——辅助生产成本(供气车间) 66 700

第二步差异分配：全部分给管理费用承担。

借：管理费用——电费 980
贷：生产成本——辅助生产成本(供电车间) 3 200
——辅助生产成本(供气车间) −2 220

供电车间差异＝121 000＋4 600－122 400＝3 200(元)

供气车间差异＝52 480＋12 000－66 700＝－2 220(元)

表 4-34 记账凭证

2017 年 9 月 30 日 记字第 7 号

摘要	总账科目	明细科目	借方金额	贷方金额	记账
分配辅助费用	生产成本	辅助生产成本(供电车间)	4 600		
	生产成本	辅助生产成本(供气车间)	12 000		
	生产成本	基本生产成本(甲产品车间)	48 000		
	生产成本	基本生产成本(乙产品)	32 000		
	制造费用	基本车间	50 000		
	管理费用		42 500		
	生产成本	辅助生产成本(供电车间)		122 400	
	生产成本	辅助生产成本(供气车间)		66 700	
合　计			¥189 100	¥189 100	

财务主管： 记账：王莉 出纳： 审核：季可 制单：洪艳

表 4-35 记账凭证

2017 年 9 月 30 日 记字第 8 号

摘要	总账科目	明细科目	借方金额	贷方金额	记账
差异分配	管理费用		980		
	生产成本	辅助生产成本(供电车间)		3 200	
	生产成本	辅助生产成本(供气车间)		−2 220	
合　计			¥980	¥980	

财务主管： 记账：王莉 出纳： 审核：季可 制单：洪艳

6. 制造费用岗位任务：填制制造费用明细账(见表 4-36)，采用生产工时法编制制造费用分配表(见表 4-37)，根据分配结果编制会计分录并记账。

表 4-36 制造费用明细账

生产单位：基本生产车间　　　　　　　　　　　　　　　　　　单位：元

2017 年		凭证号	摘要	费用明细项目							合计
月	日			原材料	工资及福利费	折旧费	修理费	办公费	水电费	辅助	
9		记 1	车间耗材	4 000							
		记 2	工资福利		9 120						
		记 3	提折旧费			30 000					
		记 4	摊销费用				2 000				
		记 5	购办公品					2 400			
		记 6	水电费						2 000		
		记 7	分辅助费							50 000	
9	30		本月发生	4 000	9 120	30 000	2 000	2 400	2 000	50 000	99 520
		记 9	分配结转	4 000	9 120	30 000	2 000	2 400	2 000	50 000	99 520

表 4-37 制造费用分配表

生产单位：基本生产车间　　　　2017 年 9 月　　　　单位：元

产　　品	生产工时/小时	分配率	分配金额
甲产品	40 500		59 712
乙产品	27 000		39 808
合　　计	67 500	1.474 4	99 520

根据制造费用分配表编制会计分录，并填制记账凭证(见表 4-38)。

借：生产成本——基本生产成本(甲产品)　　59 712

　　　　　　——基本生产成本(乙产品)　　39 808

　贷：制造费用　　99 520

表 4-38 记账凭证

2017 年 9 月 30 日　　　　记字第 9 号

摘要	总账科目	明细科目	借方金额	贷方金额	记账
分配制造费用	生产成本	基本生产成本(甲产品)	59 712		
	生产成本	基本生产成本(乙产品)	39 808		
	制造费用			99 520	
合　　计			¥99 520	¥99 520	

财务主管：　　记账：王莉　　出纳：　　审核：季可　　制单：洪艳

7. 管理费用岗位任务：核算并登记管理费用明细账(见表 4-39)。

表 4-39 管理费用明细账 单位：元

2017 年		凭证号	摘要	费用明细项目								合计
月	日			原材料	工资及福利费	折旧费	修理费	办公费	水电费	招待费	差旅费	
9		记 1	材料费	6 000								
		记 2	工资福利		34 200							
		记 3	折旧			8 000						
		记 4	摊销费用				1 000					
		记 5	办公费					2 400				
		记 6	差旅费								2 600	
		记 6	招待费							200		
		记 7、8	分辅助费						43 480			
			本月合计	6 000	34 200	8 000	1 000	2 400	43 480	200	2 600	97 880

8. 期末成本分配岗位任务：采用约当产量法计算甲产品的月末在产品成本(见表 4-40和表 4-41)，编制结转甲、乙两种产品完工产品成本的会计分录。

甲产品本期发生生产成本＝240 000＋48 000＋184 680＋59 712＝532 392(元)

乙产品本期发生生产成本＝120 000＋32 000＋123 120＋39 808＝314 928(元)

表 4-40 产品成本计算单

产品：甲产品 完工数量：800 件 2017 年 9 月

项 目	直接材料	直接人工	制造费用	合 计
月初在产品成本/元	20 400	12 320	7 288	40 008
本月发生生产费用/元	288 000	184 680	59 712	532 292
生产费用合计/元	308 400	197 000	67 000	572 400
完工产品数量/件	800	800	800	
在产品约当产量/件	400	200	200	
约当总产量/件	1 200	1 000	1 000	
费用分配率/(元/件)	257	197	67	
本月完工产品总成本/元	205 600	157 600	53 600	416 800
月末在产品成本/元	102 800	39 400	13 400	155 600

注：甲产品直接材料＝240 000＋48 000(电费)＝288 000(元)。

表 4-41 产品成本计算单

产品：乙产品　　　　完工数量：500 件　　　　2017 年 9 月

项　　目	直接材料	直接人工	制造费用	合　计
月初在产品成本/元	0	0	0	0
本月发生生产费用/元	152 000	123 120	39 808	314 928
生产费用合计/元	152 000	123 120	39 808	314 928
费用分配率/(元/件)	304	246.24	79.616	—
本月完工产品总成本/元	152 000	123 120	39 808	314 928
月末在产品成本/元	0	0	0	0

注：乙产品直接材料＝120 000＋32 000(电费)＝152 000(元)。

第三步：结转完工产品成本，编制结转甲、乙完工产品成本汇总表(见表 4-42)，编制完工产品入库会计分录、记账凭证，并据以登记基本生产明细账。

表 4-42 完工产品成本汇总表　　　　单位：元

项　　目		直接材料	直接人工	制造费用	合　计
甲产品(800 件)	总成本	205 600	157 600	53 600	416 800
	单位成本	257	197	67	521
乙产品(500 件)	总成本	152 000	123 120	39 808	314 928
	单位成本	304	246.24	79.616	629.856
总成本合计		357 600	280 720	93 408	731 728

结转完工产品成本，编制会计分录，并填制记账凭证(见表 4-43)。

借：库存商品——甲产品　　416 800
　　　　　　——乙产品　　314 928
　贷：生产成本——基本生产成本(甲产品)　　416 800
　　　　　　　——基本生产成本(乙产品)　　314 928

表 4-43 记账凭证

2017 年 9 月 30 日　　　　记字第 10 号

摘要	总账科目	明细科目	借方金额	贷方金额	记账
产成品结转入库	库存商品	甲产品	416 800		
	库存商品	乙产品	314 928		
	生产成本	基本生产成本(甲产品)		416 800	
	生产成本	基本生产成本(乙产品)		314 928	
合　计			¥731 728	¥731 728	

财务主管：　　记账：王莉　　出纳：　　审核：季可　　制单：洪艳

登记基本生产成本明细账(见表 4-44 和表 4-45)。

表 4-44 基本生产成本明细账(甲产品)

产品：甲产品　车间：　　　　2017 年 9 月

2017 年 月	日	凭证号	摘　　要	直接材料	直接人工	制造费用	合　　计
9	1		月初在产品成本	20 400	12 320	7 288	40 008
		记 1、7	分配材料	288 000			532 292
		记 2	分配工资福利费		184 680		
		记 9	分配制造费用			59 712	
	30		本月生产费用合计	308 400	197 000	67 000	572 400
	30	记 10	结转完工产品成本	205 600	157 600	53 600	416 800
	30		月末在产品成本	102 800	39 400	13 400	155 600

财务主管：　　　　复核：王莉　　　　制表人：洪艳

表 4-45 基本生产成本明细账(乙产品)

产品：乙产品　　车间：　　　　2017 年 9 月

2017 年 月	日	凭证号	摘　　要	直接材料	直接人工	制造费用	合　　计
9	1		月初在产品成本	0	0	0	0
		记 1、7	分配材料	152 000			
		记 2	分配工资福利费		123 120		
		记 9	分配制造费用			39 808	
	30		本月生产费用合计	152 000	123 120	39 808	314 928
	30	记 10	结转完工产品成本	152 000	123 120	39 808	314 928
	30		月末在产品成本	0	0	0	0

财务主管：　　　　复核：王莉　　　　制表人：洪艳

第四步：根据相关记账凭证登记管理费用明细账(见表 4-46)等其他费用明细账，并进行期末结转。

表 4-46 管理费用明细账　　　　单位：元

2017 年 月	日	凭证号	摘要	费用明细项目 原材料	工资及福利费	折旧费	修理费	办公费	水电费	招待费	差旅费	合计
9	30	记 01	材料费	6 000								
	30	记 02	人工费		34 200							
	30	记 03	折旧费			8 000						
	30	记 04	修理费				1 000					

续表

2017年		凭证号	摘要	费用明细项目								合计
月	日			原材料	工资及福利费	折旧费	修理费	办公费	水电费	招待费	差旅费	
	30	记05	办公费					600				
	30	记05	差旅费								2 600	
	30	记06	办公费					1 800				
	30	记06	招待费							200		
	30	记07	辅助费						42 500			
	30	记07	差异						980			
	30		合计	6 000	34 200	8 000	1 000	2 400	43 480	200	2 600	97 880
	30	记11	期末结转	6 000	34 200	8 000	1 000	2 400	43 480	200	2 600	97 880

将本月“管理费用”账户归集的管理费用总额转入“本年利润”账户，编制会计分录，并填制记账凭证(见表4-47)。

借：本年利润　　97 880

　贷：管理费用　　97 880

表4-47　记账凭证

2017年9月30日　　记字第11号

摘要	总账科目	明细科目	借方金额	贷方金额	记账
结转管理费用	本年利润		97 880		
	管理费用			97 880	
合　　计			¥97 880	¥97 880	

财务主管：　记账：王莉　出纳：　审核：季可　制单：洪艳

从案例实训可以看出，产品成本计算实际上就是会计核算中成本费用科目的明细核算。为了正确计算各种产品成本，必须正确编制各种费用分配表和分配、归集各项费用的会计分录，并且按照平行登记的规则，既登记各有关总账科目，又登记各总账科目所属的明细账。最后，将各种生产费用分配、归集到基本生产成本科目及其所属各种产品成本明细账中，计算各种产品的总成本和单位成本。

项目小结

品种法是最基本的成本计算方法。运用品种法进行成本计算时，按照制造业企业成本核算的业务流程，一般分为以下四个步骤：①按产品品种设置产品成本明细账或成本计算单，并按成本项目设置专栏；②归集分配核算各种要素费用，包括材料费用、人工费用、动力费用、折旧费用、其他费用、辅助费用、制造费用，根据原始凭证编制各种要素费用的分配表，据以登记记账凭证，再登记成本明细账；③在对要素费用对象化的基础上，编制产品成本计算单，期末将月初在产品成本与本期发生的生产费用的合计金额，采用约当产量法、定额成本法等方法在完工产品与月末在产品之间进行成本分配；④填制入库单，完工产品验收入库，结转完工产品成本。至此，成本会计岗位的工作已经完成。

运用品种法进行成本计算涉及的成本会计核算岗位可以分解为材料岗位、工资岗位、固定资产岗位、其他费用岗位、辅助生产费用岗位、制造费用岗位、管理费用岗位、期末成本分配岗位、成本会计主管岗位共九个岗位。每个岗位的工作任务均可以分解为以下四个细分任务：①根据原始凭证计算整理各项费用数据；②编制各项要素费用分配表；③根据各项费用分配表编制相关业务的记账凭证；④根据记账凭证登记相应的成本费用明细账。

教学做一体化训练

一、单项选择题

1. 下列方法中，属于产品成本计算辅助方法的是(　　)。

A. 品种法　　B. 分步法　　C. 定额法　　D. 分批法

2. 采用分类法的目的是(　　)。

A. 分类计算产品成本　　B. 分品种计算产品成本

C. 简化各类产品成本的计算工作　　D. 简化各种产品成本的计算工作

3. 产品成本计算的最基本的方法是(　　)。

A. 分类法　　B. 分步法　　C. 分批法　　D. 品种法

4. 下列产品成本核算方法中，适用于单件、小批生产的是(　　)。

A. 品种法　　B. 分批法

C. 逐步结转分步法　　D. 平行结转分步法

5. 区分各种成本计算方法的主要标志是(　　)。

A. 成本计算对象

B. 成本计算日期

C. 间接费用额分配方法

D. 完工产品与在产品之间生产费用分配方法

6. 产品成本计算实际上就是会计核算中成本费用科目的(　　)。

A. 明细核算　　B. 总分类核算

C. 账务处理　　D. 总分类核算和明细核算

7. 品种法适用的生产组织方式是(　　)。

A. 大量大批生产　　B. 大量成批生产

C. 大量小批生产　　D. 单件小批生产

8. 甲公司主要生产产品 A，本月完工 36 件，在产品 20 件，平均完工程度为 70%，共发生生产费用 5 000 万元。采用约当产量法对月末在产品和完工产品的成本进行分配，则完工产品和在产品的成本分别为(　　)万元。

A. 2 000 和 3 000　　B. 1 400 和 3 600　　C. 3 600 和 1 400　　D. 3 400 和 1 600

二、多项选择题

1. 下列关于品种法的说法中，不正确的有(　　)。

A. 如果企业生产的产品属于多步骤，则应采用品种法计算产品成本

B. 如果是单步骤生产、大量大批生产型企业，则应采用品种法计算产品成本

C. 品种法是指以产品品种作为成本计算对象，归集和分配生产费用，计算产品成本的一种方法

D. 品种法是指按照生产过程中各个加工步骤(分品种)为成本计算对象，归集和分配生产费用，计算各步骤半成品和最后产成品成本的一种方法

2. 下列关于运用产品成本计算方法的表述中，正确的有(　　)。

A. 同一产品不同成本项目必须采用相同的成本计算方法

B. 同一产品不同生产步骤必须采用相同的成本计算方法

C. 同一企业不同车间可以采用不同的成本计算方法

D. 同一车间不同产品可以采用不同的成本计算方法

3. 成本计算的辅助方法有(　　)。

A. 品种法　　B. 分批法　　C. 定额法　　D. 分类法

4. 品种法适用于(　　)。

A. 大量大批的单步骤生产　　B. 大量大批的多步骤生产

C. 管理上不要求分步骤计算成本的多步骤生产

D. 小批、单件，管理上不要求分步骤计算成本的多步骤生产

5. 产品成本计算过程中存在的成本计算对象有(　　)。

A. 产品品种　　B. 产品类型

C. 产品批别　　D. 产品生产步骤

三、判断题

1. 一般情况下，对工业企业而言，生产一种或几种产品的，以产品品种为成本核算对象；分批、单件生产的产品，以每批或每件产品为成本核算对象。(　　)

2. 企业为保持成本核算的一致性，不同生产车间不同产品应当采用相同的成本计算方法。(　　)

3. 品种法是指产品成本计算的基本方法。(　　)

4. 品种法、分批法和分步法的主要区别在于成本计算期的不同。(　　)

5. 产品成本计算的基本方法和辅助方法都可以根据企业的生产特点单独使用。(　　)

6. 品种法是按月定期计算产品成本的。(　　)

项目实训

(一) 实训目的

熟悉产品成本核算的基本原理和一般程序，掌握产品成本核算的最基本的方法——品种法，能够担任中小型企业成本核算岗位的会计工作。

（二）实训资料

泰达机械制造有限责任公司为大量大批单步骤生产的企业，采用品种法计算产品成本。企业设有一个基本生产车间，生产甲、乙两种产品，还设有一个辅助生产车间——运输车间。该厂 2017 年 8 月有关产品成本核算资料如下。

1. 产量资料如表 4-48 所示。

表 4-48 产量资料

产品名称	月初在产品/件	本月投产/件	完工产品/件	月末在产品/件	完工率/%
甲产品	800	7 200	6 500	1 500	60
乙产品	320	3 680	3 200	800	40

2. 月初在产品成本如表 4-49 所示。

表 4-49 月初在产品成本

单位：元

产品名称	直接材料	直接人工	制造费用	合计
甲产品	8 090	5 860	6 810	20 760
乙产品	6 176	2 948	2 728	11 852

3. 该月发生的生产费用如下。

材料费用：生产甲产品耗用材料 4 410 元，生产乙产品耗用材料 3 704 元，生产甲、乙产品共同耗用材料 9 000 元（甲产品材料定额耗用量为 3 000 千克，乙产品材料定额耗用量为 1 500 千克）。运输车间耗用材料 900 元，基本生产车间耗用消耗性材料 1 938 元。

职工薪酬：生产工人工资 10 000 元，运输车间人员工资 800 元，基本生产车间管理人员工资 1 600 元。

其他费用：运输车间固定资产折旧费为 200 元，水电费为 160 元，办公费为 40 元。基本生产车间厂房、机器设备折旧费为 5 800 元，水电费为 260 元，办公费为 402 元。

4. 工时记录：甲产品耗用实际工时为 1 800 小时，乙产品耗用实际工时为 2 200 小时。

5. 本月运输车间共完成 2 100 公里运输工作量，其中：基本生产车间耗用 2 000 公里，企业管理部门耗用 100 公里。

（三）实训准备

付款凭证 2 张，转账凭证 8 张，发出材料汇总表 1 张，应付工资及计提福利费汇总表 1 张，直接材料费用分配表 1 张，直接人工费用分配表 1 张，辅助生产成本明细账 2 张，辅助生产费用分配表 1 张，产品生产用电分配表 1 张，制造费用明细账 1 张，制造费用分配表 1 张，产品成本计算单 2 张，管理费用明细账 1 张。

（四）实训要求

1. 按产品品种开设基本生产明细账，按成本项目设专栏。

2. 根据实际业务归集和分配本月发生的各项要素费用，并进行相应会计处理。

3. 采用适当的方法，分配辅助生产费用并编制会计分录。

4. 采用适当的方法，分配制造费用并编制会计分录。

5. 设置产品成本计算单，分别计算甲、乙产品的完工产品成本和月末在产品成本；

6. 分别编制甲、乙产品的产品成本计算单，并结转完工产品成本。

（五）实训过程

1. 填制甲、乙产品成本计算单(见表 4-50 和表 4-51)。

表 4-50 产品成本计算单(甲产品)

产品： 完工数量： 件 年 月

项 目	直接材料	直接人工	制造费用	合 计
月初在产品成本/元				
本月发生生产费用/元				
生产费用合计/元				
完工产品数量/件				
在产品约当产量/件				
约当总产量/件				
费用分配率/(元/件)				
本月完工产品总成本/元				
月末在产品成本/元				

表 4-51 产品成本计算单(乙产品)

产品： 完工数量： 件 年 月

项 目	直接材料	直接人工	制造费用	合 计
月初在产品成本/元				
本月发生生产费用/元				
生产费用合计/元				
完工产品数量/件				
在产品约当产量/件				
约当总产量/件				
费用分配率/(元/件)				
本月完工产品总成本/元				
月末在产品成本/元				

填制辅助车间生产成本明细账(见表 4-52)。

表 4-52 辅助生产成本明细账

车间名称： 单位：元

月	日	凭证	摘 要	直接材料	直接人工	制造费用	合 计

填制基本生产车间制造费用明细账(见表 4-53)。

表 4-53 制造费用明细账

生产单位： 单位：元

年		凭证号	摘要	费用明细项目							合计
月	日			原材料	工资及福利费	折旧费	修理费	办公费	水电费	辅助	

填制管理费用明细账(见表 4-54)，其他总账和明细账从略。

表 4-54 管理费用明细账

单位：元

年		凭证号	摘要	费用明细项目								合计
月	日			原材料	工资及福利费	折旧费	修理费	办公费	水电费	招待费	差旅费	

2. 进行费用分配和成本计算，编制会计分录并登记明细账。

(1) 根据甲、乙两种产品的定额耗用量比例分配共同耗用材料，填写原材料费用分配汇总表(见表 4-55)并进行业务处理。

表 4-55 原材料费用分配汇总表

年 月 日 金额单位：元

应借账户			成本费用项目	直接计入费用	间接计入费用			合计
总账	二级账	明细账			标准	分配率	金额	

（2）根据甲、乙两种产品的实际生产工时分配产品生产工人工资和福利费，并编制直接人工费用分配表(见表 4-56)，并进行业务处理。

表 4-56　人工费用分配表

年　　月　　日　　　　金额单位：元

应借账户			成本费用项目	直接工资费用	间接工资费用			工资	福利费	合计
总账	二级账	明细账			工时	分配率	金额			

（3）编制其他费用的会计分录并计入有关账户。

（4）按运输里程比例分配辅助生产费用，编制辅助生产费用分配表(见表 4-57）并进行业务处理。

表 4-57　辅助生产费用分配表

年　　月　　　　单位：元

<table>
<tr><td colspan="3" rowspan="2">项　　目</td><td colspan="2">直接分配法——运输车间</td></tr>
<tr><td>劳务量</td><td>金额</td></tr>
<tr><td colspan="3">应分配的费用总额</td><td></td><td></td></tr>
<tr><td colspan="3">提供的应分配劳务总量</td><td></td><td></td></tr>
<tr><td colspan="3">单位成本</td><td></td><td></td></tr>
<tr><td rowspan="4">应借账户</td><td rowspan="2">基本生产成本</td><td>甲产品</td><td></td><td></td></tr>
<tr><td>乙产品</td><td></td><td></td></tr>
<tr><td>制造费用</td><td>基本车间</td><td></td><td></td></tr>
<tr><td>管理费用</td><td></td><td></td><td></td></tr>
<tr><td colspan="3">分配费用合计</td><td></td><td></td></tr>
</table>

（5）采用生产工时分配法编制基本生产车间制造费用分配表(见表 4-58)，并进行业务处理。

表 4-58 制造费用分配表

生产单位： 年 月

产 品	生产工时/小时	分配率/%	分配金额/元
合 计			

(6) 按约当产量法分配计算甲、乙完工产品和月末在产品成本。甲产品耗用的材料随加工程度陆续投入，乙产品耗用的材料于生产开始时一次投入(见表 4-50 和表 4-51)。编制结转甲、乙两种产品完工产品成本的会计分录。

(7) 结转管理费用(见表 4-54)，并进行相应业务处理。

5 项目五 运用分批法进行成本计算

知识目标

- 掌握典型分批法的基本理论，掌握典型分批法的成本计算及成本核算程序。
- 掌握简化分批法的基本理论，掌握简化分批法的成本计算及成本核算程序。

能力目标

- 能够根据企业的生产类型、管理要求等因素选择合理的成本计算方法。
- 能够熟练运用典型分批法和简化分批法进行成本计算。
- 能够熟练、正确地运用典型分批法和简化分批法进行实务操作处理。

项目导入

某公司为单件小批生产的企业，按照产品订单组织生产。2017 年 8 月，第一生产车间生产 301 批次甲产品、302 批次乙产品、303 批次丙产品、304 批次丁产品四批产品。已知月初在产品成本及本月产量、工时、生产费用及其他各种费用的资料。

思考：如何采用典型分批法对该企业的成本费用进行计算？如何进行实务处理？

任务一 分批法概述

一、分批法的概念

分批法，就是以产品的批别为成本计算对象，开设成本明细账，归集生产费用，计算产品成本的一种方法。产品批别在成批组织生产的企业或车间中，是按照一定品种、一定批量产品划分的。因此，分批法也是计算一定品种、一定批量的产品成本的方法。在实际工作中，产品的品种和每批产品的批量往往是根据客户的订单确定，因此，按照产品批别计算产品成本，往往也就是按照订单计算产品成本。所以，分批法也称为订单法。

二、分批法的适用范围

在单件小批生产的企业里，生产往往是按照客户的订单来组织的。每个客户订单所订购的产品又常常种类不同、规格不一，采用的原料及制造方法、订做的数量各异，各订单的具体要求有所不同，因此，必须将生产某订单产品的成本与生产其他订单产品的成本区分开来，分别为每一个订单归集费用，计算每一个订单产品的成本。尤其是订货合同规定根据成本定价时，由于在各订单完工时，要报给订货者这批产品的成本，更需要按订单来计算成本。有些小批单件生产企业不是按照客户订单而是根据自己的生产计划生产，即根据企业事先确定的产品种类、规格，单件或小批量组织生产。由于每件或各批产品的种类、规格各不相同，也要求分批计算各批产品成本。

综上所述，分批法适用于单件、小批生产的企业和车间。具体来说，主要有以下四种情形：根据客户订单组织生产的企业；产品种类经常变动的小规模制造厂；承揽修理业务的工厂；新产品试制车间。这些企业或车间的共同特点是一批产品通常不重复生产，即使重复生产，也是不定期的。企业生产计划的编制及日常检查、核算工作，都以客户的订单或企业事先规定的产品及批量为依据。

三、分批法的特点

▶1. 成本计算对象是各产品的生产批别

分批法的批别主要有三种：订单、化整为零、化零为整。在小批和单件生产中，产品的种类和每批产品的批量，大多是根据购买单位的订单确定，因此，按批、按件计算产品成本，往往也就是按照订单计算产品成本。如果在一个订单中规定有几种产品，或虽然只有一种产品但其数量较大而又要求分批交货时，这时，如按订货单位的订单组织生产，就不利于按产品品种考核、分析成本计划的完成情况，从生产管理上也不便于集中一次投料，或满足不了分批交货的要求。针对这一情况，企业生产计划部门可以将上述订单按照产品品种划分批别组织生产，或将同类产品划分数批组织生产，计算成本；如果一个订单中只规定一件产品，但其属于大型复杂的产品，价值较大，生产周期较长，如大型船舶制造，也可以按照产品的组成部分分批组织生产，计算成本，这就是化整为零。如果在同一时期内，企业接到不同购货单位要求生产同一产品的几个订单，为了经济合理地组织生产，企业生产计划部门也可以将其合并为一批组织生产，计算成本，这就是化零为整。在这种情况下，分批法的成本计算对象就不是购货单位的订单，而是企业生产计划部门签发下达的生产任务通知单，单内应对该批生产任务进行编号，称为产品批号或生产令号。会计部门应根据产品批号设立产品成本明细账。生产费用发生后，就按产品批别进行归集，费用直接计入成本，间接计入费用则要采用适当的分配方法，在各批产品之间进行分配，然后计入各产品成本明细账。由于分批法下存在多个成本计算对象，间接计入费用多，为了提高成本核算的正确性，要合理选择分配标准。

▶ 2. 成本计算期不定期，与生产周期基本一致，而与会计周期不一致

为了保证各批产品成本计算的正确性，各批产品成本明细账的设立和结算，应与生产任务通知单的签发和结束密切配合，协调一致，即各批或各订单产品的成本总额，在其完工以后(完工月份的月末)计算确定。因此，完工产品成本计算是不定期的，其成本计算期与产品的生产周期基本一致，而与核算报告期不一致。

▶ 3. 生产费用通常不需要在完工产品与在产品之间进行分配

在小批、单件生产中，由于完工产品成本计算期与产品的生产周期一致，因此在月末计算产品成本时，一般不存在完工产品与在产品之间分配费用的问题。

在单件生产中，产品完工前，产品成本明细账所记录的生产费用，都是在产品成本；产品完工时，产品成本明细账所记录的生产费用，就是完工产品的成本，因此在月末计算成本时，不存在完工产品与在产品之间费用的分配问题。

在小批生产中，由于产品批量较小，批内产品一般都能同时完工，或者在相距不久的时间内全部完工。月末计算成本时，或是全部已经完工，或是全都没有完工，因此一般也不存在完工产品与在产品之间费用分配的问题。但如批内产品有跨月陆续完工的情况，在月末计算成本时，一部分产品已完工，另一部分产品尚未完工，这时就有必要在完工产品与在产品之间分配费用，以便计算完工产品成本和月末在产品成本。如果跨月陆续完工的情况不多，月末完工产品数量占批量比重较小时，可以采用按计划单位成本、定额单位成本或近期相同产品的实际单位成本计算完工产品成本，从产品成本明细账中转出，剩余数额即为在产品成本。在该批产品全部完工时，还应计算该批产品的实际总成本和单位成本，但对已经转账的完工产品成本，不做账面调整。这样做主要是为了计算先交货的成本。这种分配方法核算工作虽然简单，但分配结果计算不太准确。因此，在批内产品跨月陆续完工情况较多，月末完工产品数量占批量比重较大时，为了提高成本计算的正确性，应采用适当的方法，在完工产品与月末在产品之间分配费用，计算完工产品成本和月末在产品成本。

为了使同一批产品尽量同时完工，避免跨月陆续完工的情况，减少完工产品与月末在产品之间分配费用的工作，在合理组织生产的前提下，可以适当缩小产品的批量。但是，缩小产品批量也应有一定的限度，否则批量过小，不仅会使生产组织方式不合理、不经济，而且会使设立的产品生产明细账过多，从而加大核算工作量。

四、分批法的类型

▶ 1. 典型分批法

典型分批法又叫一般分配法或当月分配法，是指每月各批次无论是否有完工产品，都要按受益对象分配间接费用给各批次产品。典型分批法主要适用于当月可以完工的、生产周期短的单件、小批生产企业。

▶ 2. 简化分批法

简化分批法又叫累计分配法，是指在分配间接费用时，只有在有批次产品完工的月份，才能将归集的费用分配给各批次完工产品成本。简化分批法适用于同一月份投产批数多，且月末未完工批数多、各批次按月分配的工作量繁重的企业。

任务二 典型分批法的成本计算

运用典型分批法进行产品成本计算的程序如下。

一、设置生产成本明细账

财务部门根据生产通知单规定的产品批别，设置生产成本明细账，并按成本项目分设专栏。

在生产开始时，企业的生产计划部门下达生产任务通知单，财务部门根据每一个生产任务通知单副本开设产品生产成本明细账，并在账上注明产品批号，以及生产任务通知单上所提供的其他规定性或说明性信息，如产品的品名、规格等。成本计算单的开设和结账应注意同生产通知单的签发和结束配合一致，各批号之间不能混同或串户，以保证各批产品成本计算的正确性。

二、登记有关明细账

按批别归集和分配本月发生的各项费用，登记有关明细账。

企业在生产产品领用各种原材料、耗用有关费用时，都要在有关的原始凭证上注明生产通知单号，月末根据费用的原始凭证，编制各种费用分配表，将各批产品的直接费用，按产品批别区分成本项目直接计入各产品生产成本明细账内；将发生的间接费用按照一定的方法在各批产品之间进行分配，计入有关各批产品成本明细账内。

三、分配辅助生产费用

汇集辅助生产车间发生的制造费用，按其提供的劳务数量，在各批别或订单产品、制造费用，以及其他受益对象之间进行分配。对于辅助生产车间生产的产品，应计算其完工产品成本，从辅助生产成本明细账中转出。

四、分配基本生产车间制造费用

将基本生产车间“制造费用明细账”中归集的制造费用进行汇总，根据投产的批别或订单的完成情况，选择一定的方法分配制造费用。

五、计算完工产品成本

采用分批法一般不需要在完工产品和在产品之间分配生产费用。生产周期内，各月月末结账时，各产品生产成本明细账上累计的生产费用，都是各批在产品成本；当某批别或生产通知单的产品完工并检验合格后，应由生产车间填制完工通知单，报送财务部门。此时，产品生产成本明细账上的全部费用就是产成品成本。但如果某批产品出现跨月陆续完工情况，则需要将产品生产成本明细账中的全部费用，采用一定的方法在完工产品与在产品之间进行分配，并计算完工产品和月末在产品成本。

六、结转完工产品成本

月末将各批完工产品成本及批内陆续完工产品的成本加以汇总，编制完工产品成本汇总表，结转完工入库产品的成本。

案例实训

（一）实训资料

沿用项目导入的资料，某公司根据客户的订单组织产品生产，采用分批法计算产品成本。

1. 2017年8月，该厂共有四批产品同时生产，各产品投产完工情况如表5-1所示。

表5-1　生产记录表

批　号	产品名称	开工日期	投产批量/件	本月完工数量/件	在产品数量/件	实用工时/工时
301	甲	6月10日	10	10		20 000
302	乙	7月8日	17	12	5	30 000
303	丙	7月12日	8	5	3	16 000
304	丁	8月26日	20		20	10 000

2. 8月初在产品成本如表5-2所示。

表5-2　月初在产品成本表

单位：元

产品批号	产品名称	直接材料	直接人工	制造费用	合　计
301	甲	1 030 000	390 000	460 000	1 880 000
302	乙	450 000	140 000	168 000	758 000
303	丙	360 000	105 000	129 000	594 000

3. 8月发生的生产费用经汇总、整理如表5-3所示。

表5-3　生产费用汇总表

产品批号	产品名称	直接材料	直接人工	制造费用	合　计
301	甲	120 000			120 000
302	乙	399 990			399 990
303	丙	258 000			258 000
304	丁	123 000			123 000
共同费用			380 000	304 000	684 000
合计		900 990	380 000	304 000	1 584 990

其中，直接材料由领料单标明的产品批号汇总而来，直接人工和制造费用属各批产品共同发生的费用，对此按生产工时比例在各批产品之间分配。

4. 生产费用在完工产品和在产品之间分配的方法如下。

302 批号乙产品，本月末完工数量较大，完工产品和月末在产品成本的分配方法采用约当产量法。月末在产品的平均完工程度为 50%，原材料于生产中逐步投入，投料率为 80%。

303 批号丙产品，本月末完工数量为 5 件，为了简化核算，完工产品按计划成本转出，其计划单位成本为：直接材料 77 000 元；直接人工 22 925 元，制造费用 27 912 元，合计 127 837 元。

根据案例，完成下列工作任务：

1. 分配各种要素费用、辅助生产费用、基本生产车间制造费用，分配计算各种完工产品成本和在产品成本。

2. 编制并审核各要素费用分配表、辅助生产费用分配表、制造费用分配表、产品成本计算表。

3. 编制并审核记账凭证。

4. 登记有关成本费用总账和明细账。

（二）实训分析

典型分批法下，当月发生的间接费用全部分配给各成本计算对象，直接费用直接计入各批次产品成本，间接费用按一定方法分配计入各批次产品的成本中，并计入各种产品成本明细账和成本计算单，而不论其是否已经完工。

典型分批法的成本核算步骤如下：①按批次设置生产成本明细账，并按成本项目分设专栏；②费用凭证注明用途，分清批次产品的费用；③编制要素费用分配表，分配并归集批次产品的生产费用；④月末，结算各批次产品的生产费用，计算产品成本。

典型分批法的核算程序如图 5-1 所示。

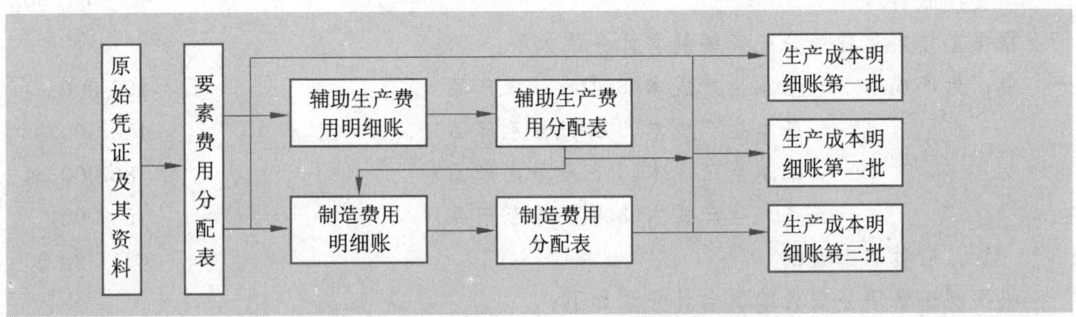

图 5-1 典型分批法的核算程序

（三）实训操作

第一步：将生产费用在各批产品之间进行分配。其中，直接材料由各批产品分别耗用，不需要进行分配；直接人工和制造费用是由各批产品共同耗用的，需要按照工时进行分配。直接人工费用的分配如表 5-4 所示，制造费用的分配如表 5-5 所示。

表 5-4 直接人工费用分配表

2017 年 8 月

产品批号	产品名称	分配标准/工时	分配率	应分配金额/元
301	甲	20 000		100 000
302	乙	30 000		150 000
303	丙	16 000		80 000
304	丁	10 000		50 000
合计		76 000	5	380 000

表 5-5 制造费用分配表

2017 年 8 月

产品批号	产品名称	成本项目	分配标准/工时	分配率	分配金额/元
301	甲	制造费用	20 000		80 000
302	乙	制造费用	30 000		120 000
303	丙	制造费用	16 000		64 000
304	丁	制造费用	10 000		40 000
合计			76 000	4	304 000

根据生产费用汇总表编制直接材料会计分录如下：

借：生产成本——基本生产成本(301 批号甲产品)　　120 000
　　　　　　——基本生产成本(302 批号乙产品)　　399 990
　　　　　　——基本生产成本(303 批号丙产品)　　258 000
　　　　　　——基本生产成本(304 批号丁产品)　　123 000
　贷：原材料　　900 990

根据直接人工费用分配表编制会计分录如下：

借：生产成本——基本生产成本(301 批号甲产品)　　100 000
　　　　　　——基本生产成本(302 批号乙产品)　　150 000
　　　　　　——基本生产成本(303 批号丙产品)　　80 000
　　　　　　——基本生产成本(304 批号丁产品)　　50 000
　贷：应付职工薪酬　　380 000

根据制造费用分配表编制会计分录如下：

借：生产成本——基本生产成本(301 批号甲产品)　　80 000
　　　　　　——基本生产成本(302 批号乙产品)　　120 000
　　　　　　——基本生产成本(303 批号丙产品)　　64 000
　　　　　　——基本生产成本(304 批号丁产品)　　40 000
　贷：制造费用　　304 000

第二步：根据表 5-1～表 5-4 登记各批产品成本明细账(见表 5-6～表 5-9)。

表 5-6 产品成本明细账

批号：301　　开工日期：6 月 10 日

产品名称：甲　　批量：10　　完工日期：8 月 31 日　　单位：元

2017 年		凭证	摘　要	直接材料	直接人工	制造费用	合计
月	日						
8	31		期初余额	1 030 000	390 000	460 000	1 880 000
	31	略	材料费用	120 000			120 000
			人工费用		100 000		10 000
			制造费用			80 000	80 000
			合计	1 150 000	490 000	540 000	2 090 000
			完工产品转出	1 150 000	490 000	540 000	2 090 000
			期末余额	0	0	0	0

表 5-7 产品成本明细账

批号：302　　批量：17　　开工日期：7 月 8 日

产品名称：乙　　完工：12　　完工日期：　月　日　　单位：元

2017 年		凭证	摘　要	直接材料	直接人工	制造费用	合计
月	日						
8	1		期初余额	450 000	140 000	168 000	758 000
	31	略	材料费用	399 990			399 990
			人工费用		150 000		150 000
			制造费用			120 000	120 000
			合计	849 990	290 000	288 000	1 427 990
			完工产品转出	637 492.5	240 000	238 344.83	1 115 837.33
			期末余额	212 497.5	50 000	49 655.17	312 152.67

表 5-8 产品成本明细账

批号：303　　批量：8 件　　开工日期：7 月 12 日

产品名称：丙　　完工：5 件　　完工日期：　月　日　　单位：元

2017 年		凭证	摘　要	直接材料	直接人工	制造费用	合计
月	日						
8	1		期初余额	360 000	105 000	129 000	594 000
	31	略	材料费用	258 000			258 000
			人工费用		80 000		80 000
			制造费用			64 000	64 000
			合计	618 000	185 000	193 000	996 000
			完工产品转出	385 000	114 625	139 560	639 185
			期末余额	233 000	70 375	53 440	356 815

表 5-9 产品成本明细账

批号：304　　批量：20 件　　开工日期：8 月 26 日
产品名称：丁　　完工日期：　月　日　　单位：元

2017 年		凭证	摘　要	直接材料	直接人工	制造费用	合计
月	日						
8	1		期初余额	0	0	0	0
8	31		材料费用	123 000			123 000
			人工费用		50 000		50 000
			制造费用			40 000	40 000
			合计	123 000	50 000	40 000	213 000
			完工产品转出	0	0	0	0
			期末余额				

第三步：将生产费用在完工产品和月末在产品之间进行分配。

301 批号甲产品全部完工，发生的费用全部转入完工产品成本；302 批号乙产品由于跨月陆续完工情况较多，采用约当产量法对完工产品和月末在产品成本进行分配；303 批号丙产品由于跨月陆续完工情况较少，完工产品可以按计划成本转出，待整批产品全部完工后，再重新计算完工产品的实际总成本和单位成本(对已经转账的完工产品成本，不必再做账面调整)；304 批号丁产品全部未完工，发生的费用全部为未完工产品成本，不需结转完工产品成本。

302 批号乙产品月末在产品约当产量计算情况如表 5-10 所示。

表 5-10 在产品约当产量计算表

产品批号：302　　产品名称：乙产品

成本项目	在产品数量	投料程度(加工程度)/%	在产品约当产量/件	约当总产量/件
直接材料	5	80%	4	16
直接人工	5	50%	2.5	14.5
制造费用	5	50%	2.5	14.5

根据各批完工产品的成本明细账，编制成本计算单(见表 5-11～表 5-13)。

表 5-11 产品成本计算单

批号：301　　开工日期：6 月 10 日
产品名称：甲　　批量：10　　完工日期：8 月 31 日　　单位：元

摘　要	直接材料	直接人工	制造费用	合　计
月初在产品成本	1 030 000	390 000	460 000	1 880 000
本月发生生产费用	120 000	10 000	80 000	210 000
生产费用合计	1 150 000	490 000	540 000	2 090 000
完工产品总成本	1 150 000	490 000	540 000	2 090 000
单位成本	115 000	49 000	54 000	209 000

表 5-12 产品成本计算单

批号：302　　批量：12　　开工日期：7 月 8 日

产品名称：乙　　完工日期：　月　日

摘　要	直接材料	直接人工	制造费用	合　计
月初在产品成本	450 000	140 000	168 000	758 000
本月发生生产费用	399 990	150 000	120 000	669 990
生产费用合计	849 990	290 000	288 000	1 427 990
分配率	53 124.38	20 000	19 862.07	92 986.44
完工产品总成本	637 492.5	240 000	238 344.8	1 115 837.3
月末在产品成本	212 497.5	50 000	49 655.17	312 152.67

其中，乙产品直接材料分配率＝849 990÷(12＋5×80%)＝53 124.375

直接人工分配率＝290 000÷(12＋5×50%)＝20 000

制造费用分配率＝288 000÷(12＋5×50%)＝19 862.069

表 5-13 产品成本计算单

批号：303　　批量：5　　开工日期：7 月 12 日

产品名称：丙　　完工日期：　月　日　　单位：元

摘　要	直接材料	直接人工	制造费用	合　计
月初在产品成本	360 000	105 000	129 000	594 000
本月发生生产费用	258 000	80 000	64 000	402 000
生产费用合计	618 000	185 000	193 000	996 000
单位成本	77 000	22 925	27 912	127 837
完工产品总成本	385 000	114 625	139 560	639 185
月末在产品成本	233 000	70 375	53 440	356 815

第四步：结转完工产品成本。

根据表 5-11～表 5-13 中的成本计算结果，编制完工产品成本汇总表(见表 5-14)。

表 5-14 完工产品成本汇总表

2017 年 8 月　　单位：元

成本项目		直接材料	直接人工	制造费用	合　计
301 批号甲产品（产量 10 件）	总成本	1 150 000	490 000	540 000	2 090 000
	单位成本	115 000	49 000	54 000	209 000
302 批号乙产品（产量 12 件）	总成本	637 492.5	240 000	238 344.8	1 115 837.3
	单位成本	53 124.38	20 000	19 862.07	92 986.44
303 批号丙产品（产量 5 件）	总成本	385 000	114 625	139 560	639 185
	单位成本	77 000	22 925	27 912	127 837

根据完工产品成本汇总表，编制本月结转完工产品入库的会计分录如下：

借：库存商品——甲产品　　209 0 000

——乙产品　　1 115 837.3

——丙产品　　639 185

贷：生产成本——基本生产成本——301 批号甲产品　　2 090 000

——302 批号乙产品　　1 115 837.3

——303 批号丙产品　　639 185

任务三　简化分批法的成本计算

一、简化分批法的概念、特点及适用范围

在有些小批单件生产的企业或车间里，订单多、生产周期长，而实际每月完工的订单并不多。在这种情况下，如果采用当月分配法分配各项费用，费用分配的核算工作量将非常繁重。因此，为了简化核算，这类企业或车间可采用不分批计算在产品成本的分批法，也叫作人工及制造费用的累计分配法或简化的分批法。简化分批法主要适用于同一月份投产批数多，且月末未完工批数多的企业，以及各批次按月分配的工作量繁重的企业。

采用这种方法，仍应按照按产品批别设置产品生产成本明细账和基本生产成本二级账，但在各批产品完工之前，账内只需按月登记直接计入费用(如原材料费用)和生产工时。每月发生的间接费用，不是按月在各批产品之间进行分配，而是先将其在基本生产成本二级账中，按成本项目分别累计起来，只有在有产品完工的那个月份，才对完工产品按照其累计工时的比例，分配间接计入费用，计算累计间接费用分配率，计算完工产品成本，进行完工产品成本计算与期末成本分配。而全部批次的在产品应承担的间接费用，则以总数反映在基本生产成本二级账中，不进行分配，不分批计算在产品成本。

二、简化分批法的成本计算程序

▶ 1. 按照产品批别设置产品生产成本明细账和基本生产成本二级账

按产品批别设置产品生产成本明细账，并分别按成本项目设置专栏，平时账内只登记直接计入费用(原材料费用)和生产工时；另外，还要按全部产品设立一个“基本生产成本二级账”，归集反映企业投产的所有批次产品在生产过程所发生的各项费用和累计生产工时。“基本生产成本二级账”是简化分批法的一个显著特点。

▶ 2. 归集和分配生产费用及生产工时

根据本月原材料费用分配表及生产工时记录，将各批产品耗用的直接材料费用和耗用的生产工时分别计入各批产品生产成本明细账和产品基本生产成本二级账。

根据职工薪酬及其他费用的分配表或汇总表将本月发生的职工薪酬及其他费用，不分批别地计入基本生产成本二级账。

根据月初在产品成本、生产工时记录与本月生产费用、生产工时记录确定本月末各项

费用与生产工时累计数。

▶ 3. 计算完工产品成本

月末如果本月各批产品均未完工，则各项费用与生产工时累计数转至下月继续登记。如果本月有完工产品或某批全部完工或部分完工，或有几批完工，对完工产品应承担的直接材料费用，可根据产品生产成本明细账中的累计生产费用，采用适当的分配方法在完工产品和在产品之间进行分配；对完工产品应承担的间接计入费用(除直接材料以外的费用)，则需要根据基本生产成本二级账的累计费用数与累计工时，按下述公式计算全部产品各项累计间接费用分配率，据以分配费用。

间接费用分配率＝全部批次产品间接费用累计÷生产全部批次产品累计工时

某批次完工产品承担的累计间接生产费用＝该批次产品实耗工时×分配率

案例实训

(一) 实训资料

大星模具厂成批生产多种产品，产品批次和月末未完工产品批次都较多，为了简化成本核算工作，采用简化分批法计算产品成本。2017 年 6 月，该企业的产品批号及完工情况如表 5-15 所示。

表 5-15　各批产品生产情况表

产品批号	产品名称	投产情况	本月完工数量	月末在产品
403	A	4 月 3 日投产 32 件	32 件	
508	B	5 月 8 日投产 16 件	8 件	8 件
521	C	5 月 21 日投产 20 件		20 件
610	D	6 月 10 日投产 12 件		12 件
625	E	6 月 25 日投产 15 件		15 件

表 5-15 中，批号为 508 的 B 产品，其原材料在生产开始时一次投入，完工产品所耗工时为5 920小时，在产品的工时为2 520小时。

采用简化分批法对该企业的成本费用进行计算、核算，完成下列工作任务：

1. 分配各种要素费用、辅助生产费用、基本生产车间制造费用，分配计算各种完工产品成本和在产品成本。

2. 编制并审核各要素费用分配表、辅助生产费用分配表、制造费用分配表、产品成本计算表。

3. 编制并审核记账凭证。

4. 登记有关成本费用总账和明细账。

(二) 实训分析

简化分批法下，按产品批别设置产品生产成本明细账和基本生产成本二级账，平时只需按月登记直接费用和生产工时。每月发生的间接费用，不分批次先登记在基本生产成本二级账中，只有在有批次产品完工的月份，才按累计工时比例，计算累计间接费用分配率，分配间接费用，计算完工产品成本。而在产品应承担的间接费用，则不进行分配。

简化分批法的成本计算步骤主要包括：①根据生产任务通知单设立生产成本明细账和基本生产成本二级账。②根据材料费用分配表和生产工时记录等将各批别耗用的材料费用和工时，计入生产成本明细账和基本生产成本二级账，并在月末进行账账核对。③根据各项间接费用分配表，将各批次产品的人工费用和制造费用等登记到基本生产成本二级账中。④在有完工产品的月份的月终，累计基本生产成本二级账中的费用和工时，计算累计间接费用分配率，并据此分配间接费用并登记产品生产成本明细账；同时，将各产品生产成本明细账中登记的间接费用分配额汇总后计入基本生产成本二级账中。⑤月末，结转完工批次产品的成本。

简化分批法的核算程序如图 5-2 所示。

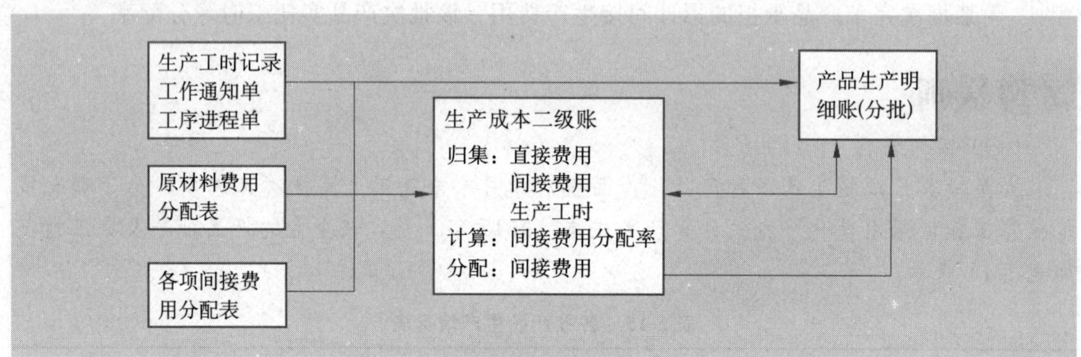

图 5-2　简化分批法的核算程序

（三）实训操作

第一步：按产品批别设置产品生产成本明细账和基本生产成本二级账。

根据企业实际情况采用简化分批法进行成本计算，开设并登记各批次基本生产成本明细账及基本生产成本二级账，并在基本生产成本明细账和基本生产成本二级账中归集生产费用及生产工时。

第二步：在月末有完工产品时，计算累计间接费用分配率。

在各批产品的基本生产成本明细账中，平时只登记直接材料费用和发生的工时，因此，在没有完工产品的月份，各账户的直接材料累计数即为各该批次月末在产品的全部直接材料成本，工时累计数即为各该批次产品所消耗的全部生产工时。各批次产品的基本生产成本明细账的累计直接材料成本与累计生产工时相加之和，应该等于基本生产成本二级账中所反映的全部批次的在产品直接材料费用累计数与生产工时累计数。

第三步：生产费用在完工产品和在产品之间进行分配。

当月有完工产品(包括全批完工和批内部分完工)批次的基本生产成本明细账，除了要登记当月发生的直接材料费用和生产工时外，还要加计材料费用累计数，并根据基本生产成本二级账相关数据计算的累计间接费用分配率确认完工产品应承担的人工费用和制造费用，计算完工产品的总成本与单位成本。批号为 403 的 A 产品，本月末全部完工，批号为 508 的 B 产品本月完工一部分，需要计算并结转完工产品成本。

填制各批次基本生产成本明细账(见表 5-16～表 5-18)。

表 5-16 基本生产成本明细账

产品批号：521 产品批量：20 件 投产日期：5 月 21 日
产品名称：C 本月完工： 完工日期：

2017 年		凭证号数	摘要	生产工时	成本项目			合计
月	日				直接材料	直接人工	制造费用	
5	31	略	本月发生	500	9 050			
6	30	略	本月发生	1 500	10 000			

表 5-17 基本生产成本明细账

产品批号：610 产品批量：12 件 投产日期：6 月 10 日
产品名称：D 本月完工： 完工日期：

2017 年		凭证号数	摘要	生产工时	成本项目			合计
月	日				直接材料	直接人工	制造费用	
6	30	略	本月发生	800	11 428			

表 5-18 基本生产成本明细账

产品批号：625 产品批量：15 件 投产日期：6 月 25 日
产品名称：E 本月完工： 完工日期：

2017 年		凭证号数	摘要	生产工时	成本项目			合计
月	日				直接材料	直接人工	制造费用	
6	30	略	本月发生	1 200	7 500			

第四步：登记基本生产成本二级账(见表 5-19)。

表 5-19 基本生产成本二级账(全部各批别产品总成本)

2017 年		凭证号数	摘要	生产工时	成本项目			合计
月	日				直接材料	直接人工	制造费用	
5	31	略	期初在产品	13 700	60 614	20 292	25 966	106 872
6	30		本月发生	10 340	31 328	13 364	17 306	61 998
	30		累计数	24 040	91 942	33 656	43 272	168 870
	30		累计间接费用分配率			1.4	1.8	
	30		本月完工转出	17 520	44 712	24 528	31 536	100 776
	30		期末在产品	6 520	47 230	9 128	11 736	69 094

对基本生产成本二级账中数据的说明如下。

(1) 5月末，在产品的生产工时和各项费用是截至5月末各批产品的累计生产工时和发生的累计生产费用。

(2) 6月发生的直接材料费用和生产工时，是根据6月各批次产品的原材料费用分配表、生产工时记录登记(与各批次产品的生产成本明细账平行登记)；6月发生的直接人工和制造费用等间接费用，根据各费用分配表登记。

(3) 完工产品的直接材料费用和生产工时，根据各批次产品基本生产成本明细账中完工产品的直接材料费用和生产工时汇总登记，批号为403的A产品32件全部完工，耗用直接材料35 460元，耗用工时11 600；批号为508的B产品16件完工8件，完工产品耗用直接材料9 252元，耗用工时5 920。

完工产品直接材料费用＝35 460＋9 252＝44 712(元)

完工产品工时＝11 600＋5 920＝17 520(工时)

(4) 全部产品累计间接费用分配：

全部产品累计直接人工分配率＝33 656÷24 040＝1.4

全部产品累计制造费用分配率＝43 272÷24 040＝1.8

完工产品应承担的各项间接费用，可以根据完工批次产品的基本生产成本明细账中所列生产工时分别乘以各该累计间接费用分配率计算，即

完工产品直接人工＝17 520×1.4＝24 528(元)

完工产品制造费用＝17 520×1.8＝31 536(元)

(5) 月末在产品的直接材料费用和生产工时，根据基本生产成本二级账中累计的直接材料费用和生产工时分别减去本月完工产品的直接材料费用和生产工时计算登记；也可以根据各批次产品的基本生产成本明细账中的月末在产品的直接材料费用和生产工时汇总后登记。

(6) 月末在产品的各项间接费用，可以根据基本生产成本二级账中在产品生产工时分别乘以各该费用累计分配率计算登记，即

月末在产品直接人工＝6 520×1.4＝9 128(元)

月末在产品制造费用＝6 520×1.8＝11 736(元)

也可以根据基本生产成本二级账中各该成本项目的累计数分别减去完工产品负担的相应费用后计算登记。

第五步：计算完工产品成本并登记各批产品生产成本明细账。

批号为403的A产品，本月末全部完工，其累计的直接材料费用和生产工时就是完工产品的直接材料费用和生产工时，将生产工时分别乘以各项人工费用累计分配率和制造费用累计分配率，即为完工产品的人工费用和制造费用。

根据间接费用累计分配率，计算A产品应承担的人工费用和制造费用如下：

403批号A产品应承担的直接人工费用＝11 600×1.4＝16 240(元)

403批号A产品应承担的制造费用＝11 600×1.8＝20 880(元)

403批号A产品的总成本＝35 460＋16 240＋20 880＝72 580(元)

计算可得，403批号A产品的单位成本分别为：直接材料1 108.125元；直接人工507.5元；制造费用652.5元；单位产品成本2 268.125元。

批号为403的A产品基本生产成本明细账如表5-20所示。

表5-20 基本生产成本明细账

产品批号：403　　批量：32件　　投产日期：4月3日

产品名称：A　　完工：32件　　完工日期：6月

2017年		凭证号数	摘要	生产工时	成本项目			合计
月	日				直接材料	直接人工	制造费用	
4	30	略	本月发生	4 400	27 400			
5	31		本月发生	4 000	5 660			
6	30		本月发生	3 200	2 400			
6	30		累计数	11 600	35 460			
	30		累计间接费用分配率			1.4	1.8	
	30		本月完工转出	11 600	35 460	16 240	20 880	72 580
	30		完工产品单位成本		1 108.125	507.5	652.5	2 268.125

批号为508的B产品，本月部分完工，应当按照一定的方法确定完工产品应负担的材料费用，根据完工产品所耗工时和间接费用累计分配率计算应承担的人工费用和制造费用，计算结果如下：

完工产品应承担的直接材料费用＝(18 504÷16)×8＝9 252(元)

在产品应承担的直接材料费用＝18 504－9 252＝9 252(元)

508批次B产品应承担的直接人工费用＝5 920×1.4＝8 288(元)

508批次B产品应承担的制造费用＝5 920×1.8＝10 656(元)

该批次产品的基本生产成本明细账如表5-21所示。

表5-21 基本生产成本明细账

产品批号：508　　产品批量：16件　　投产日期：5月8日

产品名称：B　　本月完工：8件　　完工日期：

2017年		凭证号数	摘要	生产工时	成本项目			合计
月	日				直接材料	直接人工	制造费用	
5	31	略	本月发生	4 800	18 504			
6	30		本月发生	3 640				
	30		累计数	8 440	18 504			
	30		累计间接费用分配率			1.4	1.8	
	30		本月完工转出	5 920	9 252	8 288	10 656	28 196
	30		完工产品单位成本		1 156.5	1 036	1 332	3 524.5
	30		月末在产品	2 520	9 252			

第六步：结转完工产品成本，编制会计分录，记账凭证略。

借：库存商品——A产品　　72 580

　　　　　　——B产品　　28 196

　贷：生产成本——基本生产成本(403批号A产品)　　72 580

　　　　　　　——基本生产成本(508批号B产品)　　28 196

项目小结

分批法分为典型分批法和简化分批法两种。典型分批法下，每个月各批次产品发生的人工费用和制造费用均可以根据工时比例法分配计入各批次产品的成本。简化分批法下，需要建立基本生产成本二级账，各批次产品的明细账和二级账平时只登记直接材料费用和生产工时，直到有完工产品的月份，才将间接费用按照累计工时计算间接费用累计分配率，从而将完工的各批次产品的累计工时与累计分配率相乘，得出完工产品所耗用的间接费用，计算出完工批次产品的生产成本。

教学做一体化训练

一、单项选择题

1. 产品成本计算的最基本的方法是(　　)。

A. 分类法　　B. 分步法　　C. 分批法　　D. 品种法

2. 下列产品成本核算方法中，适用于单件、小批生产的是(　　)。

A. 品种法　　B. 分批法

C. 逐步结转分步法　　D. 平行结转分步法

3. 需要建立基本生产成本二级账进行核算的成本计算方法是(　　)。

A. 典型分批法　　B. 分步法　　C. 简化分批法　　D. 品种法

4. 采用简化分批法，在产品完工之前，产品成本明细账(　　)。

A. 不登记任何费用

B. 只登记直接计入费用(如原材料费用)和生产工时

C. 只登记原材料费用

D. 登记间接计入费用，不登记直接计入费用

5. 下列情况下，不宜采用简化分批法的是(　　)。

A. 各月间接计入费用水平相差不大　　B. 月末未完工产品批数较多

C. 同一月份投产的批数很多　　D. 各月间接计入费用水平相差较多

6. 采用分批法计算产品成本时，若是单件生产，月末计算产品成本时，(　　)。

A. 不需要将生产费用在完工产品和在产品之间进行分配

B. 需要将生产费用在完工产品和在产品之间进行分配

C. 区别不同情况确定是否分配生产费用

D. 应采用同小批生产一样的核算方法

7. 分批法适用于(　　)。

A. 大量、大批的单步骤生产

B. 大量、大批的多步骤生产

C. 管理上不要求分步骤计算成本的多步骤生产

D. 单件、小批，管理上不要求分步骤计算成本的多步骤生产

8. 分批法的成本计算对象是(　　)。

A. 产品品种　　B. 产品类型　　C. 产品批别　　D. 产品生产步骤

9. 下列关于简化分批法的描述中，错误的是(　　)。

A. 适用于各月间接计入费用水平相差不大的企业

B. 适用于投产的批数很多、月末未完工产品批数较多的企业

C. 平时只登记直接费用和工时，不分配间接费用

D. 适用于各月间接计入费用水平相差较多的企业

10. 简化分批法适用于(　　)。

A. 大量大批的单步骤生产

B. 管理上不要求分步骤计算成本的多步骤生产

C. 同一月份投产批数多，且月末未完工批数多，各批次按月分配的工作量繁重的企业

D. 单件、小批，管理上不要求分步骤计算成本的多步骤生产

二、多项选择题

1. 下列关于分批法的表述中，正确的有(　　)。

A. 成本计算期与产品生产周期基本一致

B. 一般不须在完工产品和在产品之间分配成本

C. 以产品的批别作为成本核算对象

D. 需要计算和结转各步骤产品的生产成本

2. 产品成本计算的分批法，适用的生产组织方式是(　　)。

A. 大量、大批生产　　B. 大量、小批生产

C. 单件、成批生产　　D. 小批、单件生产

3. 下列情况下，适宜采用典型分批法的是(　　)。

A. 各月间接计入费用水平相差不大

B. 月末未完工产品批数较多

C. 当月可以完工的、生产周期短的单件小批生产企业

D. 同一月份投产批数很多

4. 分批法成本计算的特点有(　　)。

A. 以生产批次作为成本计算对象

B. 产品成本计算期不固定

C. 按月计算产品成本

D. 一般不需要进行完工产品和在产品的成本分配

5. 简化分批法成本计算的特点有(　　)。

A. 产品成本计算期不固定

B. 平时只需按月登记直接费用和生产工时

C. 只有在有批次产品完工的月份，才计算分配间接费用

D. 按产品批别设置产品生产成本明细账和基本生产成本二级账

6. 分批法成本计算的特点有（　　）。

A. 以生产批次作为成本计算对象

B. 产品成本计算期不固定

C. 按月计算产品成本

D. 一般不需要进行完工产品和在产品的成本分配

E. 以生产批次或订单设置生产成本明细账

三、判断题

1. 采用分批法计算产品成本的企业，应按批别设置制造费用明细账。（　　）

2. 辅助生产车间通常采用分批法计算成本。（　　）

3. 分批法是以产品批别为成本计算对象，归集费用，计算产品成本的一种方法。（　　）

4. 分批法下如果产品批量较大，出现批内跨月陆续完工和分次交货情况时，应采取适当的方法计算完工产品成本和月末在产品成本。（　　）

项目实训

实训一　典型分批法的应用

（一）实训目的

掌握分批法的含义和适用范围，以及分批法的特点和成本计算程序，能熟练运用典型分批法计算产品成本。

（二）实训资料

京华仪表厂为单件小批生产的企业，按照产品订单组织生产，2017 年 8 月第一生产车间生产 301 批次甲产品、302 批次乙产品、303 批次丙产品三批产品，本月有关成本计算资料如下。

（1）月初在产品成本：301 批次甲产品成本为104 000元，其中，直接材料84 000元，直接人工12 000元，制造费用8 000元；303 批次丙产品成本为124 000元，其中，直接材料120 000元，直接人工2 000元，制造费用2 000元。

（2）本月生产情况：301 批次甲产品 7 月 2 日投产 40 件，本月 26 日已全部完工验收入库，本月实际生产工时为8 000小时。302 批次乙产品本月 4 日投产 120 件，本月已完工验收入库 12 件，本月实际生产工时为4 400小时。303 批次丙产品 7 月 6 日投产 60 件，本月尚未完工，本月实际生产工时为 4 000小时。

（3）本月发生生产费用：本月投入原材料396 000元，全部为 302 批次乙产品耗用；本月产品生产工人工资为49 200元，提取应付福利费6 888元；本月制造费用总额为44 280元。

（4）单位产品定额成本：302 批次乙产品单位产品定额成本为4 825元，其中，直接材料3 300元，直接人工 825 元，制造费用 700 元。

（三）实训要求

1. 按照产品批别设置生产成本明细账。

2. 按照产品批别归集和分配本月发生的各种费用。

3. 分配辅助生产费用和基本生产部门制造费用。

4. 计算完工产品单位成本和总成本并结转完工产品成本。

（四）实训过程

1. 按产品批别开设产品成本计算单(见表 5-22～表 5-24)并登记月初在产品成本。

表 5-22 产品成本计算单

生产批号：301＃　　批量：40 件　　开工时间：7 月 2 日

产品名称：甲产品　　完工时间：8 月 26 日

摘　　要	成本项目			合　　计
	料	工	费	

表 5-23 产品成本计算单

生产批号：302＃　　批量：120 件　　开工时间：8 月 4 日

产品名称：乙产品　　完工时间：　月　日

摘　　要	成本项目			合　　计
	料	工	费	

表 5-24 产品成本计算单

生产批号：303＃　　批量：60 件　　开工时间：7 月 6 日

产品名称：丙产品　　完工时间：月　日

摘　　要	成本项目			合　　计
	料	工	费	

2. 编制302＃乙产品耗用原材料的会计分录并计入产品成本计算单。

3. 采用生产工时分配法在各批产品之间分配本月发生的直接人工费用(见表5-25)，根据分配结果编制会计分录并计入有关产品成本计算单。

表5-25　直接人工费用分配表

生产单位：第一生产车间　　　　　　2017年8月

产品		成本费用项目	实际工时/小时	分配工人工资/元		分配福利费/元	
总账	明细账			分配率	分配金额	分配率	分配金额
生产成本	301＃甲产品	直接人工					
	302＃乙产品	直接人工					
	303＃丙产品	直接人工					
合　计							

会计主管：王强　　　　复核：刘颖　　　　制单：张梅

4. 采用生产工时分配法在各批产品之间分配本月发生的制造费用(见表5-26)，根据分配结果编制会计分录并计入有关产品成本计算单。

表5-26　制造费用分配表

生产单位：第一生产车间　　　　　　2017年8月

应借账户			成本费用项目	实际工时/小时	分配率	分配金额/元
总账	二级账	明细账				
合　计						

会计主管：王强　　　　复核：刘颖　　　　制单：张梅

5. 计算本月完工产品和月末在产品成本，编制结转完工产品成本的会计分录。302批次乙产品本月少量完工，其完工产品按定额成本结转。

实训二　简化分批法的应用

(一) 实训目的

熟悉产品成本核算的基本原理和一般程序，掌握产品成本核算的简化分批法，能够完成分批法下中小型企业成本核算岗位的会计工作。

(二) 实训资料

某厂属于小批生产，采用简化的分批法计算成本。2017年4月份生产情况如下。

1. 月初在产品成本：101批号，直接材料3 750元；102批号，直接材料2 200元；103批号，直接材料1 600元。月初直接人工1 725元，制造费用2 350元。

2. 月初在产品耗用累计工时：101批号1 800小时；102批号590小时；103批号960小时。

3. 本月的生产情况、发生的工时和直接材料如表5-27所示。

表 5-27 本月生产情况

产品名称	批号	批量/件	投产日期	完工日期	本月发生工时/小时	本月发生直接材料/元
甲	101	10	2月	4月	450	250
乙	102	5	3月	4月	810	300
丙	103	4	3月	6月	1 640	300

4. 本月发生的各项间接费用：直接人工 1 400 元，制造费用 2 025 元。

(三) 实训过程

根据上述资料，登记基本生产成本二级账(见表 5-28)和产品成本明细账(见表 5-29～表 5-31)，计算完工产品成本。

表 5-28 基本生产成本二级账

2017 年		摘 要	生产工时	直接材料	直接人工	制造费用	合计
月	日						
3	31	累计发生					
4	30	本月发生					
4	30	累计发生数					
		累计间接费用分配率					
		本月完工成本转出					
		月末在产品					

表 5-29 产品成本明细账

批号 101　　投产日期：2 月

产品名称：甲　　完工日期：4 月　　产量：10 件

2017 年		摘 要	生产工时	直接材料	直接人工	制造费用	合计
月	日						
3	31	累计发生					
4	30	本月发生					
4	30	累计发生数					
		累计间接费用分配率					
		完工产品应负担间接费					
		本月完工成本转出					
		单位产品成本					

表 5-30 产品成本明细账

批号 102　　投产日期：3 月

产品名称：乙　　完工日期：4 月　　产量：5 件

2017 年		摘　　要	生产工时	直接材料	直接人工	制造费用	合计
月	日						
3	31	累计发生					
4	30	本月发生					
4	30	累计发生数					
		累计间接费用分配率					
		完工产品应负担间接费					
		本月完工成本转出					
		单位产品成本					

表 5-31 产品成本明细账

批号 103　　投产日期：3 月

产品名称：丙　　完工日期：6 月　　产量：4 件

2017 年		摘　　要	生产工时	直接材料	直接人工	制造费用	合计
月	日						
3	31	累计发生					
4	30	本月发生					
4	30	累计发生					

6 项目六 运用分步法进行成本计算

知识目标

- 了解逐步结转分步法综合结转的成本计算程序，掌握综合逐步结转的成本计算。
- 掌握逐步结转下综合结转的成本还原。
- 掌握逐步结转分步法下分项结转的原理及步骤。
- 区别逐步结转分步法和平行结转分步法、综合结转和分项结转。
- 了解平行结转分步法的成本计算程序，掌握平行结转分步法的成本计算。

能力目标

• 能够模拟进行逐步结转分步法的实务操作处理，开设明细账、分配要素费用、填制记账凭证、登记明细账、产品成本计算单，计算并结转完工产品成本。

• 能够模拟进行平行结转分步法的实务操作处理，开设明细账、分配要素费用、填制记账凭证、登记明细账、产品成本计算单，计算并结转完工产品成本。

项目导入

鹏飞铸造公司是一个连续式多步骤、大量生产的中型企业。公司大量生产 F3 型产品，该产品顺序经过三个生产步骤，分设三个生产车间进行加工。根据企业生产特点和管理要求，采用逐步结转分步法、综合结转方式计算产品成本。原材料在生产开始时一次投入，其他费用陆续均衡发生，各步骤产品成本采用约当产量法计算分配，在产品完工程度均为50%。

思考：如何采用逐步结转分步法的综合结转方式对该企业的成本费用进行计算、核算？

任务一 分步法概述

一、分步法的概念及适用范围

在大量、大批、多步骤生产的企业中，生产工艺过程是由若干个在技术上可以间断的生产步骤组成的，每个生产步骤都有生产出的半成品(最后一个步骤生产出完工产品)，这些半成品既可以用于下一个步骤继续进行加工或装配，也可以对外销售。为了加强对各生产步骤的成本管理，不但要求按产品品种计算成本，而且还要求按产品的生产步骤计算各步骤耗费的成本，以便考核完工产品及其所经过的生产步骤的成本计划的执行情况。为此，需要采用分步法计算每一步骤的半成品成本和最后步骤的完工产品成本。

产品成本计算的分步法，是指以各生产步骤的产品(或半成品)作为成本计算对象，归集生产费用，计算产品(或半成品)成本的一种方法。

分步法主要适用于大量、大批、多步骤生产，并且管理上要求分步计算产品成本的企业，如冶金、纺织、机械制造等企业。在这些企业中，产品生产可以划分为若干生产步骤，例如，冶金企业的生产可以分为炼铁、炼钢、轧钢等步骤；纺织企业的生产可以分为纺纱、织布、印染等步骤；机械制造企业的生产可以分为铸造、加工、装配等步骤。

二、分步法的特点

分步法的特点主要表现在成本计算对象、成本计算期和生产费用的分配三个方面。

▶ 1. 以各种产品及其所经过的生产步骤为成本计算对象，并据以设置基本生产成本明细账

企业如果只生产一种产品，成本计算对象就是该种产品及其所经过的各生产步骤，产品成本明细账应该按照产品的生产步骤开立。如果生产多种产品，成本计算对象则应是各种产成品及其所经过的各生产步骤。产品成本明细账应该按照每种产品的各个步骤设立。

需要注意的是，在实际工作中，产品成本计算的分步与产品生产步骤的划分不一定完全一致，它根据实际加工步骤结合管理要求加以确定。为简化核算，只对管理上有必要分步计算成本的生产步骤单独开设产品成本明细账，单独计算成本；管理上不要求单独计算成本的生产步骤，则可与其他生产步骤合并设立产品成本明细账，合并计算成本。

▶ 2. 成本计算定期于每月月末进行

在大量、大批、多步骤生产中，由于生产周期较长，不可以间断，而且往往都是跨月陆续完工，因此，成本计算一般都是按月、定期地进行，而与产品的生产周期不一致。

▶ 3. 生产费用一般需要在完工产品与在产品之间进行分配

由于大量、大批、多步骤生产的产品往往都是跨月陆续完工，月末各步骤一般都存在未完工的在产品。因此，在计算成本时，还需要采用适当的分配方法，将汇集在各种产品、各生产步骤产品成本明细账的生产费用，在完工产品与在产品之间进行分配，计算各该产品、各生产步骤的完工产品成本和在产品成本。

▶ 4. 成本需要在各步骤之间结转

由于产品生产是分步骤进行的，上一步骤生产的半成品是下一步骤的加工对象。因

此，为了计算各种产品的产成品成本，还需要按照产品品种，结转各步骤生产成本，这是分步法的一个重要特点。

三、分步法的种类

多步骤生产企业对产品的生产步骤划分方式、对各生产步骤的成本管理都会存在不同的要求。从满足企业对成本管理的要求与简化成本计算工作角度考虑，对各生产步骤成本的计算和结转，有逐步结转和平行结转两种方法。因此，产品成本计算的分步法，也分为逐步结转分步法和平行结转分步法两种。

▶ 1. 逐步结转分步法

逐步结转分步法是各个生产步骤逐步计算并结转半成品成本，直到最后生产步骤计算出完工产品成本的方法。计算各生产步骤的半成品成本，是这种方法的显著特征，因此，逐步结转分步法也称作“计算半成品成本的分步法”。逐步结转分步法是在管理上要求提供各生产步骤半成品成本资料的情况下采用的，适用于大量、大批、多步骤、连续式生产，要求计算并销售半成品成本的企业。前一生产步骤完工的半成品转入下一生产步骤继续加工时，半成品的实物和成本一起转入下一生产步骤，直至最后生产步骤产出完工产品，才能最终得出完工产品成本。

▶ 2. 平行结转分步法

平行结转分步法是将各生产步骤应计入相同完工产品成本的份额平行汇总，计算完工产品成本的方法。平行结转分步法按生产步骤归集生产费用，月末计算出各生产步骤应计入当期完工产品成本的“份额”，然后进行加总确定完工产品成本。平行结转分步法只计算完工产品成本，并不计算各生产步骤的半成品成本，因此，也称作“不计算半成品成本的分步法”。

平行结转分步法是在管理上不要求提供各生产步骤半成品资料的情况下采用的，适用于大量、大批、多步骤、装配式或连续式生产但并不需要计算半成品成本，半成品不需要销售的企业。平时各生产步骤都归集本步骤发生的原材料费用和加工费用，前一生产步骤完工的半成品转入下一生产步骤继续加工时，只转移半成品实物，不转移半成品成本。月末再采用一定的分配方法，确定每一生产步骤应计入完工产品成本的费用“份额”，进行汇总计算求得完工产品成本。

任务二 逐步结转分步法下综合结转成本计算及还原

一、逐步结转分步法概述

采用逐步结转分步法计算各生产步骤成本时，按产品加工顺序，逐步计算并结转半成品成本各步骤所耗用的上一步骤半成品的成本要随半成品实物的转移，从上一步骤的产品成本明细账转入下一步骤相同产品的成品成本明细账中，以便逐步计算各步骤的半成品成本和最后步骤的产成品成本。逐步结转分步法能提供各步骤完整的半成品资料，适用于半成品具有独立的经济意义，半成品对外销售，管理上要求提供各步骤的半成品成本资料的大量、大批、连续式、多步骤生产的企业。

逐步结转分步法将各步骤生产的半成品成本转入下一步骤时有两种方式：一种是通过半成品仓库收发，成本结转程序如图 6-1 所示；另一种是半成品结转不通过仓库而直接转入下一生产步骤，成本结转程序如图 6-2 所示。

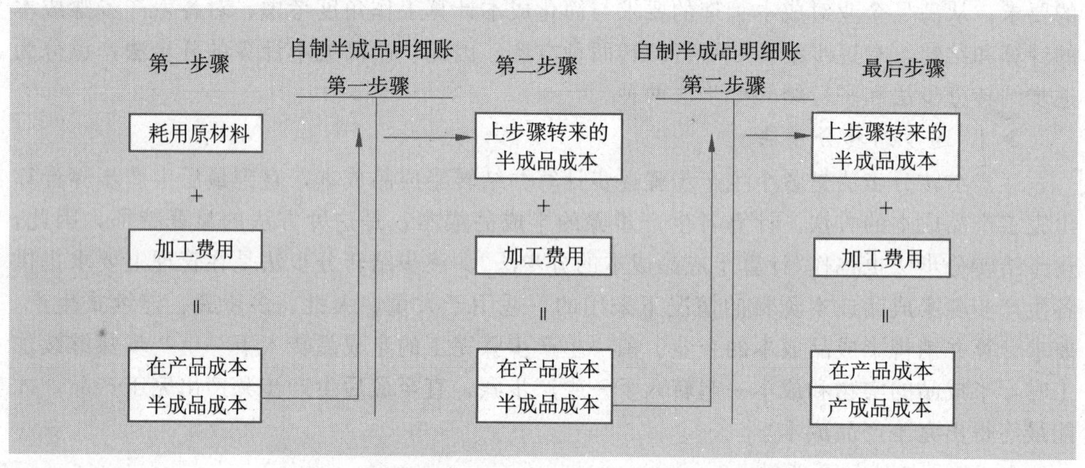

图 6-1 半成品通过半成品库收发的成本结转程序

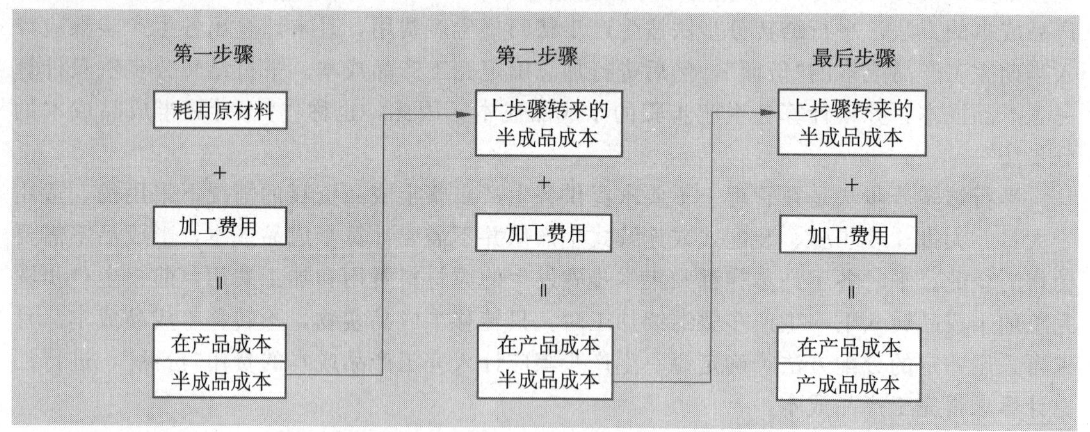

图 6-2 半成品不通过半成品库收发的成本结转程序

采用逐步结转分步法，每月月末，各项生产费用在各步骤产品成本明细账中归集以后，采用适当的方法，在各步骤完工半成品与正在加工的在产品之间进行分配，然后通过半成品的逐步结转，在最后一个步骤的产品成本明细账中，计算出完工产品成本。采用逐步结转分步法计算各生产步骤成本时，每一个步骤都是一个品种法成本计算的过程，逐步结转分步法实际上就是品种法成本计算的多次连续应用。

二、逐步结转分步法的主要特点

在成本归集与结转时，要分别计算各步骤成本，依次结转，按照生产步骤直到最终步骤的完工产品，因此其成本计算对象为每个步骤、每种产品。半成品成本构成由上一步骤转来半成品成本加上本步骤材料费和加工费组成。期末成本分配方面，各步骤的生产费用均要在完工产品和期末在产品之间进行分配和结转，只有最后步骤才是狭义的完工产品和在产品成本的分配。

三、逐步结转分步法的结转方式

采用逐步结转分步法，按照结转的半成品成本在下一步骤产品成本明细账中的反映方法，分为综合结转和分项结转两种方式。

综合结转，是指各生产步骤所耗用的半成品成本，综合计入各步骤产品成本明细账的“原材料”“直接材料”或专设的“半成品”成本项目中。

分项结转，是指将各生产步骤所耗半成品费用，按照成本项目分项计入各生产步骤产品成本明细账的各个成本项目中。

案例实训

（一）实训资料

鹏飞铸造公司是一个连续式多步骤、大量生产的中型企业。公司大量生产 F3 型产品，该产品顺序经过三个生产步骤，分设三个生产车间进行加工。根据企业生产特点和管理要求，采用逐步结转分步法、综合结转方式计算产品成本。原材料在生产开始时一次投入，其他费用陆续均衡发生，各步骤产品成本采用约当产量法计算分配，在产品完工程度均为50%。2017 年 6 月，F3 型产品的产量及费用资料如表 6-1～表 6-3 所示。

表 6-1　产 品 产 量　　单位：件

项　目	月初在产品	本月投入(转入)	本 月 完 工	月末在产品
一车间	1 600	4 400	5 000	1 000
二车间	200	5 000	4 000	1 200
三车间	1 400	4 000	4 800	600

表 6-2　月初在产品成本　　单位：元

项　目	直接材料	自制半成品	直接人工	制造费用	合　计
一车间	160 000	—	8 000	24 000	192 000
二车间	—	28 000	5 000	7 000	40 000
三车间	—	364 000	14 000	28 000	406 000

表 6-3　本月发生生产费用　　单位：元

项　目	直接材料	自制半成品	直接人工	制造费用	合　计
一车间	440 000	—	47 000	141 000	628 000
二车间	—		225 000	315 000	540 000
三车间	—		88 000	176 000	264 000

根据资料，完成下列工作任务：

1. 分配各种要素费用、辅助生产费用、基本生产车间制造费用，分配计算各种完工产品成本和在产品成本。

2. 编制并审核各要素费用分配表、辅助生产费用分配表、制造费用分配表、产品成本计算单。

3. 编制并审核记账凭证。

4. 登记有关成本费用总账和明细账。

（二）实训分析

用综合结转方式下的逐步结转分步法计算产品成本的操作要点是：综合逐步结转分步法是将各步骤耗用上一步骤的半成品成本，以一个合计的金额数计入该步骤产品成本明细账中的“直接材料”或专设的“半成品”项目，半成品成本随实物同步转移至下一生产步骤。该方法的成本计算对象是各个步骤的半成品和最后步骤的产成品。

综合结转方式下的逐步结转分步法的成本核算步骤主要包括：①根据生产步骤或车间开设基本生产明细账或成本计算单，按成本项目设专栏；②分配要素费用，并登记基本生产明细账或成本计算单；③设置成本计算单，计算各步骤完工产品和在产品成本；④按结构比重法或总额比例法进行成本还原，填制成本还原表。

综合结转方式下的逐步结转分步法的流程如图6-3所示。

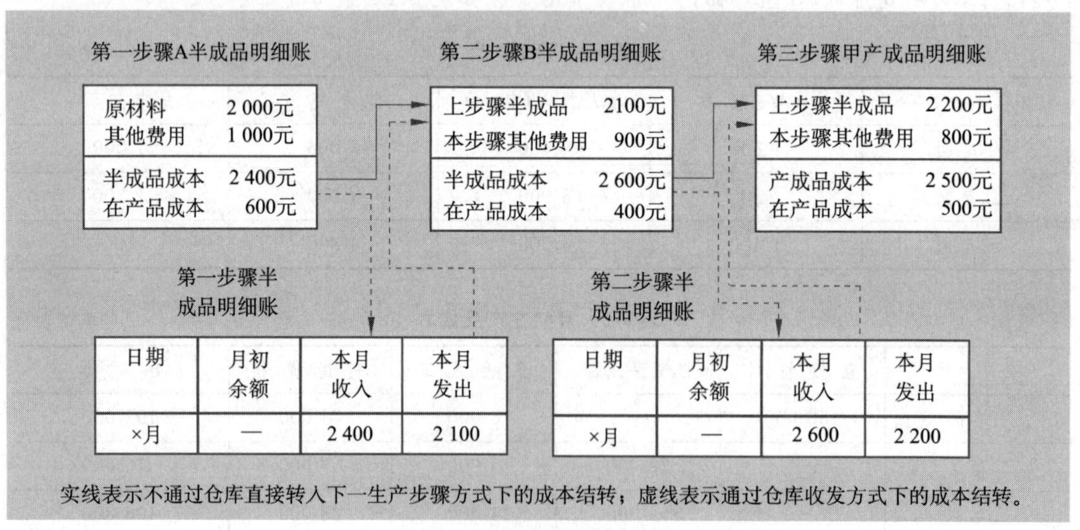

图6-3 逐步结转分步法的流程

（三）实训操作

第一步：根据企业生产步骤或生产车间开设各步骤或各车间的基本生产成本明细账或产品成本计算单(见表6-4～表6-6)，按成本项目设专栏。

第二步：分配要素费用，并登记基本生产明细账或成本计算单。

第三步：采用约当产量法或其他方法，分配计算各步骤完工产品和在产品成本。

表 6-4 一车间(第一步骤)产品成本计算单

时间：2017 年 6 月　　完工数量：5 000 件

产品名称：F3 型 A 半成品　　在产数量：1 000 件　　金额单位：元

项　目	直接材料	直接人工	制造费用	合　计
月初在产品成本	160 000	8 000	24 000	192 000
本月发生生产费用	440 000	47 000	141 000	628 000
生产费用合计	600 000	55 000	165 000	820 000
约当总产量	6 000	5 500	5 500	—
半成品单位成本	100	10	30	140
完工半成品成本	500 000	50 000	150 000	700 000
月末在产品成本	100 000	5 000	15 000	120 000

表 6-5 二车间(第二步骤)产品成本计算单

时间：2017 年 6 月　　完工数量：4 000 件

产品名称：F3 型 B 半成品　　在产数量：1 200 件　　金额单位：元

项　目	自制半成品	直接人工	制造费用	合　计
月初在产品成本	28 000	5 000	7 000	40 000
本月发生生产费用	700 000	225 000	315 000	1 240 000
生产费用合计	728 000	230 000	322 000	1 280 000
约当总产量	5 200	4 600	4 600	—
半成品单位成本	140	50	70	260
完工半成品成本	560 000	200 000	280 000	1 040 000
月末在产品成本	168 000	30 000	42 000	240 000

表 6-6 三车间(第三步骤)产品成本计算单

时间：2017 年 6 月　　完工数量：4 800 件

产品名称：F3 型甲产成品　　在产数量：600 件　　金额单位：元

项　目	自制半成品	直接人工	制造费用	合　计
月初在产品成本	364 000	14 000	28 000	406 000
本月发生生产费用	1 040 000	88 000	176 000	1 304 000
生产费用合计	1 204 000	102 000	204 000	1 710 000
约当总产量	5 400	5 100	5 100	—
半成品单位成本	260	20	40	320
完工甲产成品成本	1 248 000	96 000	192 000	1 536 000
月末在产品成本	156 000	6 000	12 000	174 000

第一步骤完工 A 半成品结转第二步骤的账务处理：

借：生产成本——基本生产成本(第二步骤)　　700 000

　贷：生产成本——基本生产成本(第一步骤)　　700 000

第二步骤完工B半成品结转第三步骤的账务处理：

借：生产成本——基本生产成本(第三步骤)　　1 040 000

　贷：生产成本——基本生产成本(第二步骤)　　1 040 000

第四步：结转完工产品成本。(记账凭证略)

借：库存商品——甲产品　　1 536 000

　贷：生产成本——基本生产成本(第三步骤)　　1 536 000

在综合逐步结转分步法下，采用实际成本计价，对下一步骤领用半成品成本的计算必须等上一步骤计算出半成品的成本以后才能进行，造成各生产步骤半成品或完工产品成本的计算不能同步进行，而且按品种计算各生产步骤耗用半成品实际成本的工作量也较大。

为了加速和简化核算工作，半成品也可以采用计划成本计价。各生产步骤领用半成品时，先按计划成本借记“基本生产成本”账户，贷记“原材料——自制半成品”账户。月末计算出完工半成品实际成本时，根据验收入库的半成品数量，按计划成本借记“原材料——自制半成品”账户，按实际成本贷记“基本生产成本”账户，将计划成本与实际成本的差额列入“半成品成本差异”账户。同时，比照原材料按计划成本核算方法，计算出半成品差异分配率，分配生产领用半成品应承担的半成品差异，将领用半成品的计划成本调整为实际成本。其计算公式和差异分配的会计处理均与材料成本差异的计算公式和会计处理类似，不再赘述。

采用综合逐步结转分步法结转半成品成本，从各步骤的产品成本明细账中可以看出各步骤产品所耗上一步骤半成品费用的水平和本步骤加工费用的水平，从而有利于各生产步骤的管理。但如果管理上要求提供按原始成本项目反映的产成品成本资料，就需要进行成本还原。

四、综合结转方式下逐步结转分步法的缺点

采用综合逐步结转分步法结转半成品成本，上步骤完工半成品成本结转到下步骤时是以“自制半成品”项目综合反映的，因此，在最终完工产品的成本构成中，绝大部分是最后一个步骤所耗上步骤的半成品成本，包括了前面各步骤的料、工、费，而人工费用和制造费用则仅仅是最后一个步骤发生的费用，这样计算出来的产品成本，有两个明显的缺点：①不能提供按原始成本项目反映的成本资料，产品的成本项目混乱；②不符合产品成本结构实际，扭曲了成本结构状况，不便于进行成本分析和考核，也不利于加强对产品成本的管理。因此，需要对综合逐步结转分步法计算出来的产品成本进行成本还原。

五、综合结转方式下逐步结转分步法的成本还原

(一) 成本还原的概念及原理

成本还原是指将最终完工产品成本中所耗半成品的综合成本逐步分解，还原为以“直接材料”“直接人工”和“制造费用”等原始成本项目反映的产品成本，从而求得按其原始成本项目反映的产品成本资料。

成本还原采取倒序法，从最后一个步骤起把各步骤所耗上一步骤半成品的综合成本，

按照上一步骤所产半成品成本的结构或总额比例，逐步向前分解到上一步骤，逐步还原成规定的原始成本项目，然后将各步骤还原后的成本项目数额相加，即求出该产品按规定原始成本项目反映的产成品成本。

(二) 成本还原的两种方式

1. 按结构比重还原

按结构比重还原即按上步骤各成本项目占全部成本的比重(成本的结构比率)进行还原。

按结构比重还原时，首先要确定各步骤完工产品的成本结构，然后从最后一个生产步骤开始，将产成品成本中的半成品综合成本乘以前一步骤该种半成品的各成本项目的比重，就可以把综合成本进行分解。如果成本计算在两步以上，还必须逐次将未还原的半成品成本，按上述方法依次还原，直至将半成品成本还原为原始成本项目为止。计算公式为：

项目还原分配率＝上步骤完工半成品成本项目金额÷上步骤完工半成品成本合计

成本项目还原数＝本月完工产品耗用上步骤半成品综合成本×项目还原分配率

成本还原过程与产品的生产过程相反。

2. 按总额比例还原

成本还原率＝本月本步骤产成品耗用上步骤半成品成本÷
本月上步骤所产该种半成品成本合计

成本项目还原数＝上步骤本月所产该种半成品的项目成本×成本还原分配率

按结构比重或者总额比例进行成本还原后，填制成本还原表。

案例实训

承鹏飞铸造公司案例，对采用逐步结转分步法计算出的成本，按结构比重进行还原(见表 6-7)。

表 6-7 产品成本还原计算表(按结构比重还原)

完工数量：4 800件　　　　金额单位：元

项目	自制半成品		直接材料	直接人工	制造费用	合计
	F3－B	F3－A				
还原前产成品成本	1 248 000			96 000	192 000	1 536 000
第二步半成品成本		560 000		200 000	280 000	1 040 000
二车间成本结构/%		53.85		19.23	26.92	100
第一次成本还原		672 048		239 990.4	335 961.6	1 248 000
第一步半成品成本			500 000	50 000	150 000	700 000
一车间成本结构/%			71.43	7.14	21.43	100
第二次成本还原			480 043.89	47 984.23	144 019.87	672 048
还原后产成品成本			480 043.89	383 974.63	671 981.49	1 536 000
还原后单位成本			100	80	140	320

对采用逐步结转分步法计算出的成本，按总额比例进行还原(见表 6-8)。

第一次成本还原率＝1 248 000÷1 040 000＝1.2

第二次成本还原率＝672 000÷700 000＝0.96

表 6-8　产品成本还原计算表(按总额比例还原)

完工数量：4 800件　　金额单位：元

项　目	成本还原率	自制半成品		直接材料	直接人工	制造费用	合　计
		F3－B	F3－A				
还原前产成品成本		1 248 000			96 000	192 000	1 536 000
第二步半成品成本			560 000		200 000	280 000	1 040 000
第一次成本还原	1.2		672 000		240 000	336 000	1 248 000
第一步半成品成本				500 000	50 000	150 000	700 000
第二次成本还原	0.96			480 000	48 000	144 000	672 000
还原后产成品成本				480 000	384 000	672 000	1 536 000
还原后单位成本				100	80	140	320

由于以前月份所产半成品的成本构成与本月所产半成品的成本构成不可能完全一致，因此，在各月所产半成品的成本构成变动较大的情况下，按照上述方法进行成本还原，对还原结果的正确性就会有较大的影响。在这种情况下，产成品所耗半成品费用可以按定额成本或计划成本的成本构成进行还原，上述成本还原计算表第二行按成本项目分列的第一步骤半成品成本应改为按成本项目分列的半成品定额的或计划的单位成本。

综上所述，采用综合逐步结转分步法结转半成品成本，从各步骤的产品成本明细账中可以看出各步骤产品所耗上一步骤半成品费用的水平和本步骤加工费用的水平，从而有利于各生产步骤的管理。但如果管理上要求提供按原始成本项目反映的产成品成本资料，就需要进行成本还原。如果生产多种产品，产品生产经过多个生产步骤，成本还原工作就会非常繁重，如果在管理上要求计算各步骤完工产品所耗半成品费用，而又不要求进行成本还原的情况下，企业就可以采用分项结转的方式进行成本计算。

任务三　逐步结转分步法下分项结转的成本计算

一、分项结转方式下的逐步结转分步法的适用范围

采用分项逐步结转分步法，是将各生产步骤所耗用上一步骤半成品成本，按照成本项目分项转入该步骤产品成本明细账的各个相应成本项目中。如果半成品通过半成品库收

发，那么，在自制半成品明细账中登记半成品成本时，也要按照成本项目分别登记。一般适用于在管理上不要求计算各步骤完工产品所耗半成品费用和本步骤加工费用，而要求按原始成本项目计算产品成本的企业。

采用分项逐步结转分步法，半成品费用结转可以按照实际成本结转，也可以按照计划成本结转，然后再按成本项目分项调整其成本差异。但因按照计划成本结转调整其成本差异的工作量较大，因此，在实际工作中多采用按实际成本分项结转的方法。

二、分项结转方式下的逐步结转分步法的特点

(1) 分项结转是将半成品成本按成本项目，分别转入下步骤的相应成本项目；

(2) 直接反映产品成本的原始构成项目，明确成本构成，不需要进行成本还原，便于从整个企业角度考核和分析产品成本计划的执行情况；

(3) 分项结转下，各步骤各成本项目发生的生产费用合并反映，成本结转比较复杂，转账手续比较烦琐，工作量大，而且在各步骤完工产品的成本中看不出所耗上一步骤半成品的费用和本步骤加工费用的水平，不便于进行完工产品成本分析。

三、分项结转方式下的逐步结转分步法的操作步骤

(1) 根据规定的方法计算登记一车间或第一步骤的产品成本计算单或明细账。

(2) 根据一车间的成本计算单，将一车间完工的半成品成本按料、工、费项目结转到二车间的成本计算单或明细账，再根据月初＋上步骤转入＋本月发生加工费，计算并登记结转二车间产品成本计算单或明细账。

注意：本步骤的加工费用是对本步骤一定数量(包括完工产品和在产品)的产品进行加工而发生的费用。

(3) 同样的方法，根据三车间的月初＋上步骤转入＋本月发生加工费，计算并登记结转三车间的产品成本计算单或明细账。

案例实训

(一) 实训资料

沿用鹏飞铸造公司的资料，采用逐步结转分步法的分项结转方式对该企业的成本费用进行计算、核算。

公司生产情况如表 6-9 和表 6-10 所示。

表 6-9 产品产量

单位：件

项　目	月初在产品	本月投入(转入)	本月完工	月末在产品
一车间	1 600	4 400	5 000	1 000
二车间	200	5 000	4 000	1 200
三车间	1 400	4 000	4 800	600

表 6-10 月初在产品成本及本月费用

单位：元

项 目	月初及本月费用	直接材料	直接人工	制造费用	合 计
一车间	月初在产品成本	160 000	8 000	24 000	192 000
	本月生产费用	440 000	98 000	141 000	628 000
二车间	月初在产品成本	20 000	7 000	13 000	40 000
	本月生产费用	—	225 000	315 000	540 000
三车间	月初在产品成本	140 000	98 000	168 000	406 000
	本月生产费用	—	88 000	176 000	264 000

（二）实训分析

分项逐步结转分步法下，各生产步骤所耗用上一步骤半成品成本，需要按照成本项目分项转入该步骤产品成本明细账的各个相应成本项目中，要求按原始成本项目计算各步骤产品的成本。

分项结转方式下的逐步结转分步法的成本核算步骤主要包括：①根据各生产步骤或车间开设基本生产明细账或成本计算单，按成本项目“直接材料”“直接人工”“制造费用”设专栏；②分配要素费用，并根据规定的方法计算登记一车间或第一步骤的产品成本计算单或明细账；③根据一车间的成本计算单，将一车间完工的半成品成本按料、工、费项目结转到二车间的成本计算单或明细账，再根据月初＋上步骤转入＋本月发生加工费，计算并登记结转二车间产品成本计算单或明细账；④同样的方法，根据三车间的月初＋上步骤转入＋本月发生加工费，计算并登记结转三车间的产品成本计算单或明细账；⑤根据成本计算单，计算各步骤完工产品和在产品成本，结转完工产品成本。

（三）实训操作

第一步：按步骤开设基本生产明细账或成本计算单，按原始成本项目设专栏

第二步：分配要素费用，并按照规定的方法计算登记第一车间或第一步骤的产品成本计算单或明细账。

根据生产费用及产量资料计算A半成品成本和月末在产品成本，编制A半成品产品成本计算单(见表6-11)。

表 6-11 一车间(第一步骤)产品成本计算单

时间：2017年6月　　完工数量：5 000件

产品名称：F3型A半成品　　在产数量：1 000件　　金额单位：元

项 目	直接材料	直接人工	制造费用	合 计
月初在产品成本	160 000	8 000	24 000	192 000
本月发生生产费用	440 000	47 000	141 000	628 000
生产费用合计	600 000	55 000	165 000	820 000
约当总产量	6 000	5 500	5 500	—
半成品单位成本	100	10	30	140
完工半成品成本	500 000	50 000	150 000	700 000
月末在产品成本	100 000	5 000	15 000	120 000

在表 6-11 所示的产品成本计算单中，月初在产品成本应根据上月末在产品成本登记；本月发生费用应根据本月各种费用分配表登记；本月完工产品成本和月末在产品成本应根据约当产量法计算后登记。

根据一车间完工半成品交库单，编制会计分录如下：

借：生产成本——基本生产成本(第二步骤)　　700 000

　贷：生产成本——基本生产成本(第一步骤)　　700 000

第三步：根据一车间的成本计算单，将一车间完工的半成品成本按料、工、费项目结转到二车间的成本计算单或明细账，再根据月初＋上步骤转入＋本月发生加工费，计算并登记结转二车间产品成本计算单(见表 6-12)或明细账。

表 6-12　二车间(第二步骤)产品成本计算单

时间：2017 年 6 月　　完工数量：4 000 件

产品名称：F3 型 B 半成品　　在产数量：1 200 件　　金额单位：元

项　目	直接材料	直接人工	制造费用	合　计
月初在产品成本	20 000	7 000	13 000	40 000
本月耗用上步骤成本	500 000	50 000	150 000	700 000
本月发生生产费用	—	225 000	315 000	540 000
生产费用合计	520 000	282 000	478 000	1 280 000
半成品单位成本	100	60	100	260
完工半成品成本	400 000	240 000	400 000	1 040 000
月末在产品成本	120 000	42 000	78 000	240 000

上步骤转来半成品的料、工、费单位成本分别为 100 元、10 元、30 元。

本步骤本月发生加工费的单位成本：

直接人工＝225 000÷(4 000＋1 200×50％－200×50％)＝50(元/件)

制造费用＝315 000÷(4 000＋1 200×50％－200×50％)＝70(元/件)

二车间完工半成品成本：

直接材料＝4 000×100＝400 000(元)

直接人工＝4 000×(10＋30)＝240 000(元)

制造费用＝4 000×(30＋70)＝400 000(元)

二车间月末在产品成本：

直接材料＝1 200×100＝120 000(元)

直接人工＝1 200×10＋1 200×50％×50＝42 000(元)

制造费用＝1 200×30＋1 200×50％×70＝78 000(元)

第四步：同样的方法，根据第三车间的月初＋上步骤转入＋本月发生加工费，计算并登记结转三车间的产品成本计算单(见表 6-13)或明细账。

表 6-13　三车间(第三步骤)产品成本计算单

时间：2017 年 6 月　　　　完工数量：4 800 件

产品名称：F3 型甲产成品　　　　在产数量：600 件　　　　金额单位：元

项　　目	直接材料	直接人工	制造费用	合　　计
月初在产品成本	140 000	98 000	168 000	406 000
本月耗用上步骤成本	400 000	240 000	400 000	1 040 000
本月发生生产费用	—	88 000	176 000	264 000
生产费用合计	540 000	426 000	744 000	1 710 000
半成品单位成本	100	80＝20＋60	140＝40＋100	320
完工产成品成本	480 000	384 000	672 000	1 536 000
月末在产品成本	60 000	42 000	72 000	174 000

上步骤转来半成品的料、工、费单位成本分别为 100 元、60 元、100 元。

本步骤本月发生加工费的单位成本：

直接人工＝88 000÷(4 800＋600×50%－1 400×50%)＝20(元/件)

制造费用＝315 000÷(4 800＋600×50%－1 400×50%)＝40(元/件)

三车间完工产成品成本：

直接材料＝4 800×100＝480 000(元)

直接人工＝4 800×(60＋20)＝384 000(元)

制造费用＝4 800×(100＋40)＝672 000(元)

三车间月末在产品成本：

直接材料＝600×100＝60 000(元)

直接人工＝600×60＋600×50%×20＝42 000(元)

制造费用＝600×100＋600×50%×40＝72 000(元)

第五步：根据成本计算单，计算各步骤完工产品和在产品成本，结转完工产品成本。

根据第三车间完工甲产成品交库单，编制会计分录如下：

借：库存商品——甲产品　　　　1 536 000

　贷：生产成本——基本生产成本(第三步骤)　　　　1 536 000

逐步结转分步法的综合结转与分项结转的共同点是：半成品成本都是随着半成品实物的转移而结转的，各生产步骤基本生产成本明细账的余额反映处在各个生产步骤的在产品成本，有利于加强在产品的实物管理和生产资金管理；其不同点是：半成品成本在下一生产步骤成本计算单中的反映形式不同，前者综合反映，后者分项反映。

综上所述，采用分项逐步结转分步法结转半成品成本，可以直观、准确地提供按原始成本项目反映的企业产品成本资料，便于从整个企业的角度考核和分析产品成本计划的执行情况，不需要进行成本还原。但是，这一方法的成本结转工作比较复杂，不便于进行各步骤完工产品的成本分析和成本管理。因此，分项结转法一般适用于管理上不要求计算各步骤完工产品所耗半成品费用和本步骤加工费用，而要求按原始成本项目计算产成品成本的企业。

思考：分项结转与综合结转的最大区别在哪里？

任务四 平行结转分步法的成本计算

一、平行结转分步法的概念和适用范围

各生产步骤不需要计算半成品成本，只计算本步骤发生的各项费用，以及这些费用中应计入产成品成本的“份额”。将相同产品的各步骤成本明细账中的这些份额平行结转、汇总，计算出该种产品的产成品成本。这种结转各步成本的方法，称为平行结转分步法，又称为不计算半成品成本分步法。平行结转分步法适用于大量、大批、多步骤、装配式或连续式生产但并不需要计算半成品成本，半成品不需要销售、种类多、外销少的企业。

二、平行结转分步法的特点

▶ 1. 各生产步骤不计算半成品成本，只计算本步骤所发生的生产费用

除第一步骤生产费用中包括所耗用的原材料和加工费用外，其他各步骤只计算本步骤发生的各项加工费用。

▶ 2. 半成品的实物流转和成本结转相分离

各步骤之间不结转半成品成本，不通过“自制半成品”账户进行总分类核算。

▶ 3. 平行结转分步法的成本计算对象是最终完工产品

期末成本费用分配要在应计入产成品的份额和广义在产品之间完成。应计入产成品的份额是各步骤计入最终完工产品的成本的生产费用，各步骤计入最终完工产品的份额之和即构成产成品成本，即最终完工产品指的是狭义的，而在产品则是指广义的。

为了计算各生产步骤发生的费用中应计入产成品的“份额”，必须将每一步骤发生的费用划分为耗用于产成品部分和尚未最后制成的在产品部分。这里的在产品，是指就整个企业而言的广义在产品，包括：尚在本步骤加工中的在产品；本步骤已完工转入半成品库的半成品；已从半成品库转到以后各步骤进一步加工、尚未最后制成的半成品。

▶ 4. 平行汇总“份额”

将各步骤费用中应计入产成品的“份额”，平行结转、汇总计算该种产品的总成本和单位成本。

三、平行结转分步法的成本计算步骤

(1) 按产品分步骤设置产品成本明细账，用以计算各步骤归集的生产费用总额。

(2) 归集各产品各步骤生产费用，区分直接费用和间接费用。

（3）开设成本计算单进行期末成本处理，确定各步骤应计入完工产品成本的份额。

（4）汇总计算完工产品成本，汇总各步骤的份额进行合计。

四、平行结转分步法的核算程序（见图 6-4）

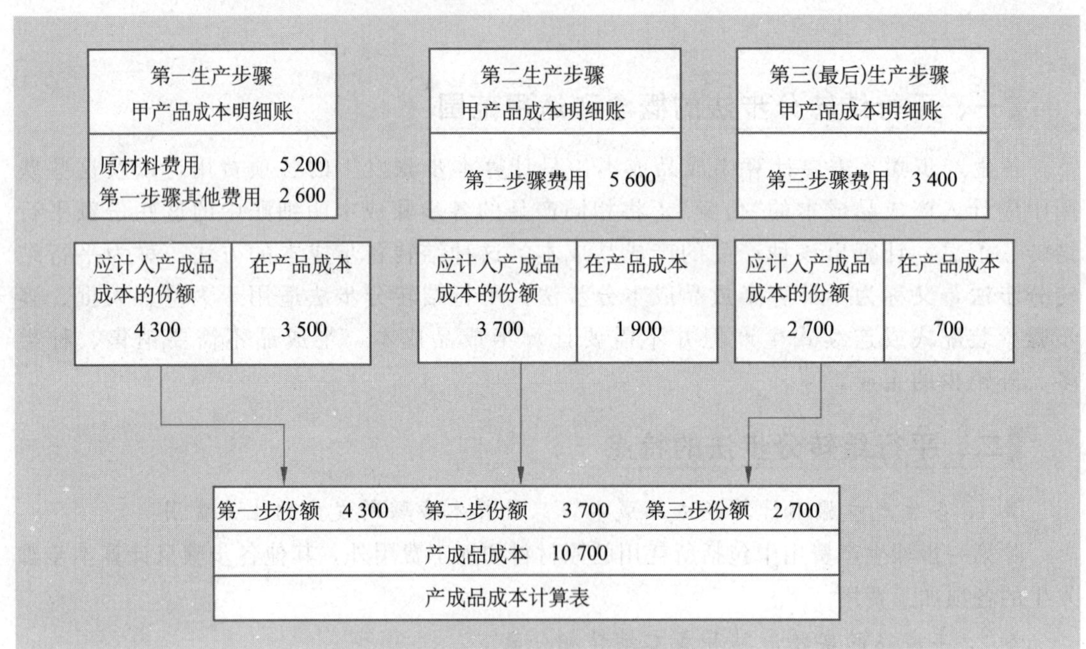

图 6-4 平行结转分步法的核算程序

五、平行结转分步法与逐步结转分步法的区别

▶ 1. 在产品含义不同

逐步结转分步法所指的在产品是指本步骤尚未完工，仍需要在本步骤继续加工的在产品，是狭义的在产品。

平行结转分步法所指的在产品，是指本步骤尚未完工，以及后面各步骤仍在加工，尚未最终完工的在产品，因此，是广义的在产品。

▶ 2. 半成品成本的处理方法不同

逐步结转分步法要求各步骤计算出半成品成本，由最后一步计算出完工产品成本；平行结转分步法各步骤只计算本步骤生产费用应计入产成品成本的“份额”，最后将各步骤应计入产成品成本的“份额”平行汇总，计算出最终完工产品的成本。

▶ 3. 产成品成本结转方式与计算方法不同、完工产品的概念不同

逐步结转分步法所指的完工产品，是指各步骤的完工产品，通常是半成品，只有最后步骤的完工产品才是产成品，因此，是广义的完工产品。逐步结转分步法的成本费用，随半成品的转移而结转到下一步骤的生产成本费用中去，即成本费用随实物的转移而转移，因此，各步骤生产的成本费用既包括本步骤发生的费用，还包括上一步骤转来的费用。产品在最后步骤完工时计算出来的成本，就是完工产品成本。

平行结转分步法所指的完工产品，是指最后步骤的完工产品，因此，是狭义的完工产品。完工产品的成本由各步骤平行转出的“份额”汇总而成，平行结转分步法的生产费用并不随半成品的转移而转入下一步骤，因此，各步骤的生产成本费用仅是本步骤发生的成本费用。产品最终完工时，各步骤将产成品在本步骤应承担的成本费用“份额”转出，并由此汇总出完工产品成本。

▶ 4. 成本计算的及时性不同

逐步结转分步法按加工顺序计算成本，不够及时；平行结转分步法各步骤可以同时进行成本计算并平等计入“份额”，成本计算比较及时。

▶ 5. 账户设置不同

平行结转分步法不设“自制半成品”账户；逐步结转分步法可以设“自制半成品”账户。

思考：将逐步结转分步法与平行结转分步法，综合结转分步法与分项结转分步法进行对比，总结其异同点。

案例实训

（一）实训资料

广宇达公司 2017 年 6 月大量生产 F5 型产品，经过三个生产步骤连续加工制作，每一个步骤耗用前一个步骤 2 件半成品，所用原材料生产开始时一次投入，采用约当产量法结转应计入产成品成本的份额，在产品完工程度均为 50%。公司采用平行结转分步法计算成本。有关产量及成本资料如表 6-14 和表 6-15 所示。

表 6-14　产 品 产 量　　　单位：件

项　目	月初在产品	本 月 投 入	本 月 完 工	月末在产品
第一步骤	80	1 120	1 000	200
第二步骤	200	500	600	100
第三步骤	160	300	300	160

表 6-15　月初在产品成本与本期生产费用　　　单位：元

项　目	费用资料	直接材料	直接人工	制造费用	合　计
第一步骤	月初在产品成本	118 680	34 800	27 840	181 320
	本月生产费用	1 661 520	487 200	389 760	2 538 480
第二步骤	月初在产品成本	—	15 785	34 650	50 435
	本月生产费用	—	78 925	173 250	252 175
第三步骤	月初在产品成本	—	25 200	12 040	37 240
	本月生产费用	—	75 600	36 120	111 720

采用平行结转分步法对该企业的成本费用进行计算、核算，完成下列工作任务：

1. 分配各种要素费用、辅助生产费用、基本生产车间制造费用，分配计算各种完工产品成本和在产品成本。

2. 编制并审核各要素费用分配表、辅助生产费用分配表、制造费用分配表、产品成本计算单。

3. 编制并审核记账凭证。

4. 登记有关成本费用总账和明细账。

(二) 实训分析

运用平行结转分步法计算产品成本时，各生产步骤不计算半成品成本，只计算本步骤所发生的生产费用，半成品的实物流转和成本结转相分离。除第一步骤生产费用中包括所耗用的原材料和加工费用外，其他各步骤只计算本步骤发生的各项加工费用。每个步骤都以最终完工产品作为成本计算对象，每个步骤需要计算本步骤为最终完工产成品贡献的“份额”，各步骤费用计入最终完工产成品的“份额”之和平行结转、汇总计算，就是最终产成品的成本。因此，平行结转分步法是在狭义的最终完工产成品和广义的在产品之间分配成本的。

平行结转分步法的成本核算步骤主要包括：①设置产品成本明细账，按产品分步骤设置，用以计算各步骤归集的生产费用总额；②归集各产品各步骤生产费用，区分直接费用和间接费用；③开设成本计算单进行期末成本处理，确定各步骤应计入完工产品成本的“份额”；④汇总计算完工产品成本，汇总各步骤的“份额”进行合计。

(三) 实训操作

第一步：按最终完工产品分步骤设置基本生产明细账或成本计算单，按原始成本项目设专栏，用以计算各步骤归集的生产费用总额。

第二步：归集各产品各步骤生产费用，区分直接费用和间接费用，主要按照约当产量法计算分配各步骤费用应计入最终完工产品的份额，并登记产品成本计算单或明细账。

各步骤约当产量计算过程如表 6-16 所示。

表 6-16　各步骤约当产量计算过程

单位：件

项　目		第一步骤	第二步骤	第三步骤
最终完工产品数量		300×4＝1 200	300×2＝600	300
在产品约当产量	本步在产品约当产量	200 或 200×50%＝100	100×50%＝50	160×50%＝80
	已交下步未完工数量	100×2＋160×4＝840	160×2＝320	—
	在产品约当产量小计	1 040或 940	370	80
约当总量		2 240或2 140	970	380

分别计算各步骤平行结转应计入产成品成本的份额，按照约当产量法分配。

第一步骤约当总量计算：

直接材料约当总量＝460×4＋100×2＋200＝2 240(件)

加工费用约当产量＝460×4＋100×2＋200×50%＝2 140(件)

应计入产成品成本的份额＝300×4×(单位料＋单位工＋单位费)＝1 480 560(元)

各步骤产品成本计算如表 6-17～表 6-19 所示。

表 6-17 第一步骤产品成本计算单

产品名称：F5 产品　　时间：2017 年 6 月　　完工数量：300 件　　单位：元

项　　目	直接材料	直接人工	制造费用	合　　计
月初在产品成本	118 680	34 800	27 840	181 320
本月生产费用	1 661 520	487 200	389 760	2 538 480
生产费用合计	1 780 200	522 000	417 600	2 719 800
约当产品总量	2 240	2 140	2 140	—
单位产品成本	794.73	243.93	195.14	1 233.8
应计入产成品成本份额	953 676	292 716	234 168	1 480 560
月末在产品成本	826 524	229 284	183 432	1 239 240

表 6-18 第二步骤产品成本计算单

产品名称：F5 产品　　时间：2017 年 6 月　　完工数量：300 件　　单位：元

项　　目	直接材料	直接人工	制造费用	合　　计
月初在产品成本	—	15 785	34 650	50 435
本月生产费用	—	78 925	173 250	252 175
生产费用合计	—	94 710	207 900	302 610
约当产品总量	—	970	970	—
单位产品成本	—	97.64	214.33	311.97
应计入产成品成本份额	—	58 584	128 598	187 182
月末在产品成本	—	36 126	79 302	115 428

表 6-19 第三步骤产品成本计算单

产品名称：F5 产品　　时间：2017 年 6 月　　完工数量：300 件　　单位：元

项　　目	直接材料	直接人工	制造费用	合　　计
月初在产品成本	—	25 200	12 040	37 240
本月生产费用	—	75 600	36 120	111 720
生产费用合计	—	100 800	48 160	148 960
约当产品总量	—	380	380	—
单位产品成本	—	265.26	126.74	392
应计入产成品成本份额	—	79 578	38 022	117 600
月末在产品成本	—	21 222	10 138	31 360

第三步：汇总各步骤的份额进行合计，汇总计算最终完工产品成本(见表 6-20)。

表 6-20 产品成本计算单

产品名称：F5 产品　　时间：2017 年 6 月　　完工数量：300 件　　单位：元

项　目	直接材料	直接人工	制造费用	合　计
第一步骤计入份额	953 676	292 716	234 168	1 480 560
第二步骤计入份额	—	58 584	128 598	187 182
第三步骤计入份额	—	79 578	38 022	117 600
产成品总成本	953 676	430 878	400 788	1 785 342
产成品单位成本	3 178.92	1 436.26	1 335.96	5 951.14

第四步：结转最终完工产品 300 件的成本。

借：库存商品——F5 产品　　1 785 342

　贷：生产成本——基本生产成本(F5 产品)　　1 785 342

案例实训

光华公司 2017 年 6 月生产乙产品，经过两个生产步骤，每步骤耗用前一步骤 1 件半成品，所用原材料生产开始时一次投入，采用定额比例法计算完工产品与在产品成本。本月完工产品2 000件，有关资料如表 6-21 和表 6-22 所示。

表 6-21　产 品 定 额

项　目	原材料定额消耗量/千克		定额生产工时/小时	
	第一步骤	第二步骤	第一步骤	第二步骤
完工产品	20 000	—	22 000	4 000
在产品	5 000	—	8 000	1 000

表 6-22　月初在产品成本与本期生产费用

项　目	费用资料	直接材料	直接人工	制造费用	合　计
第一步骤	月初在产品成本	78 000	14 400	4 800	97 200
	本月生产费用	252 000	93 600	60 000	405 600
第二步骤	月初在产品成本	—	14 400	9 600	24 000
	本月生产费用	—	87 600	74 400	162 000

用平行结转分步法计算完工产品成本，如表 6-23～表 6-25 所示。

表 6-23　第一步骤产品成本计算单

产品名称：乙产品　　时间：2017 年 6 月　　完工数量：2 000件　　单位：元

项　目	定额耗量	定额工时	直接材料	直接人工	制造费用	合　计
月初在产品成本			78 000	14 400	4 800	97 200
本月生产费用			252 000	93 600	60 000	405 600
生产费用合计			330 000	108 000	64 800	502 800
费用分配率			13.2	3.6	2.16	—
应计入产成品成本份额	20 000	22 000	264 000	79 200	47 520	390 720
月末在产品成本	5 000	8 000	66 000	28 800	17 280	112 080

表 6-24 第二步骤产品成本计算单

产品名称：乙产品　　时间：2017 年 6 月　　完工数量：2 000件　　单位：元

项　目	定额工时	直接材料	直接人工	制造费用	合　计
月初在产品成本			14 400	9 600	24 000
本月生产费用			87 600	74 400	162 000
生产费用合计			102 000	84 000	186 000
费用分配率			20.4	16.8	—
应计入产成品成本份额	4 000		81 600	67 200	148 800
月末在产品成本	1 000		20 400	16 800	37 200

表 6-25 产品成本计算单

产品名称：乙产品　　时间：2017 年 6 月　　完工数量：2 000件　　单位：元

项　目	直接材料	直接人工	制造费用	合　计
第一步骤计入份额	264 000	79 200	47 520	390 720
第二步骤计入份额		81 600	67 200	148 800
产成品总成本	264 000	160 800	114 720	539 520
产成品单位成本	132	80.4	57.36	269.76

六、成本计算的辅助方法

实际工作中，由于企业情况复杂，管理要求不同，使有的企业还须用前述三种基本方法以外的成本计算方法来辅助计算。产品品种、规格繁多但加工工艺相同或类似的企业为简化计算工作可采用分类法，定额管理基础较好的企业可采用定额法。这些方法都属于成本计算的辅助方法。

分类法是指以产品的类别作为成本计算对象归集生产费用，计算各类完工产品总成本，再按一定标准分配计算类内各种产品成本的一种成本计算方法。在一些工业企业如炼油厂、轧钢厂等，所生产的产品品种、规格繁多，若按产品品种、规格归集生产费用，计算产品成本，则成本计算工作极为繁重。对于这类使用相同的原材料，经过相同或相近的生产过程，所生产产品品种、规格繁多，且能按照一定标准予以分类的企业或车间，为了简化成本计算工作，就可以采用分类法来计算产品成本。分类法与企业生产类型特点没有直接联系，是成本计算的辅助方法，不能单独使用，可以与品种法、分批法、分步法等基本方法结合起来应用。

产品成本计算的分类法是品种法的一种延伸，其主要特点有：以产品的类别作为成本计算对象，归集各类产品的生产费用，各类产品共同耗用的间接费用，采用一定的分配标准分配计入各类产品并计算各类产品总成本。分类法的成本计算期要根据生产特点及管理要求来确定，与品种法或分步法结合运用的定期按月计算；与分批法结合运用的与生产周期一致。采用分类法计算产品成本，月末一般要将各类产品生产费用总额在完工产品和月末在产品之间进行分配。

分类法的核算程序包括：①合理确定产品类别，按产品类别设立成本计算单；②计算出某类产品的完工产品总成本；③采用适当的方法计算类内各产品的总成本和单位成本。在求出每类产品的总成本后，选择合理的分配标准，将每类产品的总成本，在类内的各种产品之间进行分配，计算类内每种产品的总成本和单位成本。类内各种产品之间成本的分配标准主要有材料消耗定额、工时定额、定额费用、售价，以及产品的体积、长度、重量等。

项目小结

分步法包括逐步结转分步法、平行结转分步法两种类型。逐步结转分步法适用于大量、大批、多步骤、连续式生产的企业，每一个生产步骤要计算完工半成品的成本，按照结转方式不同又分为综合结转的逐步结转分步法和分项结转的逐步结转分步法。综合结转的逐步结转分步法，前一个生产步骤完工的半成品的总成本全部结转到下一个生产步骤，每一个生产步骤加工的半成品能够反映出前一步骤转入的综合成本，但是却不能按照成本项目反映出来，为克服最终完工产品成本项目混乱的缺点，综合结转方式下，需要在完工产品成本计算出来之后再逆序进行成本还原，从而将最终产成品的成本还原为原始成本项目的形式。分项结转的逐步结转分步法则克服了综合结转的缺点，按照原始成本项目逐步结转到下一生产步骤，但计算起来比较麻烦。

平行结转分步法适用于大量、大批、多步骤、装配式生产或连续式不需要计算半成品成本的企业，即平行结转分步法不需要计算每个步骤半成品的成本，只需要计算每个步骤为最终完工产品贡献的份额，然后将各步骤贡献的份额累计起来即是最终完工产品的成本。

教学做一体化训练

一、单项选择题

1. 不计算半成品成本的分步法是指(　　)。

A. 逐步分项结转分步法　　B. 平行结转分步法

C. 按实际成本综合结转分步法　　D. 按计划成本综合结转分步法

2. 分步法适用于(　　)。

A. 大量、大批的单步骤生产

B. 大量、大批的多步骤生产

C. 管理上不要求分步骤计算成本的多步骤生产

D. 小批、单件，管理上不要求分步骤计算成本的多步骤生产

3. 逐步结转分步法的适用范围是(　　)。

A. 连续式、多步骤生产　　B. 装配式、多步骤生产

C. 大量、大批、多步骤生产　　D. 单件、小批生产

4. 采用逐步结转分步法时，完工产品与在产品之间的费用分配是(　　)之间的费用分配。

A. 完工半成品与月末在产品
B. 完工产品与月末在产品
C. 各生产步骤的完工半成品与狭义在产品、最后生产步骤的完工产品与狭义在产品
D. 完工产品与广义在产品

5. 逐步结转分步法的综合结转方式下，成本还原的对象是(　)。
A. 完工产品成本
B. 各步骤所耗上一步骤半成品的综合成本
C. 最后步骤的完工产品成本
D. 各步骤半成品成本

6. 逐步结转分步法实际上是(　　)的多种连接应用。
A. 品种法　　B. 分批法　　C. 系数法　　D. 定额法

7. 成本还原是指从(　　)生产步骤起，将其耗用上一步骤的自制半成品的综合成本，按照上一步骤完工半成品的成本项目的比例分解还原为原来的成本项目。
A. 最前一个　　B. 中间一个
C. 最后一个　　D. 随意任选一个

8. 某产品由N个生产步骤顺序加工而成，采用综合结转分步法计算产品成本，需要成本还原的次数为(　　)。
A. N+1　　B. N　　C. N－1　　D. 0

9. 下列各项中，适用于大量、大批、多步骤生产，且不需要计算半成品成本的计算方法是(　　)。
A. 品种法　　B. 分步法
C. 逐步结转分步法　　D. 平行结转分步法

10. 半成品成本流转与实物流转不一致，又不需要成本还原的方法是(　　)。
A. 逐步结转分步法　　B. 综合结转分步法
C. 分项结转分步法　　D. 平行结转分步法

11. 采用平行结转分步法时，完工产品与在产品之间的费用分配是(　　)。
A. 各生产步骤完工半成品与月末在产品之间的费用分配
B. 完工产品与月末狭义在产品之间的费用分配
C. 完工产品与月末广义在产品之间的费用分配
D. 完工产品与月末加工中在产品之间的费用分配

12. 下列方法中，需要进行成本还原的是(　　)。
A. 综合逐步结转分步法　　B. 平行结转分步法
C. 分项逐步结转分步法　　D. 简化分批法

13. 下列方法中，适用于大量、大批、多步骤生产，且需要计算半成品成本的计算方法是(　　)。
A. 品种法　　B. 分步法
C. 逐步结转分步法　　D. 平行结转分步法

14. 半成品成本流转与实物流转相一致，又不需要成本还原的方法是(　　)。
A. 逐步结转分步法　　B. 综合结转分步法

C. 分项结转分步法　　D. 平行结转分步法

15. 某种产品生产需经过三个生产步骤，采用逐步结转分步法计算成本。本月第一生产步骤转入第二生产步骤的生产成本为2 865元，第二生产步骤转入第三生产步骤的生产成本为4 700元。本月第三生产步骤发生的成本为2 300元(不包括上一生产步骤转入的成本)，第三步骤月初在产品成本为800元，月末在产品成本为600元，本月该种产品的产成品成本为(　　)元。

A. 6 500　　B. 7 200　　C. 6 800　　D. 2 500

16. 某种产品由三个生产步骤加工完成，采用逐步结转分步法计算成本。本月第一生产步骤转入第二生产步骤的生产费用为2 300元，第二生产步骤转入第三生产步骤的生产费用为4 100元。本月第三生产步骤发生的费用为2 500元(不包括上一生产步骤转入的费用)，第三步骤月初在产品费用为800元，月末在产品费用为600元，本月该种产品的产成品成本为(　　)元。

A. 10 900　　B. 6 800　　C. 6 400　　D. 2 700

二、多项选择题

1. 采用分步法时，作为成本计算对象的生产步骤可以(　　)。

A. 按生产车间设立　　B. 按实际生产步骤设立

C. 在一个车间内按不同生产步骤设立　　D. 将几个车间合并设立

2. 逐步结转分步法有两种结转方式，分别是(　　)。

A. 逐步结转　　B. 综合结转　　C. 分项结转　　D. 平行结转

3. 按实际成本综合结转半成品成本的缺点是(　　)。

A. 领用半成品按实际单位成本计算烦琐　　B. 各步骤不能同时计算成本

C. 不能直接反映产品的成本原始成本构成　　D. 成本还原，工作量大

E. 不能反映各生产步骤的半成品成本

4. 采用分项结转法结转半成品的优点是(　　)。

A. 可以直接、正确地提供按原始成本项目反映的产品成本资料

B. 便于从整个企业角度考核和分析产品成本计划的执行情况

C. 不必成本还原，减轻工作量

D. 可以提供耗用上一步骤半成品成本水平

E. 可以简化产品成本计算的手续

5. 采用平行结转分步法不提供(　　)。

A. 按原始成本项目反映的完工产品成本资料

B. 所耗用上一步骤半成品成本的资料

C. 各步骤完工半成品成本的资料

D. 本步骤应计入完工产品成本份额的资料

E. 按综合成本反映的完工产品成本资料

6. 分项结转方式下，逐步结转分步法的特点是(　　)。

A. 半成品成本按成本项目，分别转入下步骤的相应成本项目

B. 直接反映产品成本的原始构成项目，不需要进行成本还原

C. 分项结转下，各步骤各成本项目发生的生产费用合并反映，成本结转比较复杂

D. 便于进行完工产品成本分析

7. 下列关于平行结转分步法的表述中，正确的有(　　)。

A. 各步骤可以同时计算产品成本

B. 能够直接提供按原始成本项目反映的产成品成本资料

C. 不必进行成本还原，能够简化和加速成本计算工作

D. 能全面反映各步骤产品的生产耗费水平

8. 下列各项中，属于逐步综合结转分步法的优点的是(　　)。

A. 不需要进行成本还原

B. 能够提供各步骤的半成品成本资料

C. 为各生产步骤的在产品实物管理及现金管理提供资料

D. 能够全面地反映各生产步骤的成本耗费水平

三、判断题

1. 产品成本计算的分步法均应逐步结转半成品成本，最后计算出完工产品成本。(　　)

2. 采用逐步结转分步法，半成品成本的结转与半成品实物的转移是分离的，因而不利于半成品的实物管理和在产品的资金管理。(　　)

3. 采用分项结转半成品成本，在各步骤完工产品成本中可以看出所耗用上一步骤半成品的费用和本步骤加工费用的水平。(　　)

项目实训

实训一　综合结转方式下的逐步结转分步法及成本还原

(一) 实训目的

了解逐步综合结转分步法的基本原理和特点，掌握成本计算的基本程序和方法要点，掌握半成品成本综合结转的成本还原的计算程序和方法。

(二) 实训资料

迅达棉纺厂生产的甲产品须经过第一车间、第二车间和第三车间三个基本生产车间加工。第一车间完工产品为A半成品，完工后全部交第二车间继续加工；第二车间完工产品为B产品，完工后全部交第三车间继续加工；第三车间完工产品为甲产成品。甲产品原材料在第一车间生产开始时一次投入，各车间的工资和费用发生比较均衡，月末在产品完工程度约为50%。2017年7月，有关成本计算资料如下。

1. 生产数量资料如表6-26所示。

表6-26　生产数量资料

甲产品　　　　2017年7月　　　　单位：件

项目	月初在产品数量	本月投入或上步转入数量	本月完工转入下步或交库数量	月末在产品数量
第一车间	50	550	500	100
第二车间	100	500	500	100
第三车间	200	500	550	150

2. 生产费用资料如表 6-27 所示。

表 6-27　本月发生生产费用

甲产品　　2017 年 7 月　　单位：件

项　目	第一车间	第二车间	第三车间
月初在产品成本	36 250	130 000	400 000
其中：直接材料(半成品)	25 000	95 000	330 000
直接人工	6 250	20 000	40 000
制造费用	5 000	15 000	30 000
本月本步发生生产费用	511 250	350 000	367 500
其中：直接材料	275 000		
直接人工	131 250	200 000	210 000
制造费用	105 000	150 000	157 500

（三）实训内容

1. 填制三个车间的成本计算单并登记三个车间的成本费用。

2. 根据登记结果进行期末成本分配。

3. 编制成本还原计算表，采用总额比重还原法对第三车间所产甲产品总成本中的自制半成品成本进行成本还原。

4. 编制成本还原计算表，采用构成比例还原法对第三车间所产甲产品总成本中的自制半成品成本进行成本还原。

（四）实训过程

1. 采用逐步综合结转分步法计算甲产品及其 A 半成品、B 半成品的成本(月末在产品成本按约当产量法计算)，编制结转完工产成品的会计分录，登记产品成本计算单(见表6-28～表 6-30)。

表 6-28　第一车间(第一步骤)产品成本计算单

产品名称：A 半成品　　2017 年 7 月　　金额单位：元

项　目	直接材料	直接人工	制造费用	合　计
月初在产品成本				
本月本步发生生产费用				
生产费用合计				
本月完工产品数量				
月末在产品约当产量				
约当总产量				
完工半成品单位成本				
本月完工半成品总成本				
月末在产品成本				

表 6-29 第二车间(第二步骤)产品成本计算单

产品名称：B 半成品　　2017 年 7 月　　金额单位：元

项　　目	上步转入	本步发生		合　计
	A 半成品	直接人工	制造费用	
月初在产品成本				
本月本步发生生产费用				
本月上步转入费用				
生产费用合计				
本月完工产品数量				
月末在产品约当产量				
约当总产量				
完工半成品单位成本				
本月完工半成品总成本				
月末在产品成本				

表 6-30 第三车间(第三步骤)产品成本计算单

产品名称：甲产品　　2017 年 7 月　　金额单位：元

项　　目	上步转入	本步发生		合　计
	B 半成品	直接人工	制造费用	
月初在产品成本				
本月本步发生生产费用				
本月上步转入费用				
生产费用合计				
本月完工产品数量				
月末在产品约当产量				
约当总产量				
完工产品单位成本				
本月完工产品总成本				
月末在产品成本				

2. 填列需要进行成本还原的原始成本资料及其相关成本资料。分别采用总额比重和构成比例两种方法计算成本还原分配率。根据计算的成本还原分配率对第三车间所产甲产品总成本中的自制半成品成本进行成本还原，填列产品成本还原计算表(见表 6-31 和表 6-32)。

表 6-31　产品成本还原计算表(结构比重还原法)

产品：甲产品　　产量：550 件　　2017 年 7 月　　金额单位：元

项　目	自制半成品		直接材料	直接人工	制造费用	合　计
	B 半成品	A 半成品				
还原前产成品成本						
第二步 B 半成品成本						
第二车间成本结构％						
第一次成本还原						
第一步 A 半成品成本						
第一车间成本结构％						
第二次成本还原						
还原后产成品成本						
还原后单位成本						

表 6-32　产品成本还原计算表(总额比例还原法)

产品：甲产品　　产量：550 件　　2017 年 7 月　　金额单位：元

项　目	成本还原率	自制半成品		直接材料	直接人工	制造费用	合　计
		B 半成品	A 半成品				
还原前产成品成本							
第二步半成品成本							
第一次成本还原							
第一步半成品成本							
第二次成本还原							
还原后产成品成本							
还原后单位成本							

实训二　综合结转方式下的逐步结转分步法及成本还原及分项结转方式

（一）实训目的

练习逐步结转分步法的综合结转法和分项结转法，能够使用逐步结转分步法进行企业成本核算。

（二）实训资料

某企业甲产品经过三个车间连续加工制成，一车间生产 101 甲半成品，直接转入二车间加工制成 102 甲半成品，102 甲半成品直接转入三车间加工成甲产品。原材料于生产开始时一次投入，各车间月末在产品完工率均为 50％。各车间生产费用在完工产品和在产品之间的分配采用约当产量法。该企业 2017 年 7 月有关资料如表 6-33 和表 6-34 所示。

表 6-33 各车间的产量资料

2017 年 7 月

摘 要	101 甲半成品	102 甲半成品	甲产品
月初在产品数量	20	30	50
本月投产数量或上步转入	190	180	190
本月完工产品数量	180	190	200
月末在产品数量	30	20	40

表 6-34 各车间月初、本月生产费用资料

2017 年 7 月

摘 要		直接材料	直接人工	制造费用	合 计
101 甲半成品	月初在产品成本	600	300	100	1 000
	本月生产费用	5 400	2 700	900	9 000
102 甲半成品	月初在产品成本	900	450	150	1 500
	本月生产费用		3 150	1 050	4 200
甲产品	月初在产品成本	2 300	900	300	3 500
	本月生产费用		7 200	2 400	9 600

（三）实训内容

1. 开设甲产品三个生产步骤的基本生产成本明细账，并过入期初在产品成本和本月生产费用。

2. 采用逐步结转法的综合结转法计算各步骤半成品或完工产品成本，计算过程直接在账上进行，并转账。

3. 对采用综合结法计算出来的完工产品成本进行成本还原，计算出原始的成本项目金额。

4. 根据上述资料采用逐步结转法的分项结转法计算各步骤半成品或完工产品成本，计算过程直接在账上进行，并转账。

（四）实训过程

图表略。

实训三 平行结转分步法的应用

（一）实训目的

掌握平行结转分步法的含义、适用范围、特点和成本计算程序，熟练运用平行结转分步法进行成本计算。

（二）实训资料

洪喜毛纺有限责任公司生产的甲产成品须经过第一车间、第二车间和第三车间这三个基本生产车间进行加工。原材料在第一车间生产开始时一次投入，各车间工资和费用发生比较均衡，月末本车间在产品完工程度约为50%，2017年8月有关成本计算资料如下。

1. 生产数量资料如表6-35所示。

表6-35　生产数量资料

甲产品　　2017年8月　　单位：件

项目	月初在产品数量	本月投入或上步转入数量	本月完工转入下步或交库数量	月末在产品数量
第一车间	50	550	500	100
第二车间	100	500	500	100
第三车间	200	500	550	150

2. 生产费用资料如表6-36所示。

表6-36　本月发生生产费用

甲产品　　2017年8月　　单位：元

项　目	第一车间	第二车间	第三车间
月初在产品成本	321 250	175 000	70 000
其中：直接材料	175 000		
直接人工	81 250	100 000	40 000
制造费用	65 000	75 000	30 000
本月本步发生生产费用	511 250	350 000	367 500
其中：直接材料	275 000		
直接人工	131 250	200 000	210 000
制造费用	105 000	150 000	157 500

（三）实训内容

1. 根据资料开设各生产步骤的产品生产成本明细账和产品成本计算单、产品成本计算汇总表。

2. 根据成本费用资料，在各生产步骤的成本计算单上填列各步骤的成本费用金额。

3. 期末对三个车间的成本进行分配，计算各个车间应计入完工产品的成本份额。

4. 结转并汇总计算甲完工产品的总成本和单位成本，结转完工产品成本。

5. 根据产品成本计算汇总表编制会计分录，结转完工产品的成本。

（四）实训过程

1. 根据上述资料开设三个生产步骤的产品生产成本计算单和完工产品成本计算单(见表6-37～表6-40)。

表 6-37 第一步骤产品成本计算单

产品名称：甲产品 时间：2017 年 8 月 完工数量：550 件 金额单位：元

项目		直接材料	直接人工	制造费用	合计
月初在产品成本		175 000	81 250	65 000	
本月生产费用		275 000	131 250	105 000	
生产费用合计		450 000	212 500	170 000	
最终产成品数量		550	550	550	
在产品约当产量	本步在产品约当量				
	已交下步未完工半成品				
	在产品约当量小计				
约当产品总量(分配标准)					
单位产成品成本份额					
结转本月 550 件产成品成本份额					
月末在产品成本					

表 6-38 第二步骤产品成本计算单

产品名称：甲产品 时间：2017 年 8 月 完工数量：550 件 金额单位：元

项目		直接材料	直接人工	制造费用	合计
月初在产品成本					
本月生产费用					
生产费用合计					
最终产成品数量					
在产品约当产量	本步在产品约当量				
	已交下步未完工半成品				
	在产品约当量小计				
约当产品总量(分配标准)					
单位产成品成本份额					
结转本月 550 件产成品成本份额					
月末在产品成本					

表 6-39　第三步骤产品成本计算单

产品名称：甲产品　　时间：2017 年 8 月　　完工数量：550 件　　金额单位：元

项　目		直接材料	直接人工	制造费用	合　计
月初在产品成本					
本月生产费用					
生产费用合计					
最终产成品数量					
在产品约当产量	本步在产品约当量				
	已交下步未完工半成品				
	在产品约当量小计				
约当产品总量(分配标准)					
单位产成品成本份额					
结转本月 550 件产成品成本份额					
月末在产品成本					

表 6-40　产品成本汇总表

产品名称：甲产品　　时间：2017 年 8 月　　完工数量：550 件　　单位：元

项　目	直接材料	直接人工	制造费用	合　计
第一步骤应计入完工产品的成本份额				
第二步骤应计入完工产品的成本份额				
第三步骤应计入完工产品的成本份额				
本月产成品总成本				
本月产成品单位成本				

2. 根据成本费用资料，在三个生产步骤的成本计算单上填列各步骤的成本费用金额。
3. 期末对三个车间的成本进行分配，计算各个车间应计入完工产品的成本份额。
4. 结转并汇总计算甲完工产品的总成本和单位成本，结转完工产品成本。
5. 编制结转的会计分录。

7 项目七 成本管理

知识目标

• 了解成本报表的作用、种类、特点，以及编制要求。

• 掌握商品产品成本表、主要产品单位成本表和制造费用明细表的结构和编制方法。

• 了解成本分析的一般方法。

• 熟练掌握成本报表的分析方法。

能力目标

• 能够熟练编制商品产品成本表和主要产品单位成本表。

• 能够编制制造费用明细表。

项目导入

2017 年 6 月某企业财务部为了考核实习生刘静的实习效果，把本企业生产的甲、乙、丙三种产品的产量、成本资料交给了她。主管方兵告诉刘静，本企业的主要产品是甲产品、乙产品，丙产品是次要产品，要求刘静根据这些数据，编制按产品品种反映的产品生产成本表和主要产品单位生产成本表，并对相关报表进行分析。

任务一 成本报表编制

产品成本是综合反映企业生产技术和经营管理工作水平的一项重要质量指标，编制和分析成本报表是成本会计工作的一项重要内容。成本报表是按照成本管理的各种需要，根据日常成本核算资料和其他有关经营管理费用等资料编制的，用以反映企业一定时期产品成本水平和构成情况，考核产品成本计划和生产费用预算执行情况的书面报告。

由于在市场经济环境下，企业的生产经营情况、资金耗费和产品成本水平等成本信息都属于对外保密的资料，企业将其作为一种商业秘密，因此成本报表不宜对外公开报送，只是作为向企业经营管理者提供有关成本和经营管理费用信息，进行成本分析的一种内部管理报表。

一、成本报表的作用

成本报表是会计报表体系的重要组成部分，是企业内部报表中的主要报表，正确、及时地编报成本报表，对加强成本管理和提高经济效益具有重要作用。

(1) 成本报表可以提供真实可靠的产品成本信息。企业管理者可以利用成本报表，分析和考核成本计划的执行情况，促使企业降低成本，节约费用，提高企业的经济效益。企业和主管企业的上级机构(或公司)利用成本报表，可以检查企业成本计划的执行情况，考核企业成本工作绩效，对企业成本工作进行评价。

(2) 成本是一项重要的质量指标，通过对成本报表的分析，能够揭示企业生产技术和经营管理方面取得的成果和存在的问题，进一步提高企业生产技术经营管理的水平。通过成本报表分析，可以揭示影响产品成本指标和费用项目变动的因素和原因，从生产技术、生产组织和经营管理等各个方面挖掘和动员节约费用支出和降低产品成本的潜力，提高企业生产耗费的经济效益。

(3) 成本报表提供的实际产品成本和费用支出的资料，可以作为企业确定产品价格，进行成本费用和利润的预测，制定有关生产经营决策的依据，为编制成本和利润计划提供重要的数据。成本报表提供的实际产品成本和费用支出的资料，不仅可以满足企业、车间和部门加强日常成本、费用管理的需要，而且是企业进行成本、利润的预测、决策，编制产品成本计划和各项费用计划，制定产品价格的重要依据。

二、成本报表的种类

成本报表属于内部报表，主要是为满足企业内部经营管理的需要而编制的，不对外公开，内容更具有针对性，具有较大的灵活性，与对外报表相比，更注重时效。因此，成本报表的种类、格式、项目、指标的设计，以及编制方法、编报日期、具体报送对象，国家都不做统一规定，而由企业自行决定，其设计应满足企业内部成本管理的基本要求。

(一) 成本报表按其所反映的内容分类

▶ 1. 反映产品成本情况的报表

反映产品成本情况的报表主要反映报告期内企业生产各种产品的实际成本水平(一定种类和一定数量产品所支出的生产费用的水平及其构成情况)，通过本期实际成本与本期计划成本、前期平均成本、历史最好水平或同行业同类产品先进水平相比较，了解企业产品成本发展变化的趋势和成本计划的完成情况，进行深入的成本分析、发现薄弱环节，进而为挖掘降低成本的潜力提供资料。这类成本报表主要包括全部产品生产成本表和主要产品单位成本表等。

▶ 2. 反映费用支出情况的报表

反映费用支出情况的报表主要反映企业在报告期内某些费用支出的总额及其构成情

况。通过此类报表可以了解费用支出的合理性。与本期计划和前期实际对比，反映和分析费用支出的合理程度及变动趋势，有利于企业制定费用预算，控制费用支出，考核费用预算的实际完成情况，以明确有关经济责任，防止随意扩大费用支出范围。这类成本报表主要包括制造费用明细表、销售费用明细表、管理费用明细表和财务费用明细表等。

（二）成本报表按其编制的时间分类

成本报表按其编制的时间可以分为定期报表和不定期报表两大类。

▶ 1. 定期报表

定期报表一般按月、按季、按年来编制，成本报表属于内部报表，为了及时反馈某些重要的成本信息，以便管理部门采取对策，定期报表也可以采用旬报、周报、日报，甚至按工作班的形式编报。

▶ 2. 不定期报表

不定期报表是针对成本管理中出现的问题或急需解决的问题而随时按要求编制的，例如，发生了金额较大的内部故障成本，需及时将成本信息反馈给有关部门而编制的质量成本表等，以满足临时或特殊任务管理的要求，使成本报表及时服务于生产经营的全过程。

此外，成本报表还可以按编制的范围分为全厂成本报表、车间成本报表和班组(或个人)成本报表等。

三、成本报表的编制要求

为了提高成本信息的质量，充分发挥成本报表的作用，成本报表的编制应符合下列基本要求。

（一）成本报表内容的综合性

成本报表需要同时满足财务部门、各级生产技术部门和计划管理部门等对成本管理的需要。对这些职能部门而言，不仅要求提供用于事后分析的资料，还要求提供事前计划、事中控制所需要的大量信息，因此，成本报表不仅要设置货币指标，还需要设置反映成本消耗的多种形式的指标；不仅应包括会计核算提供的指标，还应包括统计核算、业务核算提供的指标，这些指标实质上是会计核算资料与技术经济资料的有机结合。

（二）成本费用指标的实用性

现行制度中的财务报表，其种类、内容、格式，以及报送对象等均由国家统一规定，企业不能随意改动。成本报表则不同，其内容、格式及编制方法均由企业自行决定、自己设计。为适应不同的管理要求，会计部门除了定期编报全面成本计划完成情况的报表外，还可以对某一方面问题，或从某一侧面编制报表进行重点反映；报表格式可以灵活多样，内容、指标可多可少；可以事后编报，也可以事中编报或事前预报。应本着实质重于形式的要求，力求简明扼要，讲求实效。如果主管企业的上级机构要求企业将其主要成本报表作为会计报表的附表上报，在这种情况下，企业主要成本报表的种类、内容、格式和编制方法，可以由主管企业的上级机构会同企业共同商定。

（三）成本费用报表格式的针对性

企业对外提供的会计报表，包括资产负债表、利润表、现金流量表三张主表和利润分配表等附表，是为政府部门、企业投资人、债权人，以及企业内部经营管理者服务的，是反映企业财务状况和经营成果的财务报表。在市场经济条件下，成本是商业秘密，不对外公开，成本报表作为内部报表主要是为企业内部经营管理者服务的，满足企业领导及各部门、车间和岗位责任人员对成本信息的需求。因此，成本报表的内容要有针对性，而不要泛泛地、千篇一律地提供情况；要主动地促进各有关部门和人员关心成本，了解其工作好坏对成本的影响，明确其在成本升降中的责任。

(四) 成本费用报表编制的及时性

对外报表一般都是定期编制和报送，而作为对内报表的成本报表，除了为满足定期考核和分析成本计划的完成情况，定期编报一些报表外，为了及时反馈成本信息，及时揭示成本工作中存在的问题和技术经济指标变动对成本的影响，还可以采用日报、周报或旬报的形式，定期和不定期地向有关部门和人员编报不同内容的成本报表，或者是报告直接与成本升降有关的经济技术指标的变动情况，尽可能使报表或报告提供的信息与其反映的内容在时间上保持一致，以发挥成本报表及时指导生产的作用。

四、成本报表的编制

企业在编制成本报表时，应根据有关的产品成本或费用明细账的实际发生额填列成本报表的实际成本、费用，根据本期报表的本期实际成本、费用加上上期报表的累计实际成本、费用计算填列成本报表的累计实际成本、费用。如果有关的明细账簿中记有期末累计实际成本、费用，也可以直接根据有关的明细账相应的数据填列其累计实际成本费用。

(一) 产品成本报表的编制

产品成本报表可以从两个不同角度进行编制：一是按产品种类编制产品生产成本表，反映企业在报告期所产全部产品的总成本和各种主要产品单位成本及总成本；二是按成本项目编制产品生产成本表，汇总反映企业在报告期发生的全部生产费用(按成本项目反映)和全部产品总成本。下面举例说明按上述两个不同角度编制产品生产成本报表的方法。

1. 按产品种类反映的产品生产成本表的编制方法

【例 7-1】假定某企业 2017 年 6 月按产品种类反映的产品生产成本表格式及有关资料如表 7-1 所示。

表 7-1 产品生产成本表(按产品种类反映)

单位：××工厂　　2017 年 6 月　　单位：元

产品名称	计量单位	实际产量	单位成本			总成本		
			上年实际平均	本年计划	本年实际	按上年实际平均单位成本计算	按本年计划单位成本计算	本期实际成本
		①	②	③	④=⑦÷①	⑤=①×②	⑥=①×③	⑦
可比产品合计						2 500 000	2 433 000	2 420 000
甲产品	件	2 200	500	495	470	1 100 000	1 089 000	1 034 000
乙产品	件	1 400	1 000	960	990	1 400 000	1 344 000	1 386 000
不可比产品							230 000	220 000
丙产品	件	500					230 000	220 000
全部产品合计							2 663 000	2 640 000

补充资料：①可比产品成本实际降低额80 000元（计划降低额为67 000元）；②可比产品成本降低率 3.2%（计划降低率 2.68%）。

基本报表部分可按可比产品和不可比产品分别填列。可比产品是指企业过去曾经正式生产过，有完整的成本资料可以进行比较的产品；不可比产品是指企业本期初次生产的新产品，或虽非初次生产，但以前仅属试制而未正式投产的产品，缺乏可比的成本资料。在成本计划中，对不可比产品只规定有本年计划成本，而对可比产品不仅规定有计划成本指标，而且规定有成本降低的计划指标，即本年度可比产品计划成本比上年度（或以前年度）实际成本的降低额和降低率。

按产品种类反映的产品生产成本表表内基本部分各栏数字填列方法：表中各种可比产品和不可比产品本月实际产量、实际单位成本和实际总成本，应根据本月产品成本明细账中的有关记录填列；为了反映可比产品和不可比产品成本计划的完成情况，表内还应反映可比产品和不可比产品本年计划单位成本和本年按计划单位成本计算的总成本。计划单位成本应根据本年成本计划填列，本月按计划单位成本计算的总成本应根据计划单位成本分别乘以本月实际产量计算填列；为了计算可比产品成本降低额和降低率，表内还应反映可比产品上年实际平均单位成本和本月按上年实际平均单位成本计算的总成本。上年实际平均单位成本应根据上年度累计实际总成本除以累计实际产量计算填列，本月按上年实际平均单位成本计算的总成本，应根据上年实际平均单位成本乘以本月实际产量计算填列。

补充资料部分各项目的计算方法如下。

（1）可比产品成本降低额，指可比产品实际总成本比按上年实际平均单位成本计算的总成本降低的数额，超支额用负数表示。

可比产品成本降低额＝可比产品按上年实际平均单位成本计算的总成本－本期实际总成本

以表 7-1 资料为例，可比产品成本降低额＝2 500 000－2 420 000＝80 000(元)

（2）可比产品成本降低率，指可比产品实际总成本比按上年实际平均单位成本计算的总成本降低的比率，超支率用负数表示。

可比产品成本降低率＝可比产品成本降低额÷可比产品按上年实际平均单位成本计算的总成本×100%

以表 7-1 资料为例，可比产品成本降低率＝80 000÷2 500 000×100%＝3.2%

表 7-1 中，可比产品成本计划降低额67 000元和计划降低率 2.68%应根据可比产品成本降低计划填列。

▶ 2. 按成本项目反映的产品生产成本表的编制方法

按成本项目反映的产品生产成本表是按成本项目汇总反映企业在报告期内发生的全部生产费用及产品成本合计数的报表。

【例 7-2】假定某企业 2017 年 6 月按成本项目反映的产品生产成本表格式及有关资料如表 7-2 所示。

表 7-2　产品生产成本表(按成本项目反映)

单位：××企业　　　　2017 年 6 月　　　　单位：元

项　目	本年计划数	本月实际数	本年累计实际数
生产费用			
原材料	264 122	18 980	273 540
工资及福利费	126 316	8 072	122 220
制造费用	183 742	13 246	186 240
生产费用合计	574 180	40 298	582 000
加：在产品、自制半成品期初余额	29 220	5 960	38 680
减：在产品、自制半成品期末余额	24 300	4 320	34 320
产品成本合计	579 100	41 938	586 360

按成本项目反映的产品生产成本表分为生产费用和产品成本两部分。生产费用部分按成本项目反映，产品成本部分是在生产费用合计数的基础上，加期初、减期末在产品和自制半成品余额计算的产品成本合计数。生产费用和产品成本可以按本年计划数、本月实际数和本年累计实际数分栏反映，以便于分析利用。如果可比产品单列，还可以增设上年实际数栏。

按成本项目反映的产品生产成本表表内各项目的填列方法：本年计划数应根据成本计划有关资料填列；本月实际数一栏，按成本项目反映的各种生产费用数，应根据各种产品成本明细账所记本月生产费用合计数，按成本项目分别汇总填列；本年累计实际数应根据本月实际数，加上上月份本表的本年累计实际数计算填列。期初、期末在产品和自制半成品余额，应根据各种产品成本明细账的期初、期末在产品成本和各种自制半成品明细账的期初、期末余额，分别汇总填列。以生产费用合计数加、减在产品、自制半成品期初、期末余额，即可计算出产品成本合计数。

(二) 主要产品单位成本表的编制

主要产品是指企业经常生产，在企业全部产品中所占比重较大，能概括反映企业生产经营面貌的产品。主要产品单位成本表是反映企业在报告期内生产的主要产品单位成本水平和构成情况的报表。该表应按主要产品分别编制，是对产品生产成本表中所列各种主要产品成本的补充说明。利用主要产品单位成本表，可以按照成本项目进行成本分析和考核主要产品单位成本计划的执行情况；可以按照成本项目将本月实际和本年累计实际平均单位成本，与上年实际平均单位成本和历史先进水平进行对比，了解单位成本的变动情况；可以分析和考核各种主要产品的主要技术经济指标的执行情况，进而查明主要产品单位成本升降的具体原因。

主要产品单位成本表的格式一般可分设产量、单位成本和主要技术经济指标三个部分。

(1) 产量。本月及本年累计计划产量应根据生产计划填列；本月及本年累计实际产量应根据产品成本明细账或产成品成本汇总表填列；销售单价应根据产品定价表填列。

(2) 单位成本。历史先进水平，应根据历史上该种产品成本最低年度本表的实际平均单位成本填列；上年实际平均单位成本，应根据上年度主要产品单位成本表累计实际平均单位成本填列；本年计划单位成本，应根据本年度成本计划填列；本月实际单位成本，应根据产品成本明细账或产成品成本汇总表填列；本年累计实际平均单位成本，应根据该种产品明细账所记自年初至报告期末完工入库产品实际总成本除以累计实际产量计算填列。

(3) 主要技术经济指标。如产品主要原材料的耗用量，应根据业务技术核算资料填列。

【例 7-3】2017 年红星制造有限公司甲产品单位成本表如表 7-3 所示。

表 7-3　主要产品单位成本表

编制单位：红星制造有限公司　　2017 年 6 月　　金额单位：元

产品名称	甲产品			本月计划产量						180	
规格				本月实际产量						200	
产量单位	台			本年计划产量						1 800	
销售单价	140			本年累计实际产量						2 200	
成本项目		历史先进水平①		上年实际平均②		本年计划③		本月实际④		本年累计实际平均⑤	
直接材料		55		60		58		56		56	
直接人工		18		20		16		16		15	
制造费用		12		20		16		16		18	
合计		85		100		90		88		89	
技术经济指标	单位	单耗	金额	单耗	金额	单耗	金额	单耗	金额	单耗	金额
1. A 材料	kg	15	3.0	16	2.5	15	2.4	14	2.5	15	2.4
2. B 材料	kg	10	1.0	10	2.0	11	2.0	10	2.1	10	2.0
3. 工时	h	36	—	42	—	40	—	36	—	38	—

主要产品单位成本表中，上年实际平均、本年计划、本月计划和本年累计实际平均的单位成本，应与按产品种类反映的产品生产成本表中该产品相应的单位成本核对相符。

(三) 各种费用报表的编制

各种费用是指企业在生产经营过程中，各个车间、部门为进行产品生产、组织和管理生产经营活动所发生的制造费用、销售费用、管理费用和财务费用。前者属于产品成本的组成部分，后三种属于期间费用。编制上述四种费用报表的作用在于反映各费用计划的执行情况，分析各种费用变动的原因，以及对产品成本和当期损益的影响。

▶ 1. 制造费用明细表的编制

【例 7-4】假定某企业制造费用明细表如表 7-4 所示。

表 7-4 制造费用明细表

2017 年度 单位：元

项目	上年实际	本年计划	本年实际
工资	11 700	10 900	11 200
职工福利费	1 638	1 526	1 568
折旧费	13 340	13 560	13 600
办公费	1 560	1 500	1 440
水电费	3 060	3 200	3 360
机物料消耗	5 400	5 500	5 480
低值易耗品摊销	960	920	872
劳动保护费	1 340	1 400	1 316
租赁费	562	820	624
保险费	928	1 100	1 168
其他	510	1 420	840
制造费用合计	40 998	41 846	41 168

制造费用明细表中，按制造费用项目分别反映各该费用的上年实际数、本年计划数和本年实际数。其中，上年实际数应根据上年度本表“本年实际”栏各项目数字填列；本年计划数应根据本年度成本计划中的制造费用计划填列；本年实际数应根据本年度制造费用明细账有关项目累计数填列。

2. 销售费用明细表的编制

【例 7-5】假设某企业销售费用明细表如表 7-5 所示。

表 7-5 销售费用明细表

2017 年度 单位：元

项目	上年实际	本年计划	本年实际
工资	76 000	81 000	82 000
职工福利费	10 640	11 340	11 480
业务费	26 000	27 680	30 900
运输费	52 000	60 000	64 100
装卸费	14 000	16 000	17 920
包装费	41 600	42 400	44 880
保险费	16 000	17 400	17 480
展览费	19 280	18 000	19 620
广告费	37 920	56 000	65 600
差旅费	24 000	24 600	29 000

续表

项　　目	上年实际	本年计划	本年实际
低值易耗品摊销	12 000	10 000	13 400
租赁费	7 000	6 000	5 640
办公费	9 000	8 000	7 340
折旧费	15 600	14 000	15 260
销售服务费	16 000	16 000	17 920
其他	6 000	5 000	4 240
销售费用合计	383 040	413 420	446 780

销售费用明细表中，按销售费用项目分别反映各该费用的上年实际数、本年计划数和本年实际数。其中，上年实际数应根据上年度本表“本年实际”栏各项目数字填列；本年计划数应根据本年度成本计划中的销售费用计划填列；本年实际数应根据本年度销售费用明细账有关项目累计数填列。

▶ 3. 管理费用明细表的编制

【例 7-6】 假设某企业管理费用明细表如表 7-6 所示。

表 7-6　管理费用明细表

2017 年度　　单位：元

项　　目	上年实际	本年计划	本年实际
工资	175 000	190 000	197 000
职工福利费	24 500	26 600	27 580
折旧费	23 700	24 620	32 740
修理费	57 800	63 720	67 200
办公费	51 400	52 640	57 200
水电费	32 800	36 000	37 540
物料消耗	92 400	91 800	97 200
保险费	6 000	7 600	8 000
差旅费	45 400	48 000	56 000
租赁费	33 200	34 000	36 400
排污费	0	2 000	5 200
绿化费	16 000	17 200	18 360
低值易耗品摊销	6 400	6 000	6 800
税金	10 160	12 000	15 720
其他	7 200	8 400	7 600
管理费用合计	581 960	620 580	670 540

管理费用明细表中，按管理费用项目分别反映各该费用的上年实际数、本年计划数和本年实际数。其中，上年实际数应根据上年度本表“本年实际”栏各项目数字填列；本年计划数应根据本年度成本计划中的管理费用计划填列；本年实际数应根据本年度管理费用明细账有关项目累计数填列。

▶ 4. 财务费用明细表的编制

【例 7-7】假设某企业财务费用明细表如表 7-7 所示。

表 7-7　财务费用明细表

2017 年度

单位：元

项　目	上年实际	本年计划	本年实际
利息支出(减利息收入)	34 000	41 000	41 500
汇兑损失(减汇兑收益)	19 100	22 000	22 800
调剂外汇手续费	4 000	6 000	7 680
金融机构手续费	0	0	0
其他筹资费用	0	0	0
财务费用合计	57 100	69 000	71 980

财务费用明细表中，按财务费用项目分别反映各该费用的上年实际数、本年计划数和本年实际数。其中，上年实际数应根据上年度本表“本年实际”栏各项目数字填列；本年计划数应根据本年度成本计划中的财务费用计划填列；本年实际数应根据本年度财务费用明细账有关项目累计数填列。

任务二　成本报表分析

成本报表分析属于事后分析，是以成本报表所提供的反映企业一定时期产品成本水平和构成情况的资料及其他有关的计划、核算资料为依据，运用科学的方法，分析各项指标的变动及指标之间的相互关系，揭示企业各项指标计划的完成情况和原因，从而对企业一定时期的成本管理工作情况获得比较全面的、本质的认识。同时，为改进生产经营管理，节约生产耗费，编制下期成本计划和做出新的经营决策提供依据。

一、成本报表分析的作用

(1) 通过成本报表分析，可以考核企业成本计划的执行情况，评价企业过去的成本管理工作。

(2) 通过成本报表分析，可以揭示企业存在的问题和差距，促使企业挖掘降低成本的能力，寻找降低成本的途径和方法。

(3) 通过成本报表分析，可以认识和掌握成本变动的规律，从中总结成本管理的经验和教训，提高企业经营管理水平。

(4) 通过成本报表分析，可以为企业编制成本计划、预算和进行经营决策提供可靠的依据。

二、成本报表分析的一般程序

(1) 进行成本报表分析，首先应收集资料，掌握情况，这是正确进行分析的基础。为了全面、系统地分析成本报表，必须详细地收集资料，包括成本报表资料和其他有关的计划、统计、业务技术资料等，同时还要深入实际调查研究，掌握真实的情况。收集资料要实事求是，并进行必要的审核和整理，去粗取精、去伪存真。只有根据客观且相关的资料和情况进行分析，才能得出正确的、有指导意义的结论。

(2) 分析成本报表，应从全部产品生产成本计划和各项费用计划完成情况的总评价开始，然后按照影响成本计划完成情况的因素逐步深入、具体地分析。从总评价开始分析可以防止片面性，并从复杂的影响因素中找出需要进一步分析的问题。但是，分析又不能停留在对成本总体指标计划完成情况的总评价，还必须在总评价的基础上，根据总括分析中发现的问题，进行深入、具体地分析。这样做也是为了防止另外一种表面化的片面性。

(3) 在分析成本指标实际脱离计划差异的过程中，要研究确定影响成本指标变动的各种因素，将其按照不同特征归类，并采用数量分析方法，从量上确定各类因素的影响程度，然后通过比较，从中找出起决定作用的主要因素。

(4) 相互联系地研究企业内部条件和外部环境的变化，以及生产技术、生产组织和经营管理等方面的情况，查明各种因素变动的真正原因，以便采取措施挖掘降低成本、提高经济效益的潜力。

(5) 以全面、发展的观点，对企业工作进行评价。在市场经济下，评价一个企业工作的优劣，不能只看所分析企业是否达到本身的目的，还要联系竞争对手，分析企业在市场竞争中是否具有优势。另外，企业的生产经营过程是一个持续不断的运动过程，因此，不能用静止的观点进行分析，要用发展的观点进行分析。也就是说，既要立足现在，又要放眼未来，要正确处理短期经济效益与长期经济效益的关系，防止只追求近期经济效益的短期行为。

从上述分析的一般程序中可以看出，成本报表分析的过程实际上是成本指标的分解和综合相结合的过程。

三、成本报表分析的方法

成本报表分析的方法很多，下面主要介绍几种常用的分析方法，包括比较分析法、比率分析法、因素分析法和差额分析法等。

(一) 比较分析法

比较分析法也称对比分析法或比较法，它是把相同事物的指标在时间上和空间上进行对比，从数量上确定差异的一种分析方法。在实际工作中表现为通过实际数与基期数的对比来揭示实际数与基期数之间的差异，来了解经济活动的成绩和问题。比较分析法是成本分析中最简便、运用范围最广泛的一种方法，主要作用是揭示成本差异，并为进一步分析指出方向，以便采取措施，降低成本。比较分析法也是成本分析最基本的方法，但需要指出的是，这种方法只适用于同质指标的数量对比，因此，应用此法时要注意对比指标的可比性。

采用比较分析法时，对比的基期数由于分析的目的不同而有所不同，实际工作中通常有以下几种形式。

▶ 1. 本期实际成本指标与本期成本计划指标或定额指标的比较分析

通过该类指标的比较分析，可以反映计划或定额的完成情况，检查计划、定额本身是否既先进，又切实可行。

▶ 2. 本期实际成本与前期(上期、上年同期或历史先进水平)实际指标的比较分析

通过该类指标的比较分析，可以反映成本指标变动情况和发展趋势，揭示本期同前期成本指标间的差距，分析企业生产经营工作的改进情况。

▶ 3. 本企业实际成本指标(或某项技术经济指标)与国内外同行业先进指标的比较分析

通过该类指标的比较分析，可以反映企业成本水平在国内外同行业中所处的地位，揭示企业与国内外先进成本指标间的差距。

【例 7-8】红星制造有限责任公司对生产的 A 产品单位消耗材料进行分析，编制产品材料消耗对比表，如表 7-8 所示。

表 7-8　产品材料消耗比较分析表

产品名称：A 产品　　2017 年 6 月 30 日　　单位：元

指标	上年实际	本年		先进企业实际	差异		
		计划	实际		比计划	比上年	比先进
材料消耗	60	59	56	50	－3	－4	＋6

由表 7-8 可以看出，A 产品的材料消耗量本年实际比计划、比上年实际都有所下降，但与先进水平相比还有较大差距，说明该企业在降低材料消耗方面还有很大的潜力可挖。

(二) 比率分析法

比率分析法是通过计算和对比经济指标的比率，进行数量分析的一种方法。采用这一方法时，首先要把对比的数值变成相对数，求出比率，然后再进行对比分析。具体形式如下。

▶ 1. 相关指标比率分析法

相关指标比率分析法是指把两个性质不同但又相关的指标进行对比求出比率，再将实际数比率与计划(或前期实际)数比率进行对比分析的一种方法。采用相关指标比率分析法，便于从经济活动的客观联系中，更深入地认识企业的生产经营状况。例如，企业计算出产值成本率、销售成本率和成本利润率等，通过若干期同类比率的对比，就可据以分析和比较企业生产耗费对经济效益的影响情况和影响程度。具体计算公式如下：

$$\text{产值成本率}=\frac{\text{产品成本}}{\text{商品产值}}\times 100\%$$

$$\text{销售成本率}=\frac{\text{产品成本}}{\text{产品销售收入}}\times 100\%$$

$$\text{成本利润率}=\frac{\text{产品销售利润}}{\text{产品成本}}\times 100\%$$

从上述计算公式可以看出，产值成本率和销售成本率高的企业经济效益差，产值成本

率和销售成本率低的企业经济效益好；成本利润率则相反，成本利润率高的企业经济效益好，成本利润率低的企业经济效益差。分析时，还应将各种比率的本期实际数与基数(计划数或前期实际数)进行对比，揭示其变动的差异，为进一步进行差异分析指出方向。

▶ 2. 构成比率分析法

构成比率是指某项经济指标的各个组成部分占总体的比重。构成比率分析法是计算出各个成本项目占总体成本的比重，确定成本的构成比率，然后将不同时期的成本构成比率相比较，了解产品成本构成的变动，掌握经济活动情况及其对产品成本的影响。例如，将构成产品成本的各项成本项目分别与产品成本总额相比，计算产品成本的构成比率。这种比率分析法也称比重分析法。产品成本构成比率的计算公式如下：

$$直接材料费用比率=\frac{直接材料费用}{产品成本}\times 100\%$$

$$直接人工费用比率=\frac{直接人工费用}{产品成本}\times 100\%$$

$$制造费用比率=\frac{制造费用}{产品成本}\times 100\%$$

计算和分析上述成本构成比率，可以反映产品成本的构成是否合理。将实际数与计划数进行比较，可以揭示实际数与计划数之间的差异；将不同时期同一成本项目构成比率相比较，可以观察产品成本构成的变动，了解企业改进生产技术和经营管理对产品成本的影响。

▶ 3. 动态比率分析法

动态比率分析法是将不同时期同类指标的数值对比，求出比率，进行比较，以分析该项指标的发展方向和发展速度，进而了解企业在生产经营方面的成绩和不足。动态比率的计算通常采用以下两种方法。

(1) 定基动态比率，是以某一时期的数额为固定的基数计算出来的动态比率。计算公式为：

定基动态比率＝报告期数额÷固定基期数额。

(2) 环比动态比率，是以某一时期的前期数为基数数额计算出来的动态比率。计算公式为：

环比动态比率＝报告期数额÷前期数额

【例 7-9】分析甲、乙两工厂同类产品单位成本的变动情况和变动趋势，如表 7-9 所示。

表 7-9　产品成本动态分析表

指标	2015 年	2016 年			2017 年		
	指标/元	指标/元	定基指数	环比指数	指标/元	定基指数	环比指数
甲厂	200	180	90%	90%	190	95%	105.56%
乙厂	300	260	86.67%	86.67%	240	80%	92.31%

从表 7-9 中可以看出：甲厂产品单位成本不稳定，2016 年有所下降，而 2017 年又上升了，且上升速度较快；乙厂产品单位成本是逐年下降的，但下降速度呈缓慢趋势。需要指出的是，动态比率分析法必须同经济指标绝对数的比较法结合运用，才能充分说明分析

的对象，全面地评价企业工作。例如，甲、乙两厂情况相对比，不能说乙厂工作好于甲厂。如果结合绝对数变动不难看出，尽管乙厂两年来成本连续下降，但2017年产品单位成本仍比甲厂高50元(或26.31%)。

(三) 因素分析法

成本指标是一个综合性指标，它受各种因素的影响，只有把成本指标分解成若干个构成要素进行分析，才能明确成本指标完成好坏的原因和责任。因素分析法是把某一综合指标分解为若干个相互联系的因素，并分别计算、分析各因素影响程度的方法。单纯采用对比分析法和比率分析法只能揭示实际数与基数之间的差异，不能揭示产生差异的因素和各因素的影响程度。采用因素分析法就可以解决这一问题。

1. 因素分析法运用程序

(1) 根据指标的计算公式确定影响指标变动的各项因素。

(2) 排列各项因素的顺序。各因素排列的顺序要根据指标与各因素的内在联系进行确定，一般是数量指标因素排列在前，质量指标因素排列在后；用实物与劳动量度表示的因素排列在前，用货币表示的因素排列在后；主要指标在前，次要指标在后；可控指标在前，不可控指标在后。

(3) 按排定的因素顺序对各项因素的基数进行计算，确定综合指标的基期数值。

(4) 顺序将前面一项因素的基数替换为实际数，将每次替换以后的计算结果与其前一次替换以后的计算结果进行对比，顺序算出每项因素的影响程度，有几项因素就替换几次。

(5) 将各项因素的影响程度(有的是正方向影响，有的是反方向影响)的代数和与指标变动的差异总额核对。

2. 因素分析法的具体运用

下面以材料费用总额变动分析为例，介绍这一分析方法的运用。影响材料费用总额的因素很多，按其特征可归纳为三个：产品产量、单位产品材料消耗量和材料单价。

材料费用总额＝产品产量×单位产品材料消耗量×材料单价

【例7-10】假定某工厂产品产量、单位产品材料消耗量和材料单位的计划和实际资料如表7-10所示。

表7-10　原材料成本资料

指　　标	单　　位	计　　划	实　　际	差　　异
产品产量	件	50	55	＋5
单位产品材料消耗量	千克	25	20	－5
材料单价	元	5	6	＋1
材料费用总额	元	6250	6600	＋350

以材料费用总额的实际数与计划数对比，确定材料费用总额实际脱离计划的差异，即6 600－6 250＝350(元)，作为分析对象。这是产品产量增加、单位产品材料消耗量减少和材料单价上升三个因素综合影响的结果。

以计划数为基数，则：①基期材料费用＝50×25×5＝6 250(元)；②第一次替换产量后的材料费用＝55×25×5＝6 875(元)，由于产量增加，比基期①增加625元；③第二次替换单耗后的材料费用＝55×20×5＝5 500(元)，由于单耗降低，比②减少1 375元；④第三次替换单价后的材料费用＝55×20×6＝6 600(元)，由于单价上升，比③增加1 100元。④－①＝350元，即三个因素共同变动影响的增加额为350(625－1 375＋1 100)元。

通过计算可以看出，由于产品产量的增加使材料费用增加了625元，但单位产品材料消耗量的降低使材料费用减少了1 375元，材料单价的上升使材料费用增加1 100元，三个因素共同影响最终使材料费用超支了350元。从而可以分析查明原因。

运用因素分析法时必须指出的是：分析某一因素变动影响时，是以假定其他因素不变为条件的，因此，计算结果只能说明是在某种假定条件下的结果。上述计算过程中，我们是按照确定各因素替换的排列顺序的一般原则，先替换产品产量，再替换单位产品材料消耗量，最后替换材料单价的顺序进行的，除第一次替换外，每个因素的替换都是在前一个因素替换的基础上进行的。

(四) 差额分析法

差额分析法是根据各项因素的实际数与基数的差额来计算各项因素影响程度的方法，它是因素分析法的一种简化形式，应用原理与因素分析法是一致的。其特点是先计算各项因素的实际数与基数之间的差额，然后按照与因素分析法相同的顺序依次求出各因素变动对总指标的影响程度。

【例7-11】承例7-10，以差额分析法分析如下。

分析对象：6 600－6 250＝350(元)，确定各项因素影响程度。

产量变动的影响额＝5×25×5＝625(元)

单位产品材料消耗量变动的影响额＝55×(－5)×5＝－1 375(元)

材料单价变动的影响额＝55×20×1＝1 100(元)

差额分析法计算方法简便，应用比较广泛，特别是在影响因素只有两个的情况下更适用。

四、产品生产成本报表分析

产品成本报表的分析就是要揭示产品总成本的计划完成情况，找出影响成本升降的原因，确定各个因素对成本计划完成情况的影响程度，为进一步挖掘降低成本的潜力并寻求降低成本的途径指明方向。产品生产成本报表分析主要包括产品成本计划完成情况分析和可比产品成本分析。

(一) 全部产品成本计划完成情况的分析

进行成本分析，首先应从对全部产品(包括可比产品和不可比产品)成本计划完成情况的总评价开始。通过总评价，一是对企业本期全部产品成本计划的完成情况有个总括的了解；二是通过对影响计划完成情况因素的初步分析，找出成本节约或超支的产品，为进一步分析指出方向。

▶ 1. 按产品类别分析全部产品成本计划完成情况

全部产品成本计划完成情况的分析，主要分析本期全部产品的实际总成本较计划总成本的升降情况，分析和研究升降的原因，进一步寻求降低成本的途径和措施。在实际工作中，是将全部产品的实际总成本和计划总成本对比，确定实际成本比计划成本的降低额和降低率。为了使成本指标可比，必须先将成本计划中的计划总成本换算为按实际产量、实际品种构成、计划单位成本计算的总成本，然后再与实际总成本对比，确定成本计划的完成程度。计算公式如下：

全部产品成本降低额＝∑(实际产量×实际单位成本)－∑(实际产量×计划单位成本)

全部产品成本降低率＝全部产品成本降低额/∑(实际产量×计划单位成本)×100％

【例 7-12】承例 7-1，依据表 7-1 的资料，计算全部产品成本降低额和降低率，如表 7-11所示。

表 7-11　全部产品成本计划完成情况表

单位：××工厂　　　　2017 年 6 月　　　　单位：元

产品名称		计划总成本	实际总成本	降低额	降低率/％
可比产品	甲产品	1 089 000	1 034 000	－55 000	－5.05
	乙产品	1 344 000	1 386 000	＋42 000	＋3.125
	合计	2 433 000	2 420 000	－13 000	－0.53
不可比产品	丙产品	230 000	220 000	－10 000	－4.35
全部产品合计		2 663 000	2 640 000	－23 000	－0.86

从表 7-11 中可以看出，全部产品总成本实际比计划降低23 000元或 0.86％，超额完成计划，情况较好。但分别从可比和不可比产品来看，计划完成的程度不完全相同。总的降低额23 000元中，不可比产品成本降低了10 000元，可比产品成本降低13 000元，其中，主要是乙产品成本升高42 000元。应查明乙产品成本升高、甲产品成本降低和丙产品成本降低的原因。

2. 按成本项目分析全部产品成本计划完成情况

按成本项目分析全部产品成本计划完成情况是将全部商品的总成本按成本项目汇总，以实际总成本的成本项目构成与计划总成本的成本项目构成进行对比，确定每个成本项目的降低额和降低率。

【例 7-13】某企业 2017 年 6 月生产的全部产品成本的各成本项目的计划与实际构成情况如表 7-12 所示。

表 7-12　全部产品成本计划完成情况表(按成本项目)

单位：××工厂　　　　2017 年 6 月　　　　单位：元

成本项目	全部产品成本		降低指标	
	计划	实际	降低额	减低率(％)
直接材料	21 300	24 000	＋2 700	＋12.68
直接人工	6 200	5 360	－840	－13.55
制造费用	4 150	3 740	－410	－9.88
成本合计	31 650	33 100	＋1 450	＋4.58

从表 7-12 中可以看出，全部产品总成本超支的原因主要是直接材料成本项目超支，

而直接人工和制造费用成本项目是降低的。需要进一步对各成本项目进行分析，特别是直接材料成本项目。

(二)可比产品成本降低计划完成情况的分析

可比产品成本降低计划指标和计划完成情况的资料，分别反映在企业成本计划和成本报表资料中。可比产品成本降低计划指标，是指本年度可比产品计划总成本与按上年实际单位成本计算的产品总成本进行对比所要求达到的降低额和降低率。可比产品成本降低计划完成情况分析，就是将可比产品的实际总成本比上年实际总成本的降低额和降低率与成本计划中确定的降低额和降低率进行对比，以检查可比产品成本降低任务的完成情况。

【例 7-14】假定企业可比产品成本降低计划和实际完成情况的有关资料如表 7-13 和表 7-14所示。

表 7-13　可比产品成本降低计划表

可比产品	计划产量/件	单位成本/元		总成本/元		计划降低任务	
		上年实际平均	本年计划	按上年实际平均单位成本计算	按本年计划单位成本计算	降低额/元	降低率/%
甲产品	20	2 500	2 450	50 000	49 000	1 000	2
乙产品	20	4 000	3 980	80 000	79 600	400	0.5
合计				130 000	128 600	1 400	1.076 9

表 7-14　可比产品成本降低计划完成情况

可比产品	实际产量/件	单位成本/元		总成本/元		计划降低任务	
		上年实际平均	本年实际	按上年实际平均单位成本计算	本年实际	降低额/元	降低率/%
甲	16	2 500	2 475	40 000	39 600	400	1
乙	30	4 000	3 968	120 000	119 040	960	0.8
合计				160 000	158 640	1360	0.85

根据表 7-13 和表 7-14，将实际完成情况与计划相比较。从表 7-13 可知，该公司可比产品成本计划降低额1 400元，计划降低率1.076 9%。通过表 7-14 的计算可以看出，该公司可比产品成本实际降低额1 360元，实际降低率 0.85%。从总体上分析，该公司的可比产品成本降低额计划和成本降低率计划均未完成。针对具体的可比产品，甲产品计划成本降低额为1 000元，实际成本降低额为 400 元；计划成本降低率 2%，实际成本降低率 1%，成本降低额和成本降低率均未完成。而乙产品的计划成本降低额和降低率分别为 400 元和 0.5%，执行的结果是实际成本降低额和降低率分别为 960 元和 0.85%，完成了降低计划的任务。

实际脱离计划差异如下：

降低额＝1 360－1 400＝－40(元)

降低率＝0.85％－1.076 9％＝－0.226 9％

本期可比产品成本降低额和降低率都未完成计划。

五、确定影响可比产品成本降低计划完成情况的因素和各因素的影响程度

影响可比产品降低计划完成情况的因素有三个：产品产量、产品品种构成和产品单位成本。下面分别介绍这三个因素的变动与成本降低计划完成情况的关系。

▶ 1. 产品产量

降低计划是根据各种产品计划产量制订的，而实际成本降低额和降低率是根据实际产量计算的。因此，产品产量的增减必然会影响可比产品成本降低计划的完成情况。产量变动影响的特点是：假定其他因素不变，即产品品种构成和产品单位成本不变，单纯产量变动，只影响成本降低额，而不影响成本降低率。

▶ 2. 产品品种构成

产量变动往往会引起产品品种构成变动。由于各种产品成本降低幅度不同，如果成本降低幅度大的产品在全部可比产品产量中所占比重比计划提高时，全部可比产品成本降低额和降低率指标的计划完成程度便会相应增大；相反，则会缩小。

▶ 3. 产品单位成本

成本计划降低额是本年计划成本比上年实际平均成本的降低数，而成本实际降低额则是本年实际成本比上年实际平均成本的降低数。因此，当产品单位成本实际比计划降低或升高时，必然会引起成本降低额或降低率的变动。

在确定上述各项因素变化对可比产品成本降低计划完成情况的影响时，可在可比产品降低计划的基础上，采用因素分析法分别以实际产量、实际品种结构和实际单位成本，逐步替代计划数，确定各种因素变化对可比产品成本降低额和降低率差异的影响。

【例 7-15】承例 7-14，对表 7-13 和表 7-14 中可比产品成本降低计划完成情况分析计算如下。

(1) 在其他条件不变的情况下，单纯产量变化，只影响降低额不影响降低率。

产量变动对成本降低额的影响＝∑(本年实际产量×上年实际平均单位成本)×计划降低率－计划降低额＝160 000×1.076 9％－1 400＝323.04(元)

(2) 产品品种构成变动的影响。

产品品种构成变动对成本降低额的影响＝∑(本年实际产量×上年实际平均单位成本)－∑(本年实际产量×本年计划平均单位成本)－∑(本年实际产量×上年实际平均单位成本)×计划降低率＝160 000－158 600－160 000×1.076 9％＝－323.04(元)

产品品种构成变动对成本降低率的影响＝产品品种构成变动对降低额的影响÷∑(本年实际产量×上年实际平均单位成本)×100％＝－323.04÷160 000×100％＝－0.202％

(3) 产品单位成本变动对可比产品成本降低计划完成情况的影响。

产品单位成本变动对成本降低额的影响＝∑(本年实际产量×本年计划单位成本)－∑(本年实际产量×本年实际平均单位成本)＝158 600－158 640＝－40(元)

产品单位成本变动对成本降低率的影响＝产品单位成本变动对降低额的影响÷∑(本

年实际产量×上年实际平均单位成本)×100%=−40÷1 600 000×100%=−0.025%

总体来看，企业未完成成本降低计划，情况不好。产品单位成本的升高或降低，意味着生产中劳动耗费的浪费或节约，分析时对这一因素的变动影响要给予特别的注意。本例中，由于产品单位成本升高影响可比产品成本降低额为减少 40 元，降低率为−0.025%。进一步分析可知是甲产品造成的，乙产品单位成本是降低的；产量变动影响可比产品成本降低额实际比计划增加 323.04 元，而产品品种构成变动影响可比产品成本降低额实际比计划减少 323.04 元，这两个因素的变动影响反映了生产和销售工作对成本的影响。

六、主要产品单位成本表的分析

全部产品成本的计划完成情况分析，可以总括地评价企业全部产品和可比产品成本的计划执行情况。为了揭示成本升降的具体原因，寻求降低产品成本的具体途径和方法，需要对主要产品成本的计划完成情况进行深入细致地分析，分析依据的资料是主要产品单位成本报表、成本计划表等。

主要产品单位成本表分析一般是先检查本期各种产品实际单位成本比计划、比上年实际平均单位成本的升降情况；然后进一步分析各主要成本项目变动情况，查明成本升降的具体原因。为了在更大范围内找差距、挖掘潜力，企业还应广泛收集国内外同行业同类产品的成本资料，进行横向对比分析。

(一) 产品单位成本变动情况分析

分析时应抓住重点，对多种产品中的主要产品进行单位成本分析。主要依据主要产品单位成本表及有关核算资料，编制相应分析表。

【例 7-16】 乙产品单位成本分析表如表 7-15 所示。

表 7-15 乙产品单位成本分析表

项　目	计划成本/元	实际成本/元	降低情况		各项目升降对单位成本的影响/%
			降低额/元	降低率/%	
直接材料	200	240	40	20	14.29
直接人工	50	46	−4	−8	−1.43
制造费用	30	26	−4	−13.33	−1.43
合计	280	312	32	11.43	11.43

表 7-15 中的计算表明，乙产品实际单位成本比计划增加了 32 元，降低率为−11.43%，主要是直接材料成本超支所致，直接人工与制造费用比计划均有所降低。从降低额对单位成本的影响来看，由于材料成本上升，使乙产品的单位成本有大幅增加，直接人工和制造费用的降低相对减缓了单位成本上升的速度。说明企业在加强生产管理和提高劳动生产力方面取得了较好成绩，但材料费用上升过快，需要进一步查明原因。

(二) 影响单位成本变动的主要因素分析

1. 直接材料成本项目分析

单位产品成本材料费用=∑(单位产品材料消耗量×材料单价)

利用因素分析法测定各因素的变动对单位成本的影响，影响直接材料成本项目实际成本脱离计划成本的因素主要是材料消耗量和材料单价。

(1) 单位产品材料消耗量变动的影响额＝(实际单位产品耗用量－计划单位产品耗用量)×材料计划单价

(2)材料单价变动的影响额＝(材料实际单价－材料计划单价)×单位产品材料实际耗用量

【例 7-17】 丙产品单位成本对比计划变动情况分析如表 7-16 所示。

表 7-16 丙产品单位成本对比计划变动情况分析表

成本项目	本年计划单位成本/元	本年累计实际平均单位成本/元	降低额/元	降低率/%
直接材料	696	750	－54	－7.7
直接人工	300	285	15	5
制造费用	264	285	－7	－7.95
成本合计	1 260	1 320	－60	－4.76

假定丙产品消耗的有关材料数量和价格资料如表 7-17 所示。

表 7-17 丙产品直接材料成本对比计划变动情况分析表

材料名称	消耗量/千克		单价/元		直接材料费用/元		
	计划	实际	计划	实际	计划	实际	差异
A 材料	114	120	5.00	5.30	570	636	66
B 材料	30	24	4.2	4.75	126	114	－12
合计					696	750	54

由表 7-17 可以看出，丙产品的直接材料费用实际超计划 54 元。其中：

由于消耗量变动的影响计算如下：

A 材料：(120－114)×5＝30(元)

B 材料：(24－30)×4.2＝－25.2(元)

消耗量变动的影响额为：30＋(－25.2)＝4.8(元)

由于价格变动的影响计算如下：

A 材料：(5.30－5.00)×120＝36(元)

B 材料：(4.75－4.20)×24＝13.2(元)

价格变动的影响额＝36＋13.2＝49.2(元)

单位产品材料消耗量和材料单价两个因素中，材料单价变动一般属于客观因素，企业自身无法控制，而单位产品材料消耗数量变动属主观因素，企业应进一步分析，寻找降低材料费用的方法。

此外，材料的质量、生产过程中废料的利用程度和回收率，劳动者的态度、成本意识、设备性能等都会影响材料费用的增减。

2. 直接人工成本项目分析

直接人工成本项目的变动分析应结合具体的工资制度和工资费用计入产品成本的具体方法来进行。

(1) 在计件工资制度下，由于单位产品成本中规定有计件单价，因此只要计件单价不变，单位产品成本中的工资费用也不会发生变化。

(2) 在计时工资制度下，若企业只生产一种产品，单位产品的人工成本是用人工成本总额除以产品产量求得的，其计算公式为：

$$单位产品人工成本=生产工人工资总额\div 完工产品产量$$

所以，影响单位成本工资费用高低的因素有生产工人工资总额和产品产量两个因素。

这两个因素变动对单位产品人工成本的影响可用以下公式测定：

$$产品产量变动对单位产品人工成本的影响额=\frac{计划工人工资总额}{实际产品产量}-\frac{计划工人工资总额}{计划产品产量}$$

$$工资总额变动对单位产品人工成本的影响额=\frac{实际工人工资总额-计划工人工资总额}{实际产品产量}$$

人工成本总额的变动与企业工资政策、岗位定员、出勤等情况有关，应结合有关因素深入分析；产品产量的变动应结合企业生产和销售的具体情况进行分析。

若企业生产多种产品，单位产品成本中包含的工资费用一般是按生产工时比例分配计入产品成本的，产品单位成本中人工成本的高低取决于生产单位产品的工时消耗和工资分配率两个因素的变动情况。其因素分解公式为：

单位产品直接人工成本=单位产品工时消耗量×工资分配率

首先确定分析对象是实际单位产品直接人工成本减去计划单位产品直接人工成本，然后分别计算两个因素变动的影响，其中：

单位产品工时消耗量变动的影响额=(实际单位产品工时消耗量－计划单位产品工时量)×计划工资分配率

工资分配率变动的影响额=(实际工资分配率－计划工资分配率)×实际单位产品工时量

【例 7-18】 承例 7-17，丙产品消耗的有关工时数量和工资分配率资料如表 7-18 所示。

表 7-18 丙产品单位产品人工费用分析表

项　　目	计　　划	实　　际	差　　异
单位产品消耗量/小时	50	40	－10
工资分配率/(元/小时)	2	2.375	0.237 5
单位产品人工成本	100	95	－5

由表 7-18 可以看出，丙产品单位成本实际节约 5 元。其中，由于工时消耗量变动的影响额=(40－50)×2=－20(元)，工资分配率变动的影响额=(2.375－2)×40=15(元)，两因素变动的影响总额=－20+15=－5(元)。

生产单位产品工时消耗越少，生产效率越高，成本中分摊的工资费用也越少。单位产品工时消耗量的节约，一般是生产工人提高了劳动熟练程度，从而提高了劳动生产率，但也不能排除由于投机取巧造成的，应进一步查明节约工时后是否影响了产品质量。另外，工资分配率的提高则是产品单位成本中工资费用增加的因素，工资分配率的变动既受计时工资总额变动的影响，也受工时利用程度高低的影响，所以对产品单位成本中工资费用的分析应结合生产、工艺、劳动组织等方面的情况进行，重点是分析单位产品工时变动的原因。

▶ 3. 制造费用成本项目分析

在成本计算中，制造费用的分配一般是按照生产工时比例为标准分配计入产品成本中去的，所以影响制造费用实际脱离计划的因素主要是工时消耗和制造费用分配率。

【例 7-19】 承例 7-17，丙产品消耗的有关工时数量和制造费用分配率资料如表 7-19 所示。

表 7-19　丙产品制造费用对比计划变动情况分析表

项　　目	消耗量/小时		制造费用分配率/(元/小时)		制造费用成本/元		
	计划	实际	计划	实际	计划	实际	差异
制造费用	50	40	1.79	2.38	89.5	95.2	5.7

由表 7-19 可以看出，丙产品的制造费用实际超过计划 5.7 元。其中，由于工时消耗量变动的影响额＝(40－50)×1.79＝－17.9(元)，制造费用分配率变动的影响额＝(2.38－1.79)×40＝23.6(元)。

七、制造费用明细表的分析

各种费用明细表的分析方法，主要是通过实际数与基数的对比来揭示实际数与基数之间的差异，借以了解经济活动的成绩和问题的一种分析方法。

为了分析各种费用计划的执行情况，可根据各种费用明细表提供的资料，以本期实际数与本期计划数相比较，确定实际脱离计划差异，然后结合有关资料分析差异的原因。

对制造费用明细表的分析主要采用比较分析法，对费用总额及各个费用项目的本年实际累计数与计划数相比较，可以了解各项费用比计划节约或超支，即计划的完成情况。对于增减变动较大的费用项目，还应做重点分析，深入探究具体原因。

制造费用分析表的格式如表 7-20 所示。

表 7-20　制造费用分析表　　单位：元

项　　目	本 年 计 划	本 年 实 际	实际比计划升降额
工资			
职工福利费			
折旧费			
办公费			
水电费			
机物料消耗			
低值易耗品摊销			
劳动保护费			
租赁费			
保险费			
其他			
制造费用合计			

项目小结

成本报表属于企业的对内报表，成本报表不宜对外公开报送，只是作为向企业经营管理者提供有关成本和经营管理费用信息，进行成本分析的一种内部管理报表。反映产品成本情况的报表主要有全部产品生产成本表和主要产品单位成本表等，主要有两类编制方法：一是按产品种类编制产品生产成本表，反映企业在报告期所产全部产品的总成本和各种主要产品(含可比产品和不可比产品)单位成本及总成本；二是按成本项目编制产品生产成本表，汇总反映企业在报告期发生的全部生产费用(按成本项目反映)和全部产品总成本。

成本分析是对一定时期企业成本完成情况的全面评价，旨在提示和测定影响成本变动的主要因素及这些因素对成本变动的影响过程，寻找降低成本途径，提高企业经济效益。成本分析是成本核算工作的继续，贯穿于成本管理工作的全过程，是企业成本管理的重要组成部分，包括事前分析、事中分析和事后分析。成本报表分析属于事后分析，是指主要利用成本报表所提供的资料及其他有关资料进行的分析，主要分析方法有比较分析法、比率分析法、因素分析法和差额分析法等。

教学做一体化训练

一、单项选择题

1. 下列各项中，不影响可比产品成本降低额的因素是(　　)。

A. 产品产量变动　　B. 产品计划单位成本变动

C. 产品实际单位成本变动　　D. 产品累计实际总成本变动

2. 按照《企业会计准则》规定，成本报表是(　　)。

A. 对内报表(或称内部报表)　　B. 对外报表

C. 对内还是对外，由企业自行决定　　D. 既是对外报表，又是对内报表

3. 两个性质不同但又相关的指标对比的比率，称为(　　)。

A. 构成比率　　B. 相关指标比率　　C. 动态比率　　D. 效益比率

4. 可比产品成本降低额是指可比产品累计实际总成本比按(　　)计算的累计总成本降低的数额。

A. 本年计划单位成本　　B. 上年实际平均单位成本

C. 上年计划单位成本　　D. 国内同类产品实际平均单位成本

5. 产值成本率是产品总成本与(　　)的比率。

A. 总产值　　B. 商品产值

C. 净产值　　D. 总产值或商品产值

二、多项选择题

1. 下列各项中，属于成本分析方法的有(　　)。

A. 比较分析法　　B. 比率分析法

C. 差额分析法　　D. 因素分析法

2. 影响可比产品成本降低额变动的因素有(　　)。

A. 产品产量　　B. 产品单位成本　　C. 产品品种构成　　D. 产品价格

3. 主要产品单位成本表反映的单位成本，包括(　　)。

A. 本月实际　　B. 同行业同类产品实际

C. 本年计划　　D. 上年实际平均

4. 影响单位产品原材料费用变动的因素主要是(　　)。

A. 单位产品原材料消耗数量　　B. 原材料消耗数量

C. 原材料单价　　D. 原材料价格差异

三、判断题

1. 产品单位成本变动会使可比产品成本降低额变动。　　(　　)

2. 比较分析法只适用于同质指标的数量对比。　　(　　)

3. 销售成本率是构成比率。　　(　　)

4. 采用因素分析法，在测定某一因素变动影响时，是以假定其他因素不变为条件的，即在其他因素均为计划数时，确定这一因素变动影响程度的。　　(　　)

5. 假定产品品种构成和产品单位成本不变，单纯产量变动，只影响可比产品成本降低额，而不影响可比产品成本降低率。　　(　　)

教学做一体化训练及项目实训参考答案

项目一　参考答案

一、单项选择题

1. B　2. D　3. C　4. C　5. B　6. B　7. D　8. B
9. C　10. C　11. D　12. D　13. A

二、多项选择题

1. ABC　2. ACD　3. ABCD　4. ABC　5. AB　6. ABC　7. AC　8. ABD　9. ABD
10. ABCD

三、判断题

1. ×　2. ×　3. ×　4. √　5. ×　6. √　7. ×　8. ×　9. √　10. √

项目二　参考答案

一、单项选择题

1. A　2. D　3. C　4. B　5. D　6. D　7. D　8. C　9. D　10. C

二、多项选择题

1. ABCD　2. ABCD　3. ABD　4. ABC　5. ABCD　6. ACD　7. ABC　8. AC　9. BCD
10. BC

三、判断题

1. √　2. ×　3. ×　4. √　5. √　6. √　7. √　8. √　9. ×　10. ×

四、初级会计师训练题

1. BCD　2. ABC　3. AD　4. ABC

项目实训

实训一　材料费用的归集与分配

表 2-69　领料凭证汇总表

2017 年 6 月　　　　单位：元

材料	基本生产车间		辅助生产车间		管理部门	合计
	产品用	车间用	供水	机修		
A	44 000		44 000			88 000
B	54 000			3 000		57 000
C	13 000					13 000
D	37 500					37 500
E		2 000	1 000	2 500		5 500
G		1 000		2 000	8 000	11 000
合计	148 500	3 000	45 000	7 500	8 000	212 000

表 2-70　材料费用分配表

2017 年 6 月　　　　单位：元

应借账户			成本费用项目	直接计入费用	间接计入费用			合计
总账	二级账	明细账			标准	分配率	金额	
生产成本	基本生产成本	甲产品	直接材料	44 000	1 200		24 000	68 000
		乙产品	直接材料	54 000	600		12 000	66 000
		丙产品	直接材料	13 000	75		1 500	14 500
		小计		111 000	1 875	20	37 500	148 500
生产成本	基本生产成本	供水车间	材料费用	44 000				44 000
			制造费用	1 000				1 000
		机修车间	材料费用	3 000				3 000
			制造费用	4 500				4 500
		小计		52 500				52 500
制造费用	生产车间		修理费	1 000				1 000
			物耗费	2 000				2 000
		小计		3 000				3 000
管理费用			修理费	8 000				8 000
合计								212 000

会计分录如下：

借：生产成本——基本生产成本(甲产品)　　　　68 000

——基本生产成本(乙产品)　　66 000
——基本生产成本(丙产品)　　14 500
——辅助生产成本(供水车间)　　45 000
——辅助生产成本(机修车间)　　7 500
制造费用　　3 000
管理费用　　8 000
贷：原材料——A 材料　　88 000
——B 材料　　57 000
——C 材料　　13 000
——D 材料　　37 500
——E 材料　　5 500
——G 材料　　11 000

实训二　外购动力费用的归集与分配

表 2-74　外购动力费用分配表

2017 年 6 月　　金额单位：元

应借账户			成本费用项目	费用分配率	电力耗用量			金额合计
总账	二级账	明细账			实际工时	分配率	电量	
生产成本	基本生产成本	甲产品	外购动力		2 500		1 219.5	975.6
		乙产品	外购动力		1 400		682.92	546.34
		丙产品	外购动力		1 225		597.58	478.06
		小计			5 125	0.487 8	2 500	2 000
生产成本	辅助生产成本	供水车间	外购动力				1 500	1 200
			制造费用				250	200
		机修车间	外购动力				1 200	960
			制造费用				240	192
		小计					3 190	2 552
管理费用			电费				300	240
制造费用		生产车间	电费				500	400
合计				0.8			6 490	5 192

会计分录如下(本题未考虑增值税)：
借：生产成本——基本生产成本(甲产品)　　975.6
——基本生产成本(乙产品)　　546.34
——基本生产成本(丙产品)　　478.06
——辅助生产成本(供水车间)　　1 400
——辅助生产成本(机修车间)　　1 152
制造费用　　400

管理费用　　240

贷：银行存款　　5 192

实训三　人工费用的归集和分配

表 2-76　人工费用分配表

2017 年 6 月 30 日　　单位：元

应借账户			成本费用项目	直接计入工资	间接计入工资			工资合计	福利费
总账	二级账	明细账			工时	分配率	金额		
生产成本	基本生产成本	甲产品	直接人工		2 500		4 478	4 478	626.92
		乙产品	直接人工		1 400		2 507.68	2 507.68	351.08
		丙产品	直接人工		1 225		2 194.32	2 194.32	307.2
		小计			5 125	1.791 2	9 180	9 180	1 285.2
生产成本	辅助生产成本	供水车间	人工费	4 440				4 440	621.6
		机修车间	人工费	5 150				5 150	721
管理费用			工资、福利	4 505				4 505	630.7
制造费用			工资、福利	3 540				3 540	495.6
合计				17 635				26 815	3 754.1

会计分录如下：

借：生产成本——基本生产成本(甲产品)　　5 104.92

　　　　　——基本生产成本(乙产品)　　2 858.76

　　　　　——基本生产成本(丙产品)　　2 501.52

　　　　　——辅助生产成本(供水车间)　　5 061.6

　　　　　——辅助生产成本(机修车间)　　5 871

　　制造费用　　4 035.6

　　管理费用　　5 135.7

贷：应付职工薪酬——工资　　26 815

　　　　　　　——福利费　　3 754.1

实训四　折旧费用的归集与分配

表 2-78　固定资产折旧费用分配表

2017 年 6 月

会计科目		成本费用项目	固定资产类别	原值/元	月折旧率/%	金额/元	合计/元
制造费用	生产车间	折旧费	机器设备	200 000	1.6	3 200	4 400
			房屋与建筑物	300 000	0.4	1 200	

续表

会计科目		成本费用项目	固定资产类别	原值/元	月折旧率/%	金额/元	合计/元
辅助生产成本	供水车间	制造费用	机器设备	50 000	1.8	900	1 380
			房屋与建筑物	60 000	0.8	480	
	机修车间	制造费用	机器设备	30 000	1.4	420	660
			房屋与建筑物	40 000	0.6	240	
管理费用	管理部门	折旧费	机器设备	50 000	1.4	420	3 100
			房屋与建筑物	300 000	0.8	240	
合　计				1 030 000	—		9 540

会计分录如下：

借：生产成本——辅助生产成本(供水车间)　　1 380

　　　　　——辅助生产成本(机修车间)　　660

　　制造费用　　4 400

　　管理费用　　3 100

　贷：累计折旧　　9 540

实训五　辅助生产费用的归集与分配

表 2-81　辅助生产成本明细账(供水车间)

车间：供水车间　　　　单位：元

月	日	摘　要	直接材料	直接人工	制造费用	合　计
6	30	材料费	44 000		1 000	
		动力费			1 400	
		人工费		5 061.6		
		折旧费			1 380	
		其他费用			1 684	
		本月合计	44 000	5 061.6	5 464	54 525.6
		分配结转	−44 000	−5 061.6	−5 464	−54 525.6
7	31	材料费	7 200			
		工资		5 200		
		福利费		728		
		折旧费			560	
		其他费用			550	
		本月合计	7 200	5 928	1 110	14 238
		计划分配转入			2 112	16 350
		计划分配转出			−15 980	370
		分配差异			−370	0

表 2-82　辅助生产成本明细账(机修车间)

车间：机修车间　　　　单位：元

月	日	摘　要	直接材料	直接人工	制造费用	合　计
6	30	材料费	3 000		4 500	
		动力费			1 152	
		人工费		5 871		
		折旧费			660	
		其他费用			1 857	
		本月合计	3 000	5 871	8 169	17 040
		分配结转	−3 000	−5 871	−8 169	−17 040
7	31	材料费	22 000			
		工资		3 500		
		福利费		490		
		折旧费			400	
		其他费用			720	
		本月合计	22 000	3 990	1 120	27 110
		计划分配转入			2 820	29 930
		计划分配转出			−29 280	650
		分配差异			−650	0

表 2-83　辅助生产费用分配表(直接分配法)

2017 年 6 月

项　目			供水车间		机修车间	
			劳务量/立方米	金额/元	劳务量/小时	金额/元
应分配的费用总额				54 525.6		17 040
提供的应分配劳务总量			4 000		3 200	
费用分配率				13.631 4		5.325
应借账户	基本生产成本		2 500	34 078.5		
	制造费用	基本车间	500	6 815.7	2 700	14 377.5
	管理费用		1 000	13 631.4	500	2 662.5
分配费用合计				54 525.6		17 040

会计分录如下：

借：生产成本——基本生产成本　　34 078.5

　　制造费用　　21 193.2

　　管理费用　　16 293.9

贷：生产成本——辅助生产成本(供水车间)　　54 525.6

　　　　　——辅助生产成本(机修车间)　　17 040

表 2-84　辅助生产费用分配表(计划成本分配法)

2017 年 7 月

<table>
<tr><td colspan="3" rowspan="3">项　　目</td><td colspan="4">计 划 分 配</td></tr>
<tr><td colspan="2">供水车间</td><td colspan="2">机修车间</td></tr>
<tr><td>劳务量/立方米</td><td>金额/元</td><td>劳务量/小时</td><td>金额/元</td></tr>
<tr><td colspan="3">应分配的费用总额</td><td></td><td>14 238</td><td></td><td>27 110</td></tr>
<tr><td colspan="3">提供的应分配劳务总量</td><td>3 400</td><td></td><td>3 050</td><td></td></tr>
<tr><td colspan="3">计划单位成本</td><td></td><td>4.7</td><td></td><td>9.6</td></tr>
<tr><td rowspan="5">应借账户</td><td rowspan="2">辅助生产成本</td><td>供水车间</td><td></td><td></td><td>220</td><td>2 112</td></tr>
<tr><td>机修车间</td><td>600</td><td>2 820</td><td></td><td></td></tr>
<tr><td colspan="2">基本生产成本</td><td>2 000</td><td>9 400</td><td></td><td></td></tr>
<tr><td>制造费用</td><td>基本车间</td><td>500</td><td>2 350</td><td>2 530</td><td>24 288</td></tr>
<tr><td>管理费用</td><td></td><td>300</td><td>1 410</td><td>300</td><td>2 880</td></tr>
<tr><td colspan="3">计划分配费用合计</td><td></td><td>15 980</td><td></td><td>29 280</td></tr>
<tr><td colspan="3">交互分配转入计划成本</td><td></td><td>2 112</td><td></td><td>2 820</td></tr>
<tr><td colspan="3">辅助生产车间实际成本</td><td></td><td>16 350</td><td></td><td>29 930</td></tr>
<tr><td colspan="3">成本差异额(计入“管理费用”)</td><td></td><td>370</td><td></td><td>650</td></tr>
</table>

表 2-85　辅助生产费用分配表(交互分配法)

2017 年 7 月　　单位：元

<table>
<tr><td colspan="4" rowspan="2">项　　目</td><td colspan="2">一次对内交互分配</td><td colspan="3">二次对外直接分配</td></tr>
<tr><td>供水</td><td>机修</td><td>供水</td><td>机修</td><td>合计</td></tr>
<tr><td colspan="4">应分配的费用总额</td><td>14 238</td><td>27 110</td><td>13 680.91</td><td>27 667.09</td><td>41 348</td></tr>
<tr><td colspan="4">提供的应分配劳务总量</td><td>3 400</td><td>3 050</td><td>2 800</td><td>2 830</td><td></td></tr>
<tr><td colspan="4">费用分配率</td><td>4.187 6</td><td>8.888 5</td><td>4.886</td><td>9.776 4</td><td></td></tr>
<tr><td rowspan="5">应借账户</td><td rowspan="4">辅助生产成本</td><td rowspan="2">供水车间</td><td>耗用数量</td><td></td><td>220</td><td></td><td></td><td></td></tr>
<tr><td>承担费用</td><td></td><td>1 955.47</td><td></td><td></td><td></td></tr>
<tr><td rowspan="2">机修车间</td><td>耗用数量</td><td>600</td><td></td><td></td><td></td><td></td></tr>
<tr><td>承担费用</td><td>2 512.56</td><td></td><td></td><td></td><td></td></tr>
<tr><td colspan="3">分配费用合计</td><td>2 512.56</td><td>1 955.47</td><td></td><td></td><td></td></tr>
</table>

续表

项目				一次对内交互分配		二次对外直接分配		
				供水	机修	供水	机修	合计
应借账户	基本生产成本	甲产品	耗用数量			2 000		
			承担费用			9 772		9 772
	制造费用	二车间	耗用数量			500	2 530	
			承担费用			2 443	24 734.29	27 177.29
	管理费用		耗用数量			300	300	
			承担费用			1 465.91	2 932.80	4 398.71
分配费用合计						13 680.91	27 667.09	41 348

实训六　制造费用的归集与分配

表 2-86　制造费用明细账

生产车间：　　　　2017 年 6 月　　　　产品：

2017 年		凭证	摘要	借方项目							合计
月	日			材料	水电	工资	福利	折旧	辅助	其他	
6	30		材料费	3 000							
			动力费		400						
			人工费			3 540	495.6				
			折旧费					4 400			
			辅助费用						21 193.2		
			其他							1 321.9	
			劳保费							2 240	
			本月合计	3 000	400	3 540	495.6	4 400	21 193.2	3 561.9	36 590.7
			分配结转	−3 000	−400	−3 540	−495.6	−4 400	−21 193.2	−3 561.9	−36 590.7

表 2-87　制造费用分配表

生产车间：　　　　2017 年 6 月

应借账户			成本费用项目	生产工时/时	分配率	分配金额/元
总账	二级账	明细账				
生产成本	基本生产成本	甲产品	制造费用	2 500		17 849
		乙产品	制造费用	1 400		9 995.44
		丙产品	制造费用	1 225		8 746.26
合计				5 125	7.139 6	36 590.7

会计分录如下：

借：生产成本——基本生产成本(甲产品)　　1 7849

　　生产成本——基本生产成本(乙产品)　　9 995.44

　　生产成本——基本生产成本(丙产品)　　8 746.26

　贷：制造费用　　36 590.7

实训七　生产损失的处理

表 2-88　废品损失计算表

项　目	直接材料/元	定额工时/小时	直接人工/元	制造费用/元	成本合计/元
费用定额	200	60	2.5	12	—
废品定额成本	1 000	300	750	3 600	5 350
减：残料价值	600				600
应收赔偿款			100		100
废品净损失	400		650	3 600	4 650

会计分录如下：

借：废品损失——甲产品　　5 350

　贷：生产成本——基本生产成本(甲产品)　　5 350

借：原材料　　600

　　其他应收款　　100

　贷：废品损失——甲产品　　700

借：生产成本——基本生产成本(甲产品)　　4 650

　贷：废品损失——甲产品　　4 650

项目三　参考答案

一、单项选择题

1. C　2. C　3. B　4. C

二、多项选择题

1. ABCD　2. AC　3. ABC　4. BCD　5. AC

三、判断题

1. ×　2. √　3. ×　4. ×　5. √

四、初级会计师训练题

1. BCD　2. AC　3. ABCD　4. BCD

项目实训

实训一　约当产量法的应用

表 3-9　M 产品在产品约当产量计算表

在产品所在工序	各工序工时定额/小时	完工程度/%	月末在产品数量/件	月末在产品约当产量/件
第一道工序	8	10	20	2
第二道工序	16	40	40	16
第三道工序	16	80	60	48
合　计	40	—	120	66

表 3-10　P 产品在产品约当产量计算表

项目	工序(每工序开始时一次投料)	材料(工时)定额	在产品数量/件	投料率或完工率/%	约当产量/件
原材料	第一道工序	20 千克	200	40	80
	第二道工序	30 千克	100	100	100
	合计	50 千克	300	—	180
加工费用	第一道工序	20 小时	200	20	40
	第二道工序	30 小时	100	70	70
	合计	50 小时	300	—	110

表 3-11　M 产品成本计算单

2017 年 9 月

项　目	直接材料	直接人工	制造费用	合　计
月初在产品成本/元	6 000	2 980	3 000	11 980
本月发生生产费用/元	10 000	5 000	5 512	20 512
生产费用合计/元	16 000	7 980	8 512	32 492
完工产品数量/件	200	200	200	—
在产品约当产量/件	120	66	66	—
约当总产量/件	320	266	266	—
费用分配率/(元/件)	50	30	32	112
完工产品总成本/元	10 000	6 000	6 400	22 400
月末在产品成本/元	6 000	1 980	2 112	10 092

表 3-12 P 产品成本计算单

2017 年 9 月

项目	直接材料	直接人工	制造费用	合计
月初在产品成本/元	36 000	1 150	2 200	39 350
本月发生生产费用/元	100 000	8 000	10 000	118 000
生产费用合计/元	136 000	9 150	12 200	157 350
完工产品数量/件	500	500	500	—
在产品约当产量/件	180	110	110	—
约当总产量/件	680	610	610	—
费用分配率/(元/件)	200	15	20	—
完工产品总成本/元	100 000	7 500	10 000	117 500
月末在产品成本/元	36 000	1 650	2 200	39 850

会计分录如下：

借：库存商品——M 产品　22 400

——P 产品　117 500

贷：生产成本——基本生产成本(M 产品)　22 400

——基本生产成本(P 产品)　117 500

实训二　定额成本法的应用

表 3-14　月末在产品定额成本计算单

材料费用项目		加工费用项目			定额成本合计/元
在产品数量/件	原材料费用/元	定额工时/小时	直接人工/元	制造费用/元	
300	27 600	450	2 025	4 050	33 675

表 3-15　产品成本计算单

单位：元

项目	直接材料	直接人工	制造费用	合计
月初在产品成本	16 040	1 500	4 000	21 540
本月发生生产成本	80 000	29 000	30 000	139 000
本月生产成本合计	96 040	30 500	34 000	160 540
月末在产品定额成本	27 600	2 025	4 050	33 675
本月完工产品成本	68 440	28 475	29 950	126 865

实训三 定额比例法的应用

表 3-17 丙产品成本计算单

2017 年 8 月　　产量 100 件　　金额单位：元

成本项目		直接材料	直接人工	制造费用	合计
月初在产品成本	定额	3 000	2 000 工时	2 000 工时	—
	实际	3 500	2 500	1 500	7 500
本月生产费用	定额	7 000	3 000 工时	3 000 工时	—
	实际	7 500	3 500	2 500	13 500
生产费用合计	定额	10 000	5 000 工时	5 000 工时	—
	实际	11 000	6 000	4 000	21 000
费用分配率		1.1	1.2 元/工时	0.8 元/工时	—
完工产品	定额	8 000	4 000 工时	4 000 工时	—
	实际	8 800	4 800	3 200	16 800
月末在产品	定额	2 000	1 000 工时	1 000 工时	—
	实际	2 200	1 200	800	4 200

项目四 参考答案

一、单项选择题

1. C　2. D　3. D　4. B　5. A　6. A　7. A　8. C

二、多项选择题

1. AD　2. CD　3. CD　4. AC　5. ACD

三、判断题

1. √　2. ×　3. √　4. ×　5. ×　6. √

项目实训

表 4-50 产品成本计算单(甲产品)

产品：甲产品　　完工数量：6 500 件　　2017 年 8 月

项目	直接材料	直接人工	制造费用	合计
月初在产品成本/元	8 090	5 860	6 810	20 760
本月发生生产费用/元	10 410	5 130	5 548.5	21 088.5
生产费用合计/元	18 500	10 990	12 358.5	41 848.5

续表

项　　目	直接材料	直接人工	制造费用	合　计
完工产品数量/件	6 500	6 500	6 500	—
在产品约当产量/件	900	900	900	—
约当总产量/件	7 400	7 400	7 400	—
费用分配率/(元/件)	2.5	1.485 1	1.67	5.6551
本月完工产品总成本/元	16 250	9 653.15	10 855	36 758.15
月末在产品成本/元	2 250	1 336.85	1 503.5	5 090.35

表 4-51　产品成本计算单(乙产品)

产品：乙产品　　完工数量：3 200 件　　2017 年 8 月

项　　目	直接材料	直接人工	制造费用	合　计
月初在产品成本/元	6 176	2 948	2 728	11 852
本月发生生产费用/元	6 704	6 270	6 781.5	19 755.5
生产费用合计/元	12 880	9 218	9 509.5	31 607.5
完工产品数量/件	3 200	3 200	3 200	—
在产品约当产量/件	800	320	320	—
约当总产量/件	4 000	3 520	3 520	—
费用分配率/(元/件)	3.22	2.618 8	2.701 6	8.5404
本月完工产品总成本/元	10 304	8 380.16	8 645.12	27 329.28
月末在产品成本/元	2 576	837.84	864.38	4 278.22

表 4-52　辅助生产成本明细账

车间名称：运输车间　　　　单位：元

月	日	凭证	摘　要	直接材料	直接人工	制造费用	合　计
8	31		材料费	900			
	31		人工费		912		
	31		折旧费			200	
	31		水电费			160	
	31		办公费			40	
	31		本月合计	900	912	400	2 212
	31		分配结转	900	912	400	2 212

表 4-53　制造费用明细账

单位：元

2017年		凭证号	摘要	费用明细项目							合计
月	日			原材料	工资及福利费	折旧费	修理费	办公费	水电费	辅助	
8	31		材料费	1 938							
	31		人工费		1 824						
	31		折旧费			5 800					
	31		水电费						260		
	31		办公费					402			
	31		辅助费							2 106	
	31		合计	1 938	1 824	5 800		402	260	2 106	12 330
	31		分配结转	1 938	1 824	5 800		402	260	2 106	12 330

表 4-54　管理费用明细账

单位：元

2017年		凭证号	摘要	费用明细项目								合计
月	日			原材料	工资及福利费	折旧费	修理费	办公费	水电费	招待费	差旅费	
8	31		辅助				106					

表 4-55　原材料费用分配汇总表

2017年8月31日

金额单位：元

应借账户			成本费用项目	直接计入费用	间接计入费用			合计
总账	二级账	明细账			标准	分配率	金额	
生产成本	基本生产成本	甲产品	直接材料	4 410	3 000		6 000	10 410
		乙产品	直接材料	3 704	1 500		3 000	6 704
		小计		8 114	4 500	2	9 000	17 104
	辅助生产成本	运输车间	材料费	900				900
制造费用			材料费	1 938				1 938
合计								19 952

借：生产成本——基本生产成本(甲产品)　　10 410

　　生产成本——基本生产成本(甲产品)　　6 704

　　生产成本——辅助生产成本(运输车间)　　900

　　制造费用　　　　　　　　　　　　　　　　　　　　　　1 938
　贷：原材料　　　　　　　　　　　　　　　　　　　　　　　19 952

表 4-56　人工费用分配表

2017 年 8 月 31 日　　　　　　　　　　　　　　　　　金额单位：元

应借账户			成本费用项目	直接工资费用	间接工资费用			工资	福利费	合计
总账	二级账	明细账			工时	分配率	金额			
生产成本	基本生产成本	甲产品	直接人工		1 800		4 500	4 500	630	5 130
		乙产品	直接人工		2 200		5 500	5 500	770	6 270
		小计			4 000	2.5	10 000	10 000	1 400	11 400
	辅助生产成本	运输车间	人工费	800				800	112	912
制造费用			人工费	1 600				1 600	224	1 824
合　计								12 400	1 736	14 136

借：生产成本——基本生产成本(甲产品)　　　　　　　　　5 130
　　生产成本——基本生产成本(乙产品)　　　　　　　　　6 270
　　生产成本——辅助生产成本(运输车间)　　　　　　　　　912
　　制造费用　　　　　　　　　　　　　　　　　　　　　1 824
　贷：应付职工薪酬——工资　　　　　　　　　　　　　　　12 400
　　　　　　　　　——福利费　　　　　　　　　　　　　　1 736

其他费用的会计分录如下：

借：生产成本——辅助生产成本(运输车间)　　　　　　　　　400
　　制造费用　　　　　　　　　　　　　　　　　　　　　6 462
　贷：累计折旧　　　　　　　　　　　　　　　　　　　　　6 000
　　　银行存款　　　　　　　　　　　　　　　　　　　　　　862

表 4-57　辅助生产费用分配表

2017 年 8 月　　　　　　　　　　　　　　　　　　　　金额单位：元

项　目			直接分配法——运输车间	
			劳务量	金额
应分配的费用总额				2 212
提供的应分配劳务总量			2 100	
单位成本				1.053
应借账户	基本生产成本	甲产品		
		乙产品		
	制造费用	基本车间	2 000	2 106
	管理费用		100	106
分配费用合计				2 212

借：制造费用　　2 106

管理费用　　106

贷：生产成本——辅助生产成本(运输车间)　　2 212

表 4-58　制造费用分配表

生产单位：　　2017 年 8 月

产　品	生产工时/小时	分配率	分配金额/元
甲产品	1 800		5 548.5
乙产品	2 200		6 781.5
合　计	4 000	3.082 5	12 330

借：生产成本——基本生产成本(甲产品)　　5 548.5

生产成本——基本生产成本(乙产品)　　6 781.5

贷：制造费用　　12 330

借：库存商品——甲产品　　36 758.15

——乙产品　　27 329.28

贷：生产成本——基本生产成本(甲产品)　　36 758.15

——基本生产成本(乙产品)　　27 329.28

项目五　参考答案

一、单项选择题

1. D　2. B　3. C　4. B　5. A　6. A　7. D　8. C　9. A　10. C

二、多项选择题

1. ABC　2. CD　3. AC　4. ABD　5. ABC　6. ABDE

三、判断题

1. ×　2. ×　3. √　4. √

项目实训

实训一　典型分批法的应用

表 5-22　产品成本计算单

生产批号：301#　　批量：40 件　　开工时间：7 月 2 日

产品名称：甲产品　　完工时间：8 月 26 日

摘　要	成本项目			合　计
	料	工	费	
月初在产品费用	84 000	12 000	8 000	104 000
本月发生费用		27 360	21 600	48 960
生产费用合计	84 000	39 360	29 600	152 960
完工产品成本	84 000	39 360	29 600	152 960

表 5-23　产品成本计算单

生产批号：302＃　　　　批量：120 件　　　　开工时间：8 月 4 日

产品名称：乙产品　　　　　　　　　　　　完工时间：　月　日

摘　要	成本项目			合　计
	料	工	费	
本月发生费用	396 000	15 048	11 880	422 928
完工产品成本	39 600	9 900	8 400	57 900
月末在产品成本	356 400	5 148	3 480	365 028

表 5-24　产品成本计算单

生产批号：303＃　　　　批量：60 件　　　　开工时间：7 月 6 日

产品名称：丙产品　　　　　　　　　　　　完工时间：　月　日

摘　要	成本项目			合　计
	料	工	费	
月初在产品费用	120 000	2 000	2 000	124 000
本月发生费用		13 680	10 800	24 480
生产费用合计	120 000	15 680	12 800	148 480

表 5-25　直接人工费用分配表

生产单位：第一生产车间　　　　2017 年 8 月

产品		成本费用项目	实际工时/小时	分配工人工资/元		分配福利费/元	
总账	明细账			分配率	分配金额	分配率	分配金额
生产成本	301＃甲产品	直接人工	8 000		24 000		3 360
	302＃乙产品	直接人工	4 400		13 200		1 848
	303＃丙产品	直接人工	4 000		12 000		1 680
合　计			16 400	3	49 200	0.42	6 888

会计主管：王强　　　　复核：刘颖　　　　制单：张梅

表 5-26　制造费用分配表

生产单位：第一生产车间　　　　2017 年 8 月

应借账户			成本费用项目	实际工时/小时	分配率	分配金额/元
总账	二级账	明细账				
生产成本	基本生产成本	301＃甲产品	制造费用	8 000		21 600
		302＃乙产品	制造费用	4 400		11 880
		303＃丙产品	制造费用	4 000		10 800
合　计				16 400	2.7	44 280

会计主管：王强　　　　复核：刘颖　　　　制单：张梅

实训二 简化分批法的应用

表 5-28 基本生产成本二级账

2017 年		摘要	生产工时	直接材料	直接人工	制造费用	合计
月	日						
3	31	累计发生	3 350	7 550	1 725	2 350	
4	30	本月发生	2 900	850	1 400	2 025	
4	30	累计发生数	6 250	8 400	3 125	4 375	15 900
		累计间接费用分配率			0.5	0.7	
		本月完工成本转出	3 650	6 500	1 825	2 555	10 880
		月末在产品	2 600	1 900	1 300	1 820	5 020

表 5-29 产品成本明细账

批号 101　　　　投产日期：2 月

产品名称：甲　　　　完工日期：4 月　　　　产量：10 件

2017 年		摘要	生产工时	直接材料	直接人工	制造费用	合计
月	日						
3	31	累计发生	1 800	3 750			
4	30	本月发生	450	250			
4	30	累计发生数	2 250	4 000			
		累计间接费用分配率			0.5	0.7	
		完工产品应负担间接费	2 250		1 125	1 575	
		本月完工成本转出	2 250	4 000	1 125	1 575	6 700
		单位产品成本		400	112.5	157.5	670

表 5-30 产品成本明细账

批号 102　　　　投产日期：3 月

产品名称：乙　　　　完工日期：4 月　　　　产量：5 件

2017 年		摘要	生产工时	直接材料	直接人工	制造费用	合计
月	日						
3	31	累计发生	590	2 200			
4	30	本月发生	810	300			
4	30	累计发生数	1 400	2 500			
		累计间接费用分配率			0.5	0.7	
		完工产品应负担间接费	1 400		700	980	
		本月完工成本转出	1 400	2 500	700	980	4 180
		单位产品成本		500	140	196	836

表 5-31 产品成本明细账

批号 103　　投产日期：3 月

产品名称：丙　　完工日期：6 月　　产量：4 件

2017 年		摘　要	生产工时	直接材料	直接人工	制造费用	合计
月	日						
3	31	累计发生	960	1 600			
4	30	本月发生	1 640	300			
4	30	累计发生	2 600	1 900			

项目六 参考答案

一、单项选择题

1. B　2. B　3. A　4. C　5. B　6. A　7. C　8. C　9. D　10. D　11. C　12. A　13. C　14. C　15. B　16. B

二、多项选择题

1. ABC　2. BC　3. ABCD　4. ABCD　5. BC　6. ABCD　7. ABC　8. BCD

三、判断题

1. ×　2. ×　3. √

项目实训

实训一　综合结转方式下的逐步结转分步法及成本还原

表 6-28　第一车间(第一步骤)产品成本计算单

产品名称：A 半成品　　2017 年 7 月　　金额单位：元

项　　目	直接材料	直接人工	制造费用	合　　计
月初在产品成本	25 000	6 250	5 000	36 250
本月本步发生生产费用	275 000	131 250	105 000	511 250
生产费用合计	300 000	137 500	110 000	547 500
本月完工产品数量	500	500	500	—
月末在产品约当产量	100	50	50	—
约当总产量	600	550	550	—
完工半成品单位成本	500	250	200	950
本月完工半成品总成本	250 000	125 000	100 000	475 000
月末在产品成本	50 000	12 500	10 000	72 500

表 6-29　第二车间(第二步骤)产品成本计算单

产品名称：B 半成品　　2017 年 7 月　　金额单位：元

项　目	上步转入	本步发生		合　计
	A 半成品	直接人工	制造费用	
月初在产品成本	95 000	20 000	15 000	130 000
本月本步发生生产费用		200 000	150 000	350 000
本月上步转入费用	475 000			475 000
生产费用合计	570 000	220 000	165 000	955 000
本月完工产品数量	500	500	500	
月末在产品约当产量	100	50	50	
约当总产量	600	550	550	
完工半成品单位成本	950	400	300	1 650
本月完工半成品总成本	475 000	200 000	150 000	825 000
月末在产品成本	95 000	20 000	15 000	130 000

表 6-30　第三车间(第三步骤)产品成本计算单

产品名称：甲产品　　2017 年 7 月　　金额单位：元

项　目	上步转入	本步发生		合　计
	B 半成品	直接人工	制造费用	
月初在产品成本	330 000	40 000	30 000	400 000
本月本步发生生产费用		210 000	157 500	367 500
本月上步转入费用	825 000			825 000
生产费用合计	1 155 000	250 000	187 500	1 592 500
本月完工产品数量	550	550	550	
月末在产品约当产量	150	75	75	
约当总产量	700	625	625	
完工产品单位成本	1 650	400	300	2 350
本月完工产品总成本	907 500	220 000	165 000	1 292 500
月末在产品成本	247 500	30 000	22 500	300 000

表 6-31 产品成本还原计算表(结构比重还原法)

产品：甲产品　　产量：550 件　　2017 年 7 月　　金额单位：元

项　目	自制半成品		直接材料	直接人工	制造费用	合　计
	B 半成品	A 半成品				
还原前产成品成本	907 500			220 000	165 000	1 292 500
第二步 B 半成品成本		475 000		200 000	150 000	825 000
第二车间成本结构％		57.58％		24.24％	18.18％	100％
第一次成本还原		522 538.5		219 978	164 983.5	907 500
第一步 A 半成品成本			250 000	125 000	100 000	475 000
第一车间成本结构％			52.63％	26.32％	21.05％	100％
第二次成本还原			275 012.01	137 532.13	109 994.36	522 538.5
还原后产成品成本			275 012.01	577 510.13	439 977.86	1 292 500
还原后单位成本			500	1 050	800	2 350

表 6-32 产品成本还原计算表(总额比例还原法)

产品：甲产品　　产量：550 件　　2017 年 7 月　　金额单位：元

项　目	成本还原率	自制半成品		直接材料	直接人工	制造费用	合　计
		B 半成品	A 半成品				
还原前产成品成本		907 500			220 000	165 000	1 292 500
第二步半成品成本			475 000		200 000	150 000	825 000
第一次成本还原	1.1		522 500		220 000	165 000	907 500
第一步半成品成本				250 000	125 000	100 000	475 000
第二次成本还原	1.1			275 000	137 500	110 000	522 500
还原后产成品成本				275 000	577 500	440 000	1 292 500
还原后单位成本				500	1 050	800	2 350

实训二　综合结转方式下的逐步结转分步法及成本还原及分项结转方式

答案略。

实训三　平行结转分步法的应用

各步骤约当产量计算过程　　单位：件

项　目		第一步骤	第二步骤	第三步骤
最终完工产品数量		550	550	550
在产品约当产量	本步在产品约当产量	100 或 50	50	75
	已交下步未完工数量	250	150	—
	在产品约当产量小计	350 或 300	200	75
约当总量		900 或 850	750	625

表 6-37　第一步骤产品成本计算单

产品名称：甲产品　　　　时间：2017 年 8 月　　　完工数量：550 件　　　金额单位：元

项　　目	直接材料	直接人工	制造费用	合　　计
月初在产品成本	175 000	81 250	65 000	321 250
本月生产费用	275 000	131 250	105 000	511 250
生产费用合计	450 000	212 500	170 000	832 500
约当产品总量	900	850	850	—
单位产品成本	500	250	200	—
应计入产成品成本份额	275 000	137 500	110 000	522 500
月末在产品成本	175 000	75 000	60 000	310 000

表 6-38　第二步骤产品成本计算单

产品名称：甲产品　　　　时间：2017 年 8 月　　　完工数量：550 件　　　金额单位：元

项　　目	直接材料	直接人工	制造费用	合　　计
月初在产品成本	—	100 000	75 000	175 000
本月生产费用	—	200 000	150 000	350 000
生产费用合计	—	300 000	225 000	525 000
约当产品总量	—	750	750	—
单位产品成本	—	400	300	—
应计入产成品成本份额	—	220 000	165 000	385 000
月末在产品成本	—	80 000	60 000	140 000

表 6-39　第三步骤产品成本计算单

产品名称：甲产品　　　　时间：2017 年 8 月　　　完工数量：550 件　　　金额单位：元

项　　目	直接材料	直接人工	制造费用	合　　计
月初在产品成本	—	40 000	30 000	70 000
本月生产费用	—	210 000	157 500	367 500
生产费用合计	—	250 000	187 500	437 500
约当产品总量	—	625	625	—
单位产品成本	—	400	300	—
应计入产成品成本份额	—	220 000	165 000	385 000
月末在产品成本	—	30 000	22 500	52 500

表 6-40 产品成本汇总表

产品名称：甲产品　　时间：2017 年 8 月　　完工数量：550 件　　单位：元

项　目	直接材料	直接人工	制造费用	合　计
第一步骤计入份额	275 000	137 500	110 000	522 500
第二步骤计入份额	—	220 000	165 000	385 000
第三步骤计入份额	—	220 000	165 000	385 000
产成品总成本	275 000	577 500	440 000	1 292 500
产成品单位成本	500	1 050	800	2 350

结转最终完工产品 550 件的成本：

借：库存商品——甲产品　　1 292 500

　贷：生产成本——基本生产成本(甲产品)　　1 292 500

项目七 参考答案

一、单项选择题

1. B　2. A　3. B　4. B　5. B

二、多项选择题

1. ABCD　2. ABC　3. ACD　4. ABC

三、判断题

1. √　2. ×　3. ×　4. ×　5. √

参考文献

[1] James M Reeve. Readings And Issues In Cost Management[M]. 大连：东北财经大学出版社，1998.

[2] 财政部会计司. 企业产品成本核算制度（试行）[M]. 北京：中国财政经济出版社，2014.

[3]查尔斯·T. 亨格瑞. Cost Accounting：A Managerial Emphasis[M]. 北京：中国人民大学出版社，2011.

[4] 东奥会计在线. 财务成本管理[M]. 北京：电子工业出版社，2017.

[5] 侯君邦，陈胜武. 成本会计实务[M]. 大连：东北财经大学出版社，2017.

[6] 李传双，章翔. 成本会计实务[M]. 北京：中国人民大学出版社，2016.

[7] 全国会计专业技术资格考试命题研究中心. 初级会计实务[M]. 北京：中国财政经济出版社，2016.

[8] 张桂春. 成本核算实务[M]. 北京：人民邮电出版社，2014.

[9] 宋小明. 成本会计史研究[M]. 上海：立信会计出版社，2014.

[10] 盖地. 纳税会计与税务筹划[M]. 北京：中国人民大学出版社，2010.

[11] 侯晓红. 成本会计学习指导[M]. 北京：机械工业出版社，2015.

[12] 解建秀. 成本核算实务[M]. 北京：清华大学出版社，2014.

[13] 周玉鸿. 成本会计理实一体化教程[M]. 北京：化学工业出版社，2016.

[14] 陈文军. 成本会计学[M]. 北京：电子工业出版社，2017.

[15] 丁增稳. 成本会计实务习题与实训[M]. 北京：电子工业出版社，2017.

[16] 梁斌. 成本核算会计项目化教程实训[M]. 北京：电子工业出版社，2017.

[17] 侯君邦，李梅. 成本会计[M]. 北京：中国人民大学出版社，2014.

[18] 王琼，周敏. 成本习题集[M]. 北京：中国轻工业出版社，2017.

[19] 胡玉明. 成本会计[M]. 厦门：厦门大学出版社，2010.

[20] 祁怀锦. 成本会计学[M]. 北京：经济科学出版社，2008.